パックスアメリカーナのアキレス腱

グローバルな視点から見た米軍地位協定の比較研究

佐々山泰弘

御茶の水書房

序　本書の特色と目的

　本書は筆者の博士論文 Achilles' heel of Pax Americana　A Comparative Study of SOFAs（Status of Forces Agreement）concluded by the US（原論文は英文）「パックスアメリカーナのアキレス腱　米軍地位協定の比較研究」を日本語に要約したものである。本書の目的はアメリカがその同盟国もしくは協力国と締結した地位協定が何故にかくも多様で差異が存在するのかという疑問に答えることである。従って単なる条文の比較研究に止まるものではないし、日米地位協定に特化した専門的研究でもない。研究のフレームワーク、対象の広さ、時空のスケールにおいて既存研究と下記の点において大きく異なる。

グローバル視点から米軍地位協定を見る

　米軍地位協定の比較研究は日本においては比較的に豊富である。しかし、その研究フレームワークは日本側から見て日米地位協定が如何に不公平で我が国に不利であるかを他国の米軍地位協定（特にドイツの地位協定が比較されることが多いが）と対比させることによって際立たせるというものがほぼすべてと言ってよい。しかしながら、条文の比較研究だけに絞っても米軍が駐留する（あるいは駐留した）全ての主要国において地位協定を構成する諸カテゴリー全般にわたり総合的かつ同列的に比較検証したものはない。言葉を変えれば、日米地位協定をグローバルな視点から比較研究したものは皆無である。米軍地位協定にはどのような差異があるのか？もし日米地位協定が他国と比べて不利であるとすれば、世界的に見てどの程度不利なのか？仮に"不利度"とでもいった尺度で点数をつけると、客観的にどのあたりに位置するのかが皆目見当がつかないのである。視点の起座を日本発からグローバルに移すことによって、日米地位協定の特色と立ち位置はより鮮明に理解できるようになるはずである。

i

双方向から米軍地位協定を見る

　また、多くの受入国における地位協定研究は、もう一方の当事者である米側からの視点が欠落しているか無視されていることが常である。例えば米軍兵士犯罪に対する受入国側の裁判権にしても、米側から見れば拷問や強制自白が日常であった韓国朴政権の戒厳令下において被疑者を 100%朴政府側に委ねることには譲れない一線があったであろうし、イスラム法による裁判も受け入れがたい一面もあるであろう。それほど極端な例でなくても、日本人には当然のことと思われている被疑者の自白の立件上の重要性や検察側の強大な捜査・拘束権は、英米法の物証を重視し、裁判所に大きな権限がある司法常識から見ればやや受け入れがたい側面もあることは疑いを入れない。つまり、米側から見るとアメリカ法の適用こそが彼らの「法の下での平等」なのであり、アメリカの地位協定研究の多くが如何に駐留国において自国兵士を法的に保護するか、という観点からなされているのが何よりの証左である。如何なる主権国家も領土内において普遍的な司法裁判権を有することは論を俟たないが、NATO 地位協定締結以降、地位協定における裁判管轄は大前提として軍隊派遣国側と受入国側双方に競合的裁判権を認めること（Concurrency）が国際的慣行となりつつある現在、派遣国側の視点が脱落していては何故に各国地位協定に差異が存在するのかを合理的に解明することはできない筈である。即ち、軍隊派遣国側の権利主張もまた変数であるのに、派遣国＝加害者、受入国＝被害者という単方向かつ固定化された視座では双方の権利と利益が衝突し、相互に干渉しあうダイナミズムが見えなくなるのである。

多様性を生ぜしめた原因となる要因と法則性を探る

　地位協定研究における国際法学者の貢献は多大であるが、この分野のアカデミズムは何故に各国地位協定に差異が生じたのかという要因の追究とそれによってもたらされる一定の法則性を見出すことには関心が薄い。本書は地位協定研究に国際関係論や比較政治の視点を導入することによってこうした学問的空白を埋め地位協定研究のさらなる深化を図ろうとするものである。

外交交渉において政治家や交渉官の個人的な政治思想や交渉能力が結果に影響を及ぼすという側面は無視することはできないが、本書の論考は国際合意の多様性の背景にはより構造的かつ根源的な要因が存在し、結果である国際合意の内容との間には一定の法則性を持った因果関係があるという大前提から出発する。そして、その原因となる要因を国際関係論諸学派の理論の適用や受入国の国内政治に関する諸研究等に依拠しながら探求しようとするものである。何故なら、米ソ両超大国が自国の軍隊を他国に駐留させるという「地位協定を必然ならしめた条件」、すなわち冷戦構造下での両国の戦略の変遷とそれに対応する受入国の反応と国内政治という国際関係のダイナミズムへの考察抜きには、各国地位協定に何故差異が生じたのかという原因を追究することはできないからである。

　筆者は国際関係論とグローバル社会研究で学位を授与された者であり、国際法や国際条約解釈は門外漢である。従って各国地位協定の条文解釈において正確無比で誤解釈がないとは到底断言できない。また、本書執筆にあたって、各国地位協定原文（英文）の一部を日本語に翻訳する必要が生じたが、日米地位協定のように日本語正文が存在しないため、全ての用語とその概念が正確に翻訳されているかは確信を持てない。先賢諸氏のご指摘を切に望むものである。

　最後に博士論文執筆にあたって、懇切かつ的確なご指導をしてくださった安野正士先生（上智大学国際教養学部教授、国際関係研究所所長）に心より感謝申し上げたい。先生の該博な知識と深い専門分野の知見から発せられた数々のアドバイスなしには本論文は日の目を見なかったはずである。また、ネイティブスピーカーの目から英語原論文の語法、語彙、文法の校閲を頂いたオーストラリア在住の EastWest Editing 主席エディター Annette Northey 氏にも深い謝意を捧げる。

iii

パックスアメリカーナのアキレス腱
グローバルな視点から見た米軍地位協定の比較研究

目　次

目　次

序　本書の特色と目的　i

第1章　序論と研究対象 …………………………………………… 3

A.　地位協定の概観と定義　3
B.　地位協定研究の重要性　―これなくして安全保障体制の本質は理解はできない―　6
C.　先行研究の概観とその限界　8
　1.　国際法分野における研究　8
　2.　国際関係論分野における研究　11
　3.　比較政治論と国内政治論分野における研究　12
D.　本書の構成、論証方法論及び研究対象とするケースの選択　19
　1.　論考の大前提　19
　2.　本書の構成と方法論　20
　3.　ケース選択　22

第2章　米軍地位協定の類型 (Typology) 各国の地位協定の差異、そしてそれらはどのように違うのか？ …………… 25

A.　各国地位協定を類型化する　25
　1.　基本となる類型化　25
　2.　裁判権の競合的両立型地位協定 （タイプⅢ型） 群内における差異の存在　―重要3項目からの評価と細分化　29
　3.　タイプⅢ地位協定の3類型化　（A，B，C）　42
　4.　アメリカからの援助の有無　44
　5.　10タイプの類型　45
B.　より広範な24項目の比較からタイプⅢ地位協定を総合評価　48
第2章のまとめ　52

第3章　要因仮説 I-A：力（パワー）関係の非対称性と交渉方式の差異 …………………………………… 53

A. 要因仮説 I-A：力（パワー）関係の非対称性と交渉方式の差異　53

B. 経験上観察できる一般的傾向：
全ケースの GDP 規模と地位協定タイプの相関　54

C.「国力」を定義して仮説の検証へ　57

D. 多国間交渉に関する理論と NATO 地位協定交渉史　59
1. 理論的背景　59
2. NATO 地位協定前史とブラッセル条約地位協定　61
3. NATO 地位協定交渉とその特色　63

E. イギリスとギリシャの比較考察　65
1. ハードパワー（物質的諸能力）の差異と
締結された地位協定の関連　66
2. イギリスの対米交渉史　67
3. ギリシャの対米交渉史　71
4. 比較分析とまとめ　74

F. 日本と韓国の比較考察　76
1. ハードパワー（物質的諸能力）の差異と
締結された地位協定の関連　77
2. 日本の対米交渉史　78
3. 韓国の対米交渉史　81
4. 比較分析とまとめ　85

G. イラクとジブチの比較考察　88
1. ハードパワー（物質的諸能力）の差異と
締結された地位協定の関連　88
2. イラクの対米交渉史　89
3. ジブチの対米交渉史　93
4. 比較分析とまとめ　97

第3章のまとめ　99

第4章　要因仮説 I-B：脅威認識の差異 …………………………… 103

A. 要因仮説 I-B：脅威認識の差異　103

B. 経験上観察できる一般的傾向：
冷戦終了後の各国地位協定の変化　105

1. 受入国から評価した米軍駐留の価値減少とアメリカの新世界戦略　105
2. 脅威認識の差異はどのように各国地位協定に影響を与えたか　106
C. ドイツとスペインの比較考察　114
1. ドイツ地位協定の歴史：脅威認識の差異が如何に影響したか　114
2. スペイン地位協定の歴史：脅威認識の差異が如何に影響したか　119
3. 比較分析とまとめ　129
D. 韓国とフィリピンの比較考察　130
1. 韓国地位協定の歴史：脅威認識の差異が如何に影響したか　131
2. フィリピン地位協定の歴史：
脅威認識の差異が如何に影響したか　140
3. 比較分析とまとめ　154
第4章のまとめ　155

第5章　要因仮説Ⅱ：国際規範としての相互主義原則……… 157

A. 要因仮説Ⅱ：
国際関係の拘束的規範としての相互主義原則の働き　157
B. 理論的背景とアメリカの基本政策　158
1. 理論的背景　158
2. アメリカの基本原則と同盟国の貢献を評価する際の一般的傾向　161
C. 日独比較——受入国経費負担
（Host Nation Support）の差異検証　163
1. ドイツのケース　165
2. 日本のケース　170
3. 比較分析とまとめ　175
D. 他のケースにおける再検証　177
第5章のまとめ　179

第6章　要因仮説Ⅲ：
受入国諸制度のアメリカとの近似度 …………………… 181

A. 要因仮説Ⅲ：
受入国諸制度（Institutions）のアメリカとの近似度　182
B. アメリカの基本方針の一貫性　183
C. 経験上観察できる一般的傾向　185

viii

1.　司法・裁判管轄の差異から見た各受入国のランキングと
　　　国家属性の相関　185
　　2.　受入国の第一次裁判権放棄（Waiver ウエイバー）率の比較　187
　D.　東アジア 3 か国　（日韓比）　の比較考察　191
　　1.　アメリカは東アジア 3 か国の
　　　社会・政治・法体系をいかに評価したか？　192
　　2.　1960 年代の東アジア 3 か国の諸制度の対米近似度を数値化する　197
　　3.　東アジア 3 か国の地位協定（司法関連条項）の違い　199
　　4.　受入国第一次裁判権放棄率の違い　203
　第 6 章のまとめ　206

第 7 章　要因仮説Ⅳ：米軍受入国の政体転換 ……………………209

　A.　要因仮説Ⅳ：米軍受入国の政体転換　211
　B.　各国のケーススタディ　213
　　1.　ギリシャ　213
　　2.　韓国　219
　　3.　フィリッピン　224
　　4.　スペイン　230
　　5.　トルコ　237
　第 7 章のまとめ　241

第 8 章　結論及び日本地位協定の特質と改正の可能性………243

　A.　要約と結論　243
　　1.　多様な地位協定を形成した要因と改正のイニシャティブ　243
　B.　グローバルな視点から見た日本地位協定の位置と特徴　251
　C.　変貌する安全保障環境と日本地位協定の近未来　254
　　1.　アメリカの世界基地戦略と各国地位協定　254
　　2.　日本地位協定の近未来　257

引用文献及び参考文献　267
各国地位協定と主要国際合意の入手先　275
索　引　281

［追補基礎資料］Appendix　目次

　追補基礎資料は 400 ページに近い紙数を要するため、本書には収録できなかった。その内容は、地位協定を構成する基本要素である 24 項目の意味と概念を解説し、次にこの 24 項目順に各国地位協定条文を整理し直して比較検討をしたものである。この結果は、第 2 章の地位協定類型化の根拠として使用されただけでなく、他章でも随所に使用されている。残念ながら、各国地位協定英文正文を日本語訳することができなかったため、解説、条文、評価コメント等、すべて英文のままである。インターネット上で下記よりアクセスが可能である。

　　上智大学国際関係研究所→出版物→その他の出版物
　　http://dept.sophia.ac.jp/is/ir/publication/other.php

米軍地位協定の比較研究に関する基礎資料 A, B
Basic Data for Comparative Study of Status of Forces Agreements Concluded by the US

基礎資料 A　全地位協定の比較表 Comparative Chart of All SOFAs

　序、目次 Introduction and Table of Contents　　1〜3
　略称一覧　Abbreviation of SOFA terms　　4〜5
　各国地位協定と主要国際合意の入手先
　A list of websites containing original texts of SOFAs　　6〜11

　A-1．24 比較項目の概念と解説（項目は 26 あるが、数値化が可能なものは 24）
　Conceptual Foundation and Commentary on twenty-four items to be compared in Comparative Chart of Type Ⅲ SOFAs　　12〜47
　A-2．タイプⅢ地位協定の比較表および評価の根拠となった理由について
　Comparative Chart of Type III SOFAs with brief reasoning comments for evaluation　　48〜88
　A-3．順位相関係数テスト Rank Correlation Coefficient tests between 'mean of total' and grading point of each item　　89
　　　SPSS ソフトウェアを使用した、スピアマンの順位相関係数テスト（Spearman's rank correlation coefficient test）とケンドールの順位相関係数テスト（Kendall's rank correlation coefficient test）結果。（これにより「順位数値」を「量的数値」として取り扱うことの問題点を検証したが、総合比較表に示された数値は統計学的な矛盾がないことが証明された）

目 次

基礎資料 B　24 比較項目順に整理しなおした各国地位協定条文
（2015 年現在効力を有するもので、全文ではない）
Contents of present SOFAs in force (edited in the order of 24 comparative items)

1. オーストラリア地位協定　Australia SOFA	1~25
2. ジブチ地位協定　Djibouti SOFA	26~32
3. ドイツ地位協定　Germany SOFA	33~100
4. ギリシャ地位協定　Greece SOFA	101~136
5. イラク地位協定　Iraq SOFA	137~152
6. イタリア地位協定　Italy SOFA	153~190
7. 日本地位協定　Japan SOFA	191~214
8. 韓国地位協定　South Korea (ROK) SOFA	215~258
9. フィリッピン地位協定　The Philippines SOFA	259~271
10. スペイン地位協定　Spain SOFA	272~321
11. トルコ地位協定　Turkey SOFA	322~355
12. イギリス地位協定　UK SOFA	356~394

引用された地位協定英文条文中の略称一覧

ACC：軍属当局 Authority of the US Civilian Component
AF：軍当局 Authority of the US Force, or Military Authority of the US
　　　Armed Forces
AR：受入国当局 Authority of the Receiving State
Art.：条 Article
AS：派遣国当局 Authority of the Sending State (the US)
DP：軍人、軍属の家族 A Dependent of a MF and a MCC
MCC：軍属 A Member of the US Civilian Component
MF：軍隊構成員 A Member of the US Armed Forces
Para.：節 Paragraph
SA：補足協定 Supplementary Agreement
Sec.：セクション Section
USAF：合衆国軍隊 United States Armed Forces
USG：合衆国政府 The Government of the USA

パックスアメリカーナのアキレス腱
グローバルな視点から見た米軍地位協定の比較研究

第1章　序論と研究対象

A.　地位協定の概観と定義

　軍の地位協定（英文では Status of Forces Agreement を省略して SOFA と通称される）はある国の軍隊が他国に駐留する際に当事国間で取り決める協定を言い、多くの場合は近似の安全保障認識を共有する。詳細な定義は後述するが、協定は駐留に法的根拠を与え、駐留軍、軍人（軍隊構成員）、軍属、その家族等の権利や特権を規定する国際合意である。人類史を振り返るなら、強大な帝国は常にその軍隊を帝国内、外に駐在させてきたし、ローマ帝国のように現地人との間に一定の取り決めを締結していた例を見ることもできる。しかし、国際法という概念が構築されて以降の近代において、駐留外国軍の権利等を認めた嚆矢は 1812 年にアメリカ最高裁がフランス海軍のスクーナー *Exchange* に与えた司法的特権であるというのが国際法専門家の一般的知見である。[1] しかしながら、安全保障条約やそれに類する合意に基づいて外国軍が他の主権国家の領土内に駐留するという現象は極めて現代的なものであり、第一次世界大戦末期においてイギリスが対独戦遂行のために米軍の駐留を認め、地位協定締結交渉をしたことが最初である。(Rowe 13-14) [2] そして、冷戦開始後、米ソ二大国がその軍隊を世界的な規模で同盟国等に駐留させ始めたことにより軍隊受入国との間に地位協定締結が必要となり、今日見られる地位協定の普遍化が定着したと言える。また、国連のPKO 活動なども、受入国との間に地位協定を締結して活動を行っている。しかし、国連の PKO 活動などは事例も規模も小さく、ソ連崩壊後はロシア

---

1) 簡潔にまとめるなら、外国軍隊受入国が、安全保障上の理由から正式に外国軍（この場合は艦船）の受け入れを認めた場合は、受入国側の派遣国側艦船や船員に対する裁判権は派遣国に譲られるべきであるという判決である。
2) 結局地位協定合意前に第一次世界大戦が終了した。

3

が中東欧から軍隊を引き揚げたため、今日一般的に地位協定というとアメリカと米軍受入国との間に締結された地位協定とほぼ同義語と化している。

　2011年時点でアメリカはその軍人を149か国に駐在させ、その総人数は305,315人にのぼる。[3] 施設数から見ると46の国や地域に909の米軍関連施設が存在する。(Lutz 1-3に引用) 軍人以外の軍関係の人数については詳細なデータは得られないが軍属と家族の人数は軍人数とほぼ同規模と想定される。アメリカはすでに100以上の国と地位協定を締結していると言われる。(Mason 1) 軍隊の駐留は動員されている人数や及ぼしうる破壊力等において外交官の駐在とは次元の異なる諸問題を含んでおり、すでに国際法上確立されている外交慣例に関する取り決めとは別個の国際合意が必要となるのである。アメリカにとっては、受入国側との諸条件の合意による海外駐留米軍の法的正当化とその諸活動の円滑化はその安全保障戦略の基盤となるものである。受入国側にとっても、外国軍の常時駐留は重大な問題を数多く含んでいる。例えば、安全保障上必要な駐留軍の規模や米軍の軍事行動の自由度に対してどの程度自らの主権を制限的に行使するかなどは主要な関心事となる。従って、地位協定を狭義に解釈するなら駐留外国軍の諸行動、権利、義務等を当事国間で合意した条文、補助的な合意条文に限定されることになろうが、実際にはその最上部を構成する安全保障に関する条約や下部に位置する細部にわる技術的、行政的合意と明確に分離線を引くことは不可能である。例えば安全保障条約は対象となる地域や共同軍事行動に至る基本構造を定義すると同時に外国軍駐留に法的根拠を与えるが、一方でその条文は簡潔であり具体的細部の取り決めを欠き、基地の設立やそこに駐在する外国軍の規模や行動（軍事作戦、訓練、及び移動）は地位協定で定義されることが多いからである。これらを考慮すると地位協定は以下のように定義されよう。

　　軍隊派遣国の軍隊を合法的に受け入れるにあたって、軍隊派遣国と受入
　　国との間に合意された公式、非公式の諸条件のセットであり、駐留軍及
　　びその構成要員等の法的、行政的、経済・物質的諸条件を定める。

　3）総人数は海上勤務6,065名は含むが在韓米軍は省く。

4

第1章　序論と研究対象

そして、具体的かつ広義に表現するなら、これらの諸合意は安全保障条約を含む一連の「システム」とも呼ばれるべきもので以下のようなものから構成される。

(1) 安全保障条約もしくはそれに類する基本相互条約、地位協定条文、その他安全保障関連合意条文、補助合意条文、及び改正条文。
(2) これらに対応する国内法。
(3) これらの合意を実行し、諸問題を解決するための共同協議機関（例えば日米の場合は日米合同委員会）および受入国の行政機関（例えば日本の場合は防衛施設庁等）の諸活動。

アメリカは多数の国々と地位協定を締結しているためその条文は、他分野（例えば国際文化交流、教育交流、保健分野共通合意）のように標準化、同型化されているように思われがちだが、実は各受入国によって大きくその内容は異なるのである。例えば、米‐スペイン地位協定では相互性尊重の原則に則り、スペイン軍がアメリカ防衛の一翼を担うためにアメリカ本土に駐在する場合（極めて仮想的な状態であるが）の規程が定められており、米‐韓国地位協定では米軍撤退後も返還基地の再利用権まで明記されているのである。さらに共通の地位協定が存在するNATO同盟国間にもそれを補足する二国間協定には大きな差異が認められる。

ソ連崩壊後、中東欧駐留ロシア軍が撤退したため、本書の対象と目的は米軍地位協定の比較研究である。旧ソ連地位協定や国連地位協定は米軍地位協定との比較で触れることはあるが、対象外とする。従ってこれ以降、各国地位協定の名称を本来なら日本‐アメリカ地位協定と表記すべきであるが、アメリカを省き日本地位協定と表記する。例えば英国‐アメリカ地位協定は英国（またはイギリス）地位協定と表記される。特定のない「地位協定」という表現はアメリカが締結した地位協定を指す。

5

B. 地位協定研究の重要性
——これなくして安全保障体制の本質は理解はできない——

　先行研究概観の項で詳述するが、地位協定研究に対する関連アカデミズムの関心は極めて薄い。国際法の分野では戦争、人権、国際海・空事、外交といった分野が主流であり、地位協定研究は従的もしくは一段と低い位置を占めている。国際関係論の分野では安全保障や同盟関係の形成消滅といったより大きな事象が主要関心事である。政治学分野の主たる興味はアメリカをめぐる各国の政党や二国間、多国間の政治的ダイナミズムであり、いわば外交実務レベルでの最終副産物とでもいうべき地位協定に対する学問的関心度は低い。しかし、二国間や多国間関係の最も重要な分野である安全保障関係を研究する際に、地位協定研究は本当に二義的かつ従属的な位置しか占め得ないのであろうか？答えは明らかに否である。

　第一に、安全保障体制は地位協定を研究することなくしては全体像を理解できないということである。安全保障条約は二国間や多国間の安全保障体制の根幹を規定するが、国際慣行上そのスタイルは極めて形式的であり、内容的にも抽象的かつ簡潔で二国間、多国間の真の関係をその条文からだけでは読み取ることはできない。何故なら安全保障条約は“対等”な主権国家が安全保障体制を合意するというのが建て前であるから、条文上からは締結国間のパワーバランスの優劣や役割分担などを類推することは不可能である。また、将来の安全保障環境の変化や発生し得るであろう諸事態等に対し、具体的かつフレキシブルに対応するためにはその内容は抽象的かつ包括的なものにならざるを得ない。従って、安全保障条約は、そのほとんどが簡潔に条約適用の地域を定め、締結国の何れかに武力攻撃や重大な脅威が生じた場合は定められた手続きにより共同で防衛行動に当たるという大原則を確認するにすぎず、具体的細部を定める地位協定を含めた「システム」としての全体を考察することなくして二国間または多国間の安全保障体制とその構造を考察することは不可能なのである。

　如何なる安全保障上の同盟関係においても、関係当事国間の脅威認識や安全保障政策が完全に一致していることはなく、NATOのような強固な集団的同盟関係にある国家群内においてもそれらはアメリカと一枚岩ではない

し、欧州同盟国間にも差異が存在する。アメリカと二国間安全保障条約を締結している他地域の国であっても同様である。こうした差異は安全保障条約に定められた地域以外に脅威が発生した場合は特に拡大する。アメリカ側の視点から見るならば、こうした多様な安全保障認識を保有する国家群と如何にうまく折り合いをつけて自国の世界戦略を実現していくかが重要な外交課題になるのであり、その外交努力の成果が地位協定システムということができるであろう。法律家でもあり外交官を長く務めたマクドナルド（John W. McDonald）は「最も重要なことは、米軍の基地権確保の交渉は我々の外交政策の中でも特別のものであるということである。今日の世界において基地権利合意（即ち地位協定）のネットワークは我々のパワーベースの欠くことのできない部分である。以前にも増して、これらの合意に対して（政府内の）よりハイレベルからの関心と指示がもたらされるべきである。」（McDonald 3）とその重要性を訴えている。一方で、米軍受入国から見るなら、外国軍の常駐は国家主権と安全保障に関わる最重要な国家的決断であり、軍事力では米軍に依存しても自国独自の安全保障と主権は最大限追求しなければならない。即ち、具体的かつ詳細な取り決めである地位協定こそが、米軍受入国とアメリカとの本質的関係を見事に表象するのである。

　第二に、地位協定は派遣国、受入国の利益、主権が激しく衝突する領域であるということである。それは上記の安全保障をめぐる脅威認識や国家政策の相違だけに由来するものに限らず、駐留する外国軍とそれを取り巻くコミュニティーとの利害の相反や受入国との司法・行政レベルでの対立である。広義に言えば受入国の国家主権と派遣国の軍事諸活動との対立とも言える。そしてそれは受入国の国民感情を刺激しやすく、両国関係の最も敏感な部分であることは言をまたない。例えば人口密集地近くでの米軍夜間飛行訓練はどの受入国においても社会運動のターゲットになっている。当然のことながら受入国政府は米軍に協力して安全保障優先でいくべきか、自国の市民生活優先でいくべきかという難しいジレンマに晒されるし、政治問題化された場合は地位協定そのものにも影響を与えることになる。さらに、人権や環境に対する関心が世界的に高まる中で、受入国内における社会運動は米軍の軍事優先政策の変更を迫りうる潜在力を持っているのである。地位協定のみ

7

がそうした国家主権に関わる権利と相反する国家利益を何とか調整して合意された唯一の法的根拠であり、システム内に設定された両国間の調整機関を通じて安全保障環境や社会状況の変化に対してフレキシブルに対応しているのである。即ち、地位協定は両国間の大妥協の産物であると同時に、真の二国間（或いは多国間）関係の本質、力関係、役割分担の現実を反映したリトマス試験紙でもあるのである。

　安定しているかに見えるアメリカの強大な世界基地ネットワークに支えられたパックスアメリカーナは、アメリカと受入国群との大妥協（その成果としての地位協定）の上に成り立っているものであり、国際関係と受入国の国内情勢の変化に対し脆弱である。即ち米軍地位協定はパックスアメリカーナのアキレス腱なのである。地位協定研究は主流のアカデミズムの関心からすると周辺分野として軽視されがちだが、この"周辺"こそが最初の綻びが発生する危険地帯なのである。歴史的に見ても大帝国の終焉の始まりは常に周辺地域の小さな反乱などの異常事態にその兆候を見つけることができる。たった一人の米兵の犯罪が受入国の国民感情を激高させることは普遍的に見られる現象であり、国際合意の中の"周辺"である地位協定こそ対米関係の土台を揺るがす震源地となるのである。以上、地位協定を深く研究することはアメリカを中心とするグローバルな安全保障体制をより深く理解するためには避けて通れない必須の分野と言えるであろう。

C.　先行研究の概観とその限界

　関連する各専門分野の地位協定研究は残念ながら豊富とは言い難い。特に本書の目的である「多様な地位協定の要因究明」という観点から核心をついたものは希少である。以下各分野別に概観する。

1. 国際法分野における研究

a. 欧米の国際法学者による貢献

　先述のように近代国際法としての地位協定の起源は 1812 年に米最高裁が

認めた仏スクーナー Exchange 号事件の裁判管轄特権に始まる。それは The Law of the Flag と総称されその船員と船舶はそれが掲げる国旗（国家）の法の下にあるという原則を確認したものである。しかし、この原則は外国軍受入国の国家主権と真っ向から対立することになるため、欧米の国際法学者の関心はこの対立する主権が、地位協定において如何に調整、解決されてきたのかに集中することになる。具体的には、国家主権行使の象徴である裁判権行使の実態や受入国間における合意条件の相違が彼らの主要関心事である。時間軸としては、次々に生じてくる新事態（例えば多国籍軍による国連 PKO 活動や NATO の多国籍軍の地域外駐留などは冷戦初期には想定されていなかった事態である）に対し、関係当事者が如何に調整、対処して地位協定を進化させてきたかを歴史的にたどることも重要な研究テーマとなっている。しかしながら、地位協定は駐留軍基地の地位や利用のされ方、軍としての作戦行動や訓練といった安全保障・軍事分野の取り決めも重要な部分を占めているにも関わらず彼らのこの分野への関心は二義的である。こうした傾向の当然の帰結として、異なる状況下での裁判管轄の所在、民事や行政上の合意条項等が比較の主対象となり、種々の考察もこの土俵上で行われる。しかし、地位協定は安全保障・軍事分野も含めた総合的な評価を行わない限りその本質に迫ることはできないし、正当な比較考察も不可能である。さらに、地位協定合意過程において何故に各国間で差異が生じたのかという交渉過程のメカニズム、その背景としての国家利益の衝突やパワーバランスの不均衡がどのように働いたのか、さらには地位協定がもたらした受入国の社会的、政治的ダイナミズムといった本書の研究対象に触れられることはまれである。

　しかしながら、これらの法学者特有ともいえる諸限界を考慮しても欧米国際法学者達の地位協定研究に対する貢献を軽んじることはできない。何よりもまず、彼らの中には実際に政府の専門交渉担当者として地位協定交渉に携わった者も多く、最終合意と条文策定は彼らの専門的知識に基づいてなされたものであるし、使用された用語の意味や含意も彼らの専門的知識に頼ることなくしては理解不可能である。就中、以下の三書は地位協定研究の基礎であり出発点となるものである。

The Handbook of the Law of Visiting Forces
編者 Dieter Fleck　New York, Oxford University Press 2001

　地位協定研究の定番教科書とでも言うべきもので各分野の専門家の寄稿により構成されている。地位協定を構成する司法、輸出入、出入国管理等の主要な項目の基本概念の理解と解釈に欠かせない。また主要な地位協定の比較としてケーススタディもあり日本のケースは本間浩が寄稿している。

International Law Studies 1961 NATO Agreements on Status: Travaux
Preparatories
International Law Studies Vol.LIV
著者 Joseph M.S.J. Snee　　　Washington D.C., Naval War College 1961

　NATO 地位協定は NATO 加盟国による多国間協議で合意されたものでその後の地位協定のスタンダードとなった。本書は、NATO 加盟国の専門家による交渉開始から合意までを精密に追ったドキュメントであり、地位協定の本質、使用される用語の意味、概念、含意および多様な解釈が如何に討議されたかを追跡できる貴重な記録である。

American Military Forces Abroad: Their Impact on the Western State System
著者 George Stambuk　　　Columbus, Ohio State University Press 1963

　本書を国際法学者の著書とすることはやや厳密さを欠くが、受入国により異なる第一次裁判権放棄（派遣国に対して）比率など幅広い項目にわたって地位協定を比較しており必読の書といえる。また著者の設定した地位協定の類型化は裁判管轄の所在を判断基準のベースとした最も普遍的なもので本書も Stumbuk の類型を土台としてさらなる細分化を試みた。

b. 日本の国際法学者による貢献

　日本は大規模な米軍受入国の一つであるという事実から研究著作は数多い。敢えて大胆な分類をするなら専門的な法律研究と政治的行動に向けた研究に分けることができるだろう。前者は日本地位協定に専門的に深化した分析が中心で、関連国内法等を広く網羅するものもある。後者は後述の反米軍

第1章 序論と研究対象

基地運動と一脈通じる動機から出発して、日米地位協定が如何に不利で不平等であるかを他の米軍受入国との対比、またはモデル主権国家を想定して（例えば司法権は国家主権の不可侵の領域であるといった原則）それとの乖離の大きさを論証するという傾向が一般的である。また日本の地位協定は著しく不均衡であるという認識が強く共有されているため、法的な条文解釈の域を飛び出して何故にそうした不均衡が形成されてきたのかという原因となる要因追究が日本特殊の歴史的考察から論じられることも多い。従って、ほぼすべての先行研究は日本中心であり、グローバルかつ双方向な視点から日本地位協定を考察するというものは希少であるが、この分野の日本の泰斗である本間浩編の以下の著作は注目に値する。

『各国地位協定の適用に関する比較論考察』　本間浩編　東京、内外出版
2003

　本書は各分野の専門家の寄稿により、日本の地位協定と独、英、伊、豪、韓の５か国の地位協定と比較しつつ、各国地位協定の合意された条文（特に日本のケース）が現実の適用過程で忠実に実行されているのか等を検証したものである。対象国を主要な米軍受入国に広げ、各国地位協定の歴史と現在を総合的に検証しているため極めて示唆に富む論文集であり、日本地位協定研究にとって欠くべからざる研究と言えよう。しかしながら、本書の目的が上述のようであり、かつ各寄稿者が独立して自分のパートを受け持つという形式的制約もあるため、"では一体何故にそうした差異が生じたのか"という問いに対して、各寄稿者の見解をさらに一歩普遍化して統一的見解を論じるということはなされていない。

２．国際関係論分野における研究

　国際関係論分野から地位協定を専門的に研究したものはほぼ皆無といってよい。この分野のアカデミズムの関心は当然のことながら国家間のダイナミックな相互関係であり、安全保障分野について言うなら何故に同盟が形成されたり、戦争が起こったりするのかという根源的な問いに答えることであるため、同盟の言わば実務的細則である地位協定は真正面から取り組むテー

11

マとしては二義的なのである。しかしながら、何故に地位協定に差異が生じたのかを探求するためには、この分野のアカデミズムが構築してきた主要な理論は啓示に富み、それらに依拠することで多様性を形成した要因の考察がより容易になるのではないかと考えられる。後章で展開するように、本書は国際関係論の主要な理論を仮説設定の根拠とし、その検証を試みるという手順を踏むことになる。

3．比較政治論と国内政治論分野における研究

a．受入国の国内政治と米側から見た基地運営政治（Base Politics）

　大規模な外国軍を自国領土内に駐留させるということは、受入国にとって矛盾に満ちかつ痛みを伴う選択であることは言をまたない。如何なる国であれ国家の安全保障政策を決定するということは最重要な政治的決断であって各政党の基本綱領を決定するとともに、外国軍の受入は政争の主要因を形成する。さらに外国軍の駐留によって安全保障能力が改善され、国によってはそれなりの経済効果も期待できる反面、独自の外交政策が制約されたり、基地周辺の地域社会には多くの公害や社会的問題を引き起こすのも周知の事実であり、受入国の政治は数々の矛盾に直面せざるを得ない。従って、そうした諸矛盾の元凶とも言うべき外国軍の諸権利を定めた地位協定は、常に最も爆発しやすい政治的地雷原の一つとなるのである。即ち受入国の国内政治は地位協定の交渉やその後の改正に決定的な影響を与えるものであり、地位協定研究にとって受入国の国内政治分析は必須の領域となる。先行研究は各国ごとに豊富に存在し、示唆に富むものも多いが、紙数の関係上個別的にここにリストすることはしない。

　視点を変えて米側からみた基地運営政治については、注目すべき著作が多い。何故ならアメリカにとって世界の基地ネットワークの維持運営は主要関心事だからである。英語では Base Politics と総称されることが多いが、要するに世界中にある米軍基地を受入国と如何にうまく調整して安定的に維持運営するかというのが "Politics" の意味するところである。米側の視点から米軍基地、地位協定や受入国の国内政治を考察するという意味でこの分野の研

12

究は本書の目的に欠くことができない。以下の二書はスタンダードとも言える研究成果である。

Embattled Garrisons: Comparative Base Politics and American Globalism
著者 Kent E. Calder　　　　Princeton, Princeton University Press 2007

　本書は主要米軍受入国の国内政治と米軍基地の関わりを歴史的に比較考察したものである。著者は Base Politics を「受入国に駐留する派遣国軍の軍事施設の地位と軍事活動を巡る派遣国と受入国間の相互作用であり、国境を越えた非政府社会運動家間の交流も伴う……それは受入国の社会的ニーズ及び歴史的に形成されてきた諸要因と関連地域安定のスタビライザーとしての米軍を世界的に展開することの必要性を仲裁する媒体である。」と定義し、「最終分析から見るならば、外国軍を受入国から撤退させる政治的力は派遣国側の政治事情より受入国の国内政治にこそ典型的にそのルーツがある。」と結論し、頑なな軍事優先主義に陥るのではなく、受入国社会との調和ある共存こそがアメリカのグローバル基地ネットワーク維持にとって欠かせない要素であると政策提言を行う。

Base Politics: Democratic Change and the US Military Overseas
著者 Alexander Cooley　　　　Ithaca, Cornell University Press 2008

　本書は海外米軍基地の安定的維持運営は受入国の民主化のレベルと深い関係があるという視点から受入国の国内政治を比較考察したものである。著者は主要米軍受入国の"民主化度"（独裁的政治体制から高度の民主主義体制まで）は、対米関係に影響を与える基本的尺度であり、米軍基地の安定的維持に決定的影響を与えるとする。民主化度の低い国ほど米軍基地の存在は受入国の利害関係や政治闘争に巻き込まれやすく、民主化度が高い国ほど国際合意を遵守する度合いが高く、かつ米軍基地を政治闘争のテーマにする可能性が低くなると主張する。また、独裁的政治体制から民主主義体制に移行した米軍受入国はすべて地位協定を有利に改正しているという事実を指摘する。受入国の政治体制が地位協定に如何に影響を与えてきたかという歴史的事実の比較研究は極めて重要な示唆に富む。

以上、受入国の国内政治を受入国側から見るにせよ、派遣国側から見るにせよ、これらの先行研究では受入国の国内政治や歴史的諸要因は地位協定と米軍基地存続に対して重要な影響を与えることが論証されており、地位協定の多様性を形成した要因の一つとして、国際関係諸理論と並んで重要な位置を占めていることは間違いない。

b. 派遣国（アメリカ）の国内政治

　地位協定研究にとって受入国側の国内政治ばかりが注目されがちであるが、契約のもう一つの当事国であるアメリカの国内政治も重要である。何故なら、そもそもアメリカのグローバルな安全保障戦略こそが世界基地網を必然ならしめている根本要因であり、そうした戦略はどの地域に基地を設立するかも含めて単独主義的に決められることが多く、かつ絶えず変化する。意思決定を巡っては議会と大統領がしばしば対立することは周知の事実であるし、行政府内でも国防省と国務省の対立は常態であるとさえいえる。そのため安全保障政策の変遷という視点からアメリカの国内政治を研究した著作は膨大である。その変化の軌跡を追うことは地位協定研究に欠かせないが、本書は特定の研究を出発点としてアメリカの国内政治の細部に立ち入ることはしない。何故なら、地位協定に関する限りその基本方針は 1948 年のヴァンデンバーグ（Vandenberg）決議（安全保障同盟国に相応の負担を求める）と 1953 年の NATO 地位協定批准時の上院決議（NATO 地位協定の裁判管轄や受入国側の諸権利についての合意は先例とせず、今後はアメリカの司法・軍事に関わる特権を最大限追求するとするもの。詳細は第 6 章 B を参照。）以降、基本的に一貫しておりほぼ定数として扱ってよいからである。即ち、受入国の法による規制を可能な限り受けず、自らの軍事行動の自由裁量度を確保していくというスタンスはほぼ不変といって過言ではない。変数は受入国側の国内政治とアメリカの安全保障政策、基地建設や撤退の決定に影響を与えるグローバルな安全保障環境の変化ということができるだろう。

c. 世界的視野から見た受入国の反米軍基地運動

　何が反米軍基地運動の起爆材になり、何を政治的目標にするかは国によっ

14

第1章　序論と研究対象

て異なるが、反米軍基地運動はすべての米軍受入国において見られる現象であり、米軍基地の存在と地位協定の改変等に大きな影響を与える。実際にフィリッピンでは反米軍基地運動は与党をも巻き込んだ国民的運動となって1世紀近く存続した米軍基地の撤退にまで至った。下記の研究では主要受入国において、如何なる条件下で、如何なる過程を通じて反米軍基地運動が地位協定改正に至る成果を上げたのかが綿密に検証されており、社会運動という視点から地位協定を研究する出発点を提供してくれる。

Activists, Alliances, and Anti-US base Protests
著者 Andrew Yeo　　New York, Cambridge University Press 2011

　著者は運動主体側の成功要因として運動の目標をどこに置くのかが重要であると指摘する。いわゆる NIMBY（Not in my back yard の略。総論賛成でも自分の家の裏庭にやっかいな物が存在することは許容できないとする立場）的なスローガンは特定のコミュニティーの賛同を得ても国民的な支持を得にくく、一方で安全保障体制そのものやイデオロギー分野にまでスローガンを政治的に普遍化すると今度は地域コミュニティーの身近な要求に応えることができないため、ある適正なレベルの目標設定が必要であるとする。そして、基地受け入れや地位協定は国際的合意であるため政府を動かすことなくしては社会運動はその目標を達成することが不可能で、政治的指導層の間で安全保障に関するコンセンサス形成がどのレベルにあるかが運動成功の決定要素になると主張する。即ち、脅威認識、イデオロギー、歴史的に受け継いできたもの、国民的アイデンティティ、国家としての機構や法体系などによって形成された安全保障コンセンサスが指導層間において低い場合は、社会運動側は容易に指導層間に共感者を増幅させることが可能になって強い連帯を形成できるが、コンセンサスが強固であるときは指導層の意思決定に食い込むことが極めて困難になると結論する。

d.　日本の反米軍基地運動

　我が国における地位協定研究は反米軍基地運動から端を発したものが多く、枚挙にいとまがない。運動のスローガンも所謂 NIMBY 的なもの（軍事

15

活動や訓練の危険性、米兵の犯罪、騒音や公害など）から日米安保そのものに代わる新たな安全保障システムの提案をするものまで極めて広範囲かつ多様である。いずれの運動主体も日本の地位協定は不平等であるというのが共通認識であり、そうした"不平等性"を立証することが運動の理論的出発点を形成するためにも重要な要件となる。それは主に二つのフレームワークから追究されることになる。一つは、日本の地位協定を受入国に有利といわれているドイツやイタリアなどと比較検討することであり、一つは占領→サンフランシスコ平和条約→旧日米安全保障条約・旧行政協定という戦後日米関係史をたどることで両者の力関係が如何に不均衡であり、その結果としての国際合意が如何に不平等であったかを歴史的に立証することである。しかしながら、研究の目的が運動と不即不離の関係にあることからもたらされる以下のような限界を内包している。

　第一は他の地位協定との比較検討の視点が徹頭徹尾"日本発"であることである。日本の地位協定は、例えばドイツと比べて非常に受入国側に不利であることは多くの研究で論証されるが、日本の"不平等性"が世界的にみてどのあたりに位置するのかは明らかにならない。また、比較の対象として選ばれた米軍受入国のサンプル数が少なく、比較される項目も少ない。即ち比較の方法が社会科学的方法論として問題があり、必要にして十分な普遍性を欠いているといえる。さらに、比較に際しても現行の条文比較が中心で、各国地位協定の変遷を歴史的に比較考察したものは少ない。地位協定は全ての受入国で最初に締結されたものから変化し続けており、この歴史的過程の各国特有の相違およびそれから生じた多様性を追跡することなしには米軍地位協定変遷の背景にある法則性の探求は不可能といってよい。

　第二は前述の欧米国際法学者の研究到達地点への無視もしくは学問的冷淡である。論者によっては主権国家の"かくあるべき主権の行使"という理念的フレームワークの中で地位協定を分析し、駐留軍に与えられた諸特権を主権への侵犯と断定する。しかし、地位協定で合意される諸特権は、未だ確立された国際法もしくは国際慣行という位置を占めるに至ってはいないが、1812年の仏スクーナー Exchange 号事件への米最高裁判決から1951年のNATO地位協定の国際的合意に至る過程で裁判権の競合的両立、損害賠償、

16

物品の移動、出入国の規定といった主要な分野で駐留軍に一定の特権を与えるという互恵的諸原則は、国連でも認められている先例的国際慣行となっているということである。問題点はそうした特権授与のレベルが、各受入国によって差異があるということであって地位協定研究は一刀両断に主権国家原則論で切れる類のものではない。

第三に、日米関係に関わる歴史観の固定化である。占領の終結から今日に至るまでの日米安全保障関係を"強大なアメリカの覇権主義または帝国主義"とそれに抵抗できない"対米従属の弱腰日本政府"という基本的な役柄設定を固定したレンズからだけ見る歴史観である。この考え方に立てば、日本地位協定が未だに極めて不平等なのは政府・与党の対米従属政策と官僚の弱腰外交交渉であるという結論しか導き出し得ないのである。対米従属が紛れもない日米関係の一面であるとしても、これで総てが語りつくされる訳ではない。国際合意がなされる背景は多様な要素が絡み合っているのであって、可能な限り考察の範囲を広げて事象を観察していくという複眼の視点を欠いては歴史を動かす本質的要因を探索することはできない。

反米軍基地運動キャンプからの諸先行研究は上記のような学問的限界を内包するにもかかわらず、日米安全保障体制に関わる不平等性や秘密協定を米側、日本側の第一次資料を徹底調査しながら暴いてきた功績は日本の地位協定研究に欠くことができない。また地位協定の日常的な行政現場レベルにおける不平等な実態暴露もこの分野の研究者の息の長い追究努力に負うところが大きい。こうした先行研究によって、我々はアメリカンヘゲモニーのいわばリアリスティックな側面を知ることができるだけでなく、地位協定交渉の裏取引の一部を垣間見ることが可能になったのである。さらには他国の地位協定の非公開部分の実体を推測することも、彼らによって明らかにされてきたアメリカの行動パターンとでもいうべきものに頼ることによってある程度容易になるのである。安全保障関連の秘密合意は何も日本だけの専売特許ではなく、この分野ではどの国においても秘密にされている部分が多いからである。例えば英国では米軍への基地供与契約（個々の基地について契約が取り交わされる）は秘密であるし、イタリアやスペインの地位協定も秘密にされている部分は少なくないのである。

17

4．先行研究のまとめ

以上各学問分野からの先行研究を概観してきたがそれらの限界は以下のようにまとめることができるだろう。

a．グローバルかつ双方向の視点から地位協定を総合的に比較考察したものがなく、普遍的な類型化（Typology）作業もなされていない。

地位協定は外国駐留軍の法的特権と軍事諸活動に関する細部の取り決めであるから、その比較考察は可能な限り全ての分野からなされなければならない。しかるに、国際法学者の関心は司法権や法的特権がその関心の大半を占め、軍事活動に関する考察は二義的である。反米軍基地運動キャンプからの研究は不平等性を立証するために、関心が軍事活動の部分にまで及ぶという意味では比較考察するジャンルの幅は広いが、関心は常に受入国視点からのものであり、派遣国側からの視点が欠けているだけでなく、地位協定を構成する主要項目を、必要十分な研究対象をもとに精密に比較考察しているものは少ない。

b．歴史的な視野からの比較考察がない。

地位協定は変化する。安全保障条約は比較的長期にわたる国際条約であるため、国際環境の著しい変化が起こらない限り変化に対する順応性は低い。それに付随する地位協定も同様と考えられがちであるが、地位協定は駐留軍の具体的かつ細部にわたる諸事項を取り扱うものであるため、当事国双方の社会・国内事情や国際情勢の変化に対する順応性が高く、変化する度合いは大きい。合同委員会のような機関での調整が困難で双方の矛盾が大きくなった場合は地位協定改正へと発展する。主要な米軍受入国はすべて2回以上の地位協定改訂を体験しており、協定の"変遷史"を比較しなければ本質的な比較研究にはならないし、地位協定の本質に迫ることはできない。

c．主要な関連専門分野である国際関係論から地位協定を比較考察したものがない。

第1章　序論と研究対象

　国際関係は安全保障に関する国際合意を決定する主要因であるにもかかわらず、国際関係論の視点から地位協定を分析し総合的に比較考察したものは皆無である。例えば、現行の日独地位協定条文を比較研究したものは多いが、何故にそのような差異が生じたのかを国際関係論の視点から分析したものはまれである。1945 年以降、北東アジアと西ヨーロッパで安全保障環境が如何に異なっていたか、あるいは西ドイツと日本の地政学的条件等を考慮に入れない限り、地位協定 “変遷史” の違いを合理的に説明することはできないであろう。

D.　本書の構成、論証方法論及び研究対象とするケースの選択

1．論考の大前提

　第一に、先行研究への批判的概観から明らかなように、本書の出発点となる大前提は、地位協定が各受入国によって差異が生じたのは、国際関係、国内政治、法体系や社会的慣習などの違い等の複合的な要因の作用であるとする複合要素起因仮説である。第二に、関係国間の交渉技術の巧拙、個人的外交技術の格差といった要因はこれを考察から排除した。言うまでもなく外交交渉技術の巧拙が結果に無関係であることはあり得ないが、論考は上記の構造的かつ客体的な要因の探求と論証にその重点を置くものとする。第三に、関係国政府と政党・政治家を主要行為者として論考の対象とする。地位協定は地域社会と密接な関わりを持つだけに、広義には反米軍基地運動、地方自治体、環境保護運動、国際機関、あるいは NGO などに従事する人々やグループも主要行為者として論考の対象とすべきである。例えば、国際機関の決定は地位協定に大きな影響を与えている。欧州人権裁判所は死刑が宣告される可能性が大きい被告のアメリカへの引き渡しを不可とする判決を下したし [4] 欧州評議会は判決を受けた受刑者が望む場合は母国で刑期を満了してもよいとしてその具体的手続き方法について合意している。[5] あるいは、主権国家の制約を超えた行動も散見できる事実である。沖縄県知事が訪米して基地負担の軽減を直接米政府に訴えることは地方自治体が国家の枠をこえて

19

行動するパターンであるし、[6] 韓国の反米軍基地運動は国際的なネットワークを構築してグローバルな情報収集能力を備えるに至っている。こうしたグローバル化がさらに進むとする一部の社会学者達は主権国家の衰退と国境の希薄化すら予見する。(Keck and Sikkink) しかしながら、安全保障同盟や地位協定は国家間の合意であり、合意に向けた国内的な論争、政争、関係国間の鎬を削る外交交渉などは国政・国家レベルで行われるのであって、このレベルの行為者に焦点を当てた論考は本書の目的により合致していると考える。

２．本書の構成と方法論

本書はまず、第２章で各国地位協定の差異を総合的に比較考察して類型化と差異評価を試みた後、何故に各受入国で差異が生じたのかという要因を追究する。具体的には国際関係論の主要理論と受入国の国内政治、及び米軍基地に関する諸説、研究から仮説を導き出し、それらの仮説が普遍妥当なものであるかを歴史的事実を追跡することによって立証しようとするものである。要因仮説は以下のようなものであり、各章で個別に論じる。

[国際関係論リアリズム理論から推論される仮説]
　　　仮説 I-A：力関係の非対称性と交渉方式の差異　→　　　　　第３章
　　　仮説 I-B：（安全保障上の）脅威認識の差異　→　　　　　　第４章
[国際関係論リベラリズム理論から推論される仮説]
　　　仮説 II：国際的規範としての相互主義原則の働き　→　　　　第５章

---

4) The European Court of Human Rights は 1989 年 7 月 7 日、死刑判決に直面する可能性の高いドイツ国籍の被疑者に対する米の引き渡し要求（英国政府になされた）に対し、もし被疑者が米側に引き渡されるならそれは The European Convention on Human Rights の第三条に違反することになるとして拒否の判決を下した。(Conderman "Jurisdiction" 128)

5) The Council of Europe Convention on the Transfer of Sentenced Persons, 130 multilateral agreement formulated by a committee of experts from fifteen Council of Europe states and observers from the United States and Canada.

6) 知事訪米と直接関係はないが、カリフォルニア州バークレーの市議会は米海兵隊の普天間から辺野古への移転反対決議をし国防省に対して計画を再検討するよう要求した。琉球新報 2015 年 9 月 17 日

20

第 1 章　序論と研究対象

［国際関係論構成主義理論から推論される仮説］
　　　仮説 III：受入国諸制度のアメリカとの近似度　→　　　　　　　　第 6 章
［比較政治と国内政治研究から推論される仮説］
　　　仮説 IV：米軍受入国の政体転換　→　　　　　　　　　　　　　第 7 章
　最後に第 8 章では各要因を要約して結論を述べるとともに、日本地位協定
の特質と改正の可能性を論じる。

　論証の方法論としては、適切なケースを選択し、その歴史過程を比較考察
する質的分析法（Qualitative case study method）を採用する。量的
（Quantitative）あるいは統計的手法は必要に応じて利用するが、主たる論考
には用いない。ケーススタディの陥りやすい欠陥であるケース選択の偏向、
ケース選択の非独立性（独立性が希薄であると、他の要因の影響を完全に排除し
きれていないケース選択をし、観察された結果が所定の要因によるものであると
即断する危険性が生ずる）、あるいは少数ケースの分析から得られた結論の単
純な普遍化等を克服するためには適切なケース選択と多重の検証作業は必須
の条件となる。従って論証は、前述の複合要素起因仮説を大前提として以下
のような構成となる。

　　　ケーススタディ方法の欠陥を克服できる必要にして十分なケースを選
　　択　→　選択された各国地位協定の総合比較による普遍妥当性のある類
　　型化（Typology）と差異の特定　→　差異を生じさせた原因となる要因
　　の仮説を設定　→　ケーススタディによる比較論証及び全選択ケースの
　　経験的観察による仮説の再検証　→　結論

　ケーススタディは原則として原因となる要因を独立変数と見なして、その
論証を一組のペアを比較考察することで行う。従属変数（即ち結果）は地位
協定合意・改変に至る歴史的過程であり、最終的には地位協定の条文そのも
のである。例えば、国際関係における総合国力の強弱を要因（独立変数）と
仮定した場合はそれが地位協定の交渉や結果として締結された条文内容（従
属変数）にどのような影響を及ぼしたかを比較考察することで仮説（要因）

21

の正当性の検証を進めていく。

　しかし、各独立変数は従属変数に対しては独立であるが、独立変数間では完全に「独立」しているわけではない。例えば、国際関係は国内政治に多大な影響を与えることは当然であるし、逆もまた同様である。従ってある要因を独立変数としてその影響を追跡していくこと自体は方法論上問題はないが、他の独立変数の影響をどのように排除もしくはコントロールすることができるかが重要な課題となる。言い換えれば、実はある独立変数によってもたらされた結果を別の独立変数によってもたらされたものだと誤認定してしまう危険性である。こうした危険を避けるために（1）ペアやグループの選択は他の独立要因変数が等しく一定であるか極めて類似のものを選択する。例えば日独の国内政治の影響力を比較考察する場合、1945年〜1989年までの期間を選択する場合は敗戦、占領、経済発展、冷戦下での脅威認識などで類似性が高いため他の独立変数の影響をある程度コントロールできていると言えようが、冷戦終結後は他の要素（特に国際関係）の影響の差異が大きくこの期間を比較の対象とすることは妥当性を欠くであろう。さらに、（2）選択したペアやグループから論証された結果が普遍性を持ちうるかどうかを可能な限り全てのケースにあてはまるかを再検証する。これにより少数のケーススタディが陥りやすい欠陥を克服する。

3．ケース選択

　果たしてケーススタディの短所を克服できる普遍妥当なケース選択は可能であろうか？　実はそれはさほど困難な作業ではない。何故なら第一に、地位協定研究に欠かせない総ケース数はさほど多くはないのである。確かにアメリカは世界100か国以上の国々に軍人を常駐させているが、「軍」と呼べるだけの軍事打撃力を保有する規模の軍隊（Active Duty Military Personnel Deployment）を常駐させている国は多くはないのである。例えば、ブラジル駐在の“米軍”は41名、インド駐在は26名である。[7] これらの少数米軍人受入国では、当然ながら外交慣例に則った地位合意かそれに類する地位合意

　7）出所は表I-1と同様

第 1 章　序論と研究対象

表 I−1　1,000 人以上の実動任務を帯びた米軍が配属されている国々（イラクとアフガニスタンを除く）(Countries receiving above 1,000 US Active Duty Military Personnel Deployment)

国	合計	陸軍	海軍	海兵隊	空軍
ドイツ	58,894	43,247	297	283	15,067
日本	33,068	2,417	3,716	13,771	13,164
韓国	27,114	18,366	244	135	8,639
イタリア	10,216	3,241	2,659	55	4,261
イギリス	10,152	371	475	75	9,231
ジブチ	2,038	560	765	373	340
トルコ	1,668	68	9	18	1,537
セルビア（含コソボ）	1,395	1,350	–	4	41
バーレーン	1,389	29	1,187	148	25
ベルギー	1,367	765	92	29	481
スペイン	1,308	102	740	154	312

原出典：米国防省　2007 年 6 月 30 日　"地域・国別 実働任務に従事する軍人力"
"Active Duty Military Personnel Strengths by Regional Area and by Country"
http://siadapp.dmdc.osd.mil/personnel/MILITARY/history/hst0706.pdf.
O'Hanlon, Michael "Unfinished Business US Overseas Military Presence in the 21st Century"
The Future of the US Military Series. に引用されている。
＊イラクとアフガニスタンは含まれていない
＊日本の数字には海軍の海上勤務中の人員数は含まれていない。なお、東アジア−太平洋地域の海上勤務人員数は 10,769 名である。

がなされていると想定されるが、それらは実質的な軍事作戦遂行機能を保有する軍とそれを構成する多数の軍人・軍属・その家族が駐留するために必要な地位協定合意とは本質的に異なる次元のレベルの話である。表 I−1 に明らかなように 2007 年時点で 1,000 人以上の米軍が駐留している国はわずか 11 か国である。（イラクとアフガニスタンを除く）アメリカが戦略的に重視し 1 万人以上の軍を派遣している国はわずか 5 か国である。即ち、検証に必要な総ケース数：Total population は過去の実例等（例えばフィリピンは表には含まれていないが 1991 年まで重要な米軍基地が存在していたことは周知の事実である）を付け加えても多くはないのである。

　それでは歴史的事例も加えて普遍妥当性を持ちうるケース選択にはどの国々を選べばよいのか？まず歴史的事例としてフィリピン、オーストラリア（対日本への共同防衛体制が必要でなくなった後も、冷戦下から今日まで米軍の情報収集に欠かせない戦略的情報収集基地が長期にわたり活動している）、ギリシャ（大規模な米空軍基地が存在した）、イラク（イラク戦争後も大規模な米軍が駐留した）は欠かせないであろう。これら 4 か国に表 I−1 にリストされて

23

いるすべての国をプラスすれば研究対象としての総ケース数と見なすことが可能である。しかし、本書では表Ⅰ-1 からバーレーン、ベルギー、セルビアの3か国を除いた[8] 12 か国を比較考察のケース選択とする。即ち、オーストラリア、ジブチ、ドイツ、ギリシャ、イラク、イタリア、日本、韓国、フィリッピン、スペイン、トルコ、イギリスである。総ケース数 15 カ国中の 12 か国の選択は少なくともサンプル数が少なすぎるというそしりは当てはまらないであろうし、都合のよい少数ケース選択から妥当性を欠く普遍化を行うという危険性も回避することができるはずである。

---

8) セルビア（コソボを含む）を除いた理由は締結された地位協定が PfP（Partnership for Peace）に参加する多数国（NATO 加盟国）による地位協定であり、死刑判決忌避条項を除き基本的には NATO 地位協定と同一であるため、重複を避けたためである。しかも、米軍は比較的期間の短い国連傘下の多国籍平和維持活動（Peace Keeping Operation）に参加しているだけであり、本書の目的である長期にわたり米軍が受入国に駐留している場合の地位協定比較考察からはやや本質が異なるためである。バーレーンは小さな島国で NATO 加盟国ではないが、戦略的に重要な米海軍基地を受け入れ、アメリカにとってその存在価値は重要なものである。しかし本書では近接するジブチと類似性（国家としての規模、宗教、伝統、そして地政学的位置等）が高く、重複を避けるためにバーレーンを除外しジブチを選択した。ジブチは米軍に限らず多数の国々が軍を駐留させており（日本の自衛隊も含む）、地位協定比較考察には欠かせない対象である。ベルギーは NATO の創設期からメンバーであり、NATO 地位協定はじめ、英を含む他の NATO 創設メンバーとほぼ同様の歴史的経緯と特色を有するものと判断し重複を避けるため除外した。

第2章　米軍地位協定の類型（Typology）
各国の地位協定の差異、そしてそれらはどのように違うのか？

A. 各国地位協定を類型化する

1. 基本となる類型化

　各国地位協定は多様で大きな差異が存在する。本章では各国地位協定の条文を詳細に比較検討し、その類型化を試みる。各国地位協定が例外なく歴史的に変化・改正を経ているため、基準となる類型が存在しないと地位協定の比較研究と変化に影響を与えた要因の探求は不可能である。アメリカ George Washington 大学で国際関係論の教授であったスタムバク（George Stambuk）は 1963 年に刊行した海外米軍基地の研究において、米軍地位協定の類型を次のように定義した。それは派遣国の軍、軍人、軍属、及びその家族に対する総合的な裁判管轄が如何なる論理に基づいて派遣国側あるいは受入国側に付与されるかによって分類を試みたものである。(Stambuk 47-81)（表Ⅱ-1 参照、例は佐々山が付け加えたものである）

タイプⅠ　（*Ratione Personnae*）関係した人間の属性によって決定
　事件に関係した人間の国籍による裁判権行使国の決定で、完全な治外法権に近い。事件の場所に関わりなく派遣国は裁判権を行使でき、受入国は極めて特別な場合しか司法権を行使できない。冷戦初期に締結された地位協定にこのタイプが多い。

タイプⅡ　（*Ratione loci*）関係した場所の属性によって決定
　事件が発生した場所によって裁判権行使国を決定。派遣国は基地とその周辺及び合意された特定の場所で裁判権を行使でき、受入国はそれ以外の場所

25

表Ⅱ-1　スタムバク（George Stambuk）による地位協定類型

タイプ	基本となる決定要素とその特徴	例
タイプⅠ	Ratione Personnae: By reason of the person involved ［関係した人間の属性によって決定］ この場合は国籍による司法権の決定。事件の場所に関わりなく派遣国はほぼ完全な治外法権を持つ。受入国は特別な場合を除いて裁判権がない。	日本の行政協定（1953年以前） 独地位協定（1955年以前） 韓国地位協定（1966年以前） ノルウェー地位協定（1950年） エチオピア地位協定（1953年） ジブチ地位協定（2003年） 少数の軍事顧問団などは外交官特権に類する待遇を受けることが多い。
タイプⅡ	Ratione loci: By reason of the place involved ［関係した場所の属性によって決定］ この場合は事件が発生した場所によって裁判権を決定。派遣国は基地とその周辺、及び特定された場所で裁判権を持ち、受入国はそれ以外の場所で裁判権を持つ。	最初のサウジアラビア地位協定 最初の比地位協定（1947年） 米英の基地貸借合意（1941年） イラク地位協定（2008年）
タイプⅢ	Ratione materiae: By reason of functional immunity ［関係した事件の属性によって決定］ 事件の発生した場所に関わりなく、派遣国、受入国双方に裁判権ありとし優先的裁判権行使を他の基準・方法で決定する。派遣国軍人・軍属の公務遂行中の事件や派遣国軍人・軍属間の事件やその財産に関わる事件は派遣国側に裁判権があるとするのが通例である。	NATO地位協定 今日の地位協定の大半

で裁判権を行使できる。最初のフィリッピンの地位協定が典型である。

タイプⅢ　（*Ratione materiae*）関係した事件の属性によって決定

　事件の発生した場所に関わりなく、原則として派遣国、受入国双方が裁判権を保有するとする。どちら側が優先的に裁判権を行使するかは他の基準・方法（例えば職務上の免責等）で決定される。派遣国の軍人、軍属の公務遂行中の事件や軍人、軍属間の事件や、その財産に対して損害を与えた場合などは派遣国側に裁判権がある。NATO地位協定がこうした裁判管轄の競合的両立性を認めたことで、今日の地位協定はこのタイプが大半を占める。

　国際法学者のコンダーマン（Paul J. Conderman）もほぼ同様の類型化を試みる。表Ⅱ-1のタイプⅠに対応する類型として彼は「特権的合意」（Exclusive Agreements）という範疇概念を提起し、そこでは派遣国は事件の起きた場

第 2 章　米軍地位協定の類型（Typology）

所や事件が公務執行中であるかないかに関わらず特権的裁判権を行使できる
とする。タイプⅡに対応するものは「条件的合意」（Conditional Agreements）
とされ、この合意の下では裁判管轄は事件の起きた場所やその属性等によっ
て事前に行使国が決定される。タイプⅢに対応するものは「競合的両立の合
意」（Concurrent Agreements）という範疇概念で、派遣国、受入国双方が原
則として全ての事件に対して二重的に裁判権を保有するという競合的両立性
を前提とする。どちら側も潜在的裁判権を保有しているため、第一優先権を
持つ国と第二優先権を持つ国があり、その優先権は事件の本質的属性や犠牲
者のアイデンティティ等によって決定されるとする。（Conderman 102-3）以
上見た通り、地位協定の基本的類型（Typology）は裁判管轄が派遣国、受入
国どちら側に所属するか、及びそれを決定する要因による分類であり、一般
的に認められているスタンダードと言ってよいだろう。また、現実の各国地
位協定の歴史的変遷もこの類型を採用すると合理的な当てはめが可能であ
る。よって本書も基本となる類型はスタムバクが提唱した類型をその基礎と
して採用する。

　しかしながら、この裁判管轄の所在による分類は地位協定の構成要素の一
部である司法権に関わる分野しか評価していないものであり、地位協定の基
幹部分が安全保障と軍事に関わる国際合意であり、それに関連する条文も多
いという事実への考慮が希薄である。そもそも外国軍（多くの場合は同盟国）
を自国の領土内に受け入れるということは、安全保障上必要となった場合、
駐留外国軍の（単独であれ受入国軍と共同であれ）受入国領土内からの軍事行
動発動を認めるということである。理論的には安全保障合意は共通の脅威を
前提としているので、派遣国、受入国双方に相反する意思が存在するとは考
えられず、受入国は自国の安全保障のために派遣国の軍事行動を積極的に支
持するという理屈になるが、現実には脅威認識と安保政策が完全に一致する
国家群は存在しないのである。さらに、安全保障合意に定められた地域外で
米軍が何等かの軍事的対応をするという事態になると、俄然この差異は大き
くなり論争の火種となる。また、どのレベルの軍事態勢を構築するか、例え
ば米軍の核装備や核ミサイルの配置は、どの受入国においても大きな論争と
なってきた。如何なる受入国も派遣国軍隊に対してより強い制限的権限を目

27

指すだけでなく、例外なく重要な軍事行動に対する事前合意の確証を得ようと努めているのはこのことを顕著に表している。派遣国と受入国の利害の衝突は安全保障・軍事面に限らず、日常の市民生活レベルでも発生する。派遣国は軍事上の必要性を重視し、より制限の少ない訓練や軍事活動を目指すであろうが、受入国は安全保障上訓練の必要性を認めざるを得ないが、一方で派遣国以上に市民生活の安全や安穏を考慮せざるを得ない。ここにも派遣国と受入国との間に利害の差異が存在するのであり、受入国がどの程度派遣国の軍事活動（とりわけ軍事訓練）を制限し得るかというのは地位協定評価の重要な尺度となるのである。

　このように、受入国が駐留する派遣国軍の活動や基地の使用法に対してどの程度自国の政策に合致し、国益に寄与し得る制限を加えられるかは地位協定の最も重要な部分であり、地位協定の類型を考察する際この部分を除外することはできない。従って、安全保障・軍事分野も包摂したより普遍的な類型化は、本書の論考過程において必須のものとなる。タイプⅠ、Ⅱ、Ⅲの間には裁判管轄所在上の明確な差異が存在しておりこれをさらに細分化することは意味がない。問題はNATO地位協定発効以降主流となり今日の地位協定の大多数を占めるタイプⅢ群内に大きな差異が存在しているという事実である。そこで、以下において、三つの重要判断基準（a. 裁判管轄と司法手順、b. 米軍基地の使用のされ方、c. 地位協定の戦時への適用）に基づいてタイプⅢ群地位協定の比較考察を行ってその細分化を試み、次に、アメリカからの援助の有無という地位協定システムを構成するもうひとつの重要要素を加味して総合的な類型を確立する。最後に、こうして確立された類型が妥当かどうかを検証するため、全てのタイプⅢ地位協定を24の比較項目にわたって総合評価と順位付け（受入国にとっての有利度による）を行い、類型による順位との矛盾がないかも検証する。[9]

---

9) 24の評価項目とその評価、ランキング表は追補基礎資料「米軍地位協定の比較研究に関する基礎資料」A-1とA-2を参照。

第 2 章　米軍地位協定の類型（Typology）

２．裁判権の競合的両立型地位協定（タイプⅢ型）群内における差異の存在
——重要 3 項目からの評価と細分化

a.　裁判管轄と司法手順（裁判管轄の決定及び受入国の司法権行使のレベル）

　タイプⅢの根幹基準である裁判権の競合的両立の相互認識は各国地位協定に同一の平等性をもたらしているとは言えず、各項目ごとに見るとその差異は大きく多様である。

(1)　地位協定によって保護される個人の定義

　誰が地位協定で保護されるのかという問題である。候補となるのは軍人（軍隊構成員）、軍属、そのいずれかの家族、その他の軍関連の組織に雇用される者、軍と契約関係にある組織（例えば建設業者等）や兵站組織に雇用される者などが挙げられ、その定義の範囲や特権を享受できる組織・個人の幅が広いほど派遣国に有利な取り決めと言える。また、この範囲の大小は(2) − (a)、(b)の裁判権の行使と深い関係を持つ。例えばドイツ、イタリア、イギリスの地位協定では保護される家族は軍人、軍属の配偶者とその子供に限定されているが韓国地位協定では「（生活費の）50％以上を扶養されているその他の親族」にまで範囲が広げられている。しかも招聘された外注業者やその家族にまでもかなり広範囲の特権が付与されているのである。

(2)　裁判管轄の決定

　地位協定の根幹部分の一つである。派遣国、受入国双方の競合する権利を調整し先例としたのが NATO 地位協定であり、その後の各国地位協定はこの先例をスタンダードとしてきた。条文の構成としてはまず裁判権の競合的両立を前提として、専属的司法権（Exclusive jurisdictional right）行使の適用範囲と誰を対象とするかを定め、次にどのような場合にどちら側が第一次裁判権（Primary jurisdictional right）を行使するかを定めるのが通例である。しかしその内容は各国により異なる。

29

（a）専属的裁判権を行使できる対象

専属的（Exclusive）裁判権とは、一方の当事国の法令で罰することができず、もう一方の当事国の法令では罰することができる場合、後者に専属的裁判権があるとするもので、当該国への反逆や諜報行為等が含まれる。派遣国の専属的裁判権行使の対象は「アメリカ軍法に服する者」という条文が一般的であるが、その解釈にNATO地位協定と他の地位協定に差が見られる。NATOでは米最高裁の判決を根拠として基本的に軍人のみに限定されると解釈されるが[10]、日本を含む他の地位協定では米側の対象者がかなり広義に解釈されている。[11]

（b）第一次裁判権（双方に当該行為を罰する法律がある場合の管轄決定）

二つの判断基準がある。一つは(1)や(2)-(a)で見たように、派遣国が第一次裁判権を行使できる対象の範囲であり、NATO地位協定加盟国と日韓との間に大きな差異が認められる。もう一つは、公務執行中の事件への取り扱い手順である。派遣国は公務執行中の事件に関しては第一次裁判権を行使できるが、「公務中」であると派遣国軍当局に認定された案件に対して、受入国がその真偽や内容を審査したり、異議を申し立てたりできる権限の強弱とその手続きの明文化は大事な指標となる。ドイツ地位協定では審査の手順や論争になった時の解決法などの細部が定められているが、日韓の地位協定本文には手続きに関する規定が一切ない。（正文に付加される外交合意文書や合同委員会による細則は正文より位置づけが低い）また、派遣軍当局が発行する公務執行認定書の効力評価についても各国に差異がある。例えば、フィリピンでは尊重される（Honored）、日本は十分（Sufficient）、そして韓国では最終的（Conclusive）となっており、異議申し立て手順も異なる。

10）国際法学者ロウエ（Peter Rowe）は多くの裁判先例や米最高裁の判決を根拠として、「もし米国軍隊の（軍人ではない）軍属や家族が受入国の法に触れる犯罪を犯した場合は、NATO地位協定VII条の適用により、受入国が実効的に専属的裁判権を行使できる。」とする。（Rowe 109）
11）追補基礎資料「米軍地位協定の比較研究に関する基礎資料」A-1:9. Jurisdiction (2) Jurisdictional decision (a) Exclusive jurisdiction を参照

第2章　米軍地位協定の類型（Typology）

(3) 被疑者の逮捕、拘禁、尋問、公訴、裁判、服役等に関する受入国の権利

　この分野は受入国にとって最も国民感情を刺激する分野であり、司法の各手順が目に見える形で遂行されるため地位協定の中でも重要な部分である。派遣国は被疑者の本国と同等の法的保護や拘禁・服役施設の本国並み住環境を追求するため可能な限り長期に渡り被疑者を自軍の施設内に止めることを要求する。対する受入国は原則として自国民に対する場合と同様の司法手順や被疑者の取り扱いを要求し双方の権利と利害は衝突する。

　(a) 逮捕、拘禁および捜査と尋問

　　第一のキーポイントは被疑者の拘禁が派遣国軍の手中にある時、受入国はいつ被疑者の身柄引き渡しを請求できるかである。NATO 地位協定ではそのタイミングを被疑者が公訴された時と定め、その後の大半の地位協定はほぼ同一の基準を採用しているが、各国地位協定間には差異が存在する。例えば、日本では日米合同委員会で殺人や強姦といった重要事件に関しては、米側が公訴前の身柄引き渡しに「好意的考慮」を払うことが合意された。一方、フィリピンでは同国が裁判権を行使する如何なる個人の拘禁権も「犯罪発生から全ての法的手続きが完了するまで」米側にあると規定されている。つまり、裁判終了までは被疑者は派遣軍の施設に拘禁されるということになる。

　　第二は捜査と尋問過程での派遣国の被疑者に対する法的保護のレベルである。NATO 地位協定が定めた以下の基準が概ね各国地位協定で踏襲されている。(i) 遅滞なく迅速な裁判を受ける権利、(ii) 公判前に自己に対する具体的な訴因の通知を受ける権利、(iii) 自己に不利な証人と対決する権利、(iv) 自己のために強制的手続により証人を求める権利、(v) 自己の弁護のため自己の選択する弁護人をもつ権利または費用を要しないで若しくは費用の補助を受けて弁護人をもつ権利、(vi) 必要と認めた時は、有能な通訳を用いる権利、(vii) 派遣国政府の代表者と連絡する権利、及び受入国の裁判所の規則が許す場合は自己の裁判にその代表者を立ち会わせる権利。しかし、差異は存在する。例えば日本の場合 (vii) の「受入国の裁判所の規則が許す場合」の句が欠落しており、米側権利に制限がつかない。

31

また韓国ではこれらの諸権利は公訴前の逮捕の時点から発生するとされている。

(b) 裁判

　裁判権の競合的両立を前提とする限り被疑者の裁判は派遣国によって行われることもあり、本来そこには相互主義の原則が貫徹するはずである。例えばドイツの場合、どちらの側も裁判のスケジュールや場所を通知しなければならないし、どちらの側の代表も裁判、裁判前尋問、尋問に立ち会うことができる。つまりドイツの代表者は米軍事法廷に立ち会うことが可能である。しかし、フィリピンの場合にはそうした受入国の互恵的権利は存在せず、しかも受入国の法的手続き完了が一年を超過する場合は派遣国は法的手続きに対して一切の義務を負わないとされる。

(c) 服役

　判決後の服役が受入国でなされる場合、受入国の法慣習（例えば服役に改悛や懲罰的要素を認めるか否かといった問題）や社会・経済的発展段階によって左右される収監施設の生活環境水準が派遣国にとって大きな関心事となり、派遣国は時として判決前の段階から拘禁施設や取扱いに関して自国内並みを求めることになる。NATO 地位協定では特に特権的待遇が定められているわけではないが、例えば韓国の場合、派遣国はそうした施設が自国のスタンダードに合致しているかどうかを検証する権利を有し、戦時の場合は韓国側は被疑者、服役者に関わりなく、彼らを派遣国の施設に収容したいという要求があった場合は好意的考慮をはらうと規定されている。（受入国の国民感情から見るなら、自国の生活水準とかけ離れた水準の生活環境を服役者に与えるという特権付与は理不尽であると映るであろう）

b. 派遣国に基地として使用される施設と区域の決定およびその使用のされ方
（派遣国による基地の設立・使用の自由裁量度と受入国の制限的権限行使力のレベル）

　受入国が派遣国に特定の施設及び区域を軍事基地として使用する権利を公的に与えることとそれらがどのように使用されるかを取り決めることは地位

第2章　米軍地位協定の類型（Typology）

協定の出発点でありかつ最も重要な部分である。派遣国アメリカは自らの世界戦略に基づいて軍事・地政学的重要地点に基地を設立し、その使用について最大限の自由度を確保しようとするが、先述のようにこれは受入国の安全保障認識や政策と完全に一致することはなく利害の衝突が起こるし、アメリカの自由裁量による軍事活動はどの受入国においても野党や反米軍基地運動に恰好の標的を提供する。従ってこの分野における受入国の主権行使力レベルは地位協定の比較考察には欠かせない部分であり以下の2項目について比較がなされなければならない。

(1) 施設及び区域の軍事基地としての使用権

　この項目は軍事基地として使用される施設及び区域の決定法とその法的根拠となる国際的合意という二つの要素から構成される。例えばイギリスの場合、北大西洋条約（NAT）が多国間安全保障条約として存在するものの米英二国間には条約的なものは存在せず 1952 年の「チャーチル‐トルーマンコミュニケ」のみが唯一の法的根拠であるとされる。[12] この合意に基づいて、米軍が使用を許された各基地ごとに合意文書が交わされるというのがイギリスの場合の基本構造である。従って、米軍に使用される基地の名称は英軍基地（Royal bases）であって、米軍基地（US bases）ではない。

　他のケースでは安全保障条約や地位協定の正文の中で上記の基本二要素が明記されている場合が多い。日本の場合は 1960 年の日米安全保障条約に基づいてアメリカは「（日米）相互協力及び安全保障条約第六条の規定に基づき、日本国内の施設及び区域の使用を許される。個々の施設及び区域に関する協定は、第二十五条に定める合同委員会を通じて両政府が締結しなければならない」と定められている。どの施設及び区域を基地とするかは日米合同委員会を通じて両国で合意されることになっているが、一部からはこの条文

12）関連部分を要約すると：共通する防衛のための諸合意に基づき米国は英国内の幾つかの基地を使用することができる。両国はこれらの基地の緊急事態時における使用については、その時に支配的になっている（国際的）諸状況を考慮し共同で決定（Joint decision）することを再確認する。（Duke *United States Military Forces and Installations in Europe* 300）（佐々山要約）オリジナルソース：Public Record Office: FO 371/97592, Document AU 1051712, from Washington to the Foreign Office, Sir Oliver Franks, Telegram No. 77, 9 Jan. 1952

33

は「全土基地方式」でありアメリカに日本のどの場所にもその基地を設立できる法的根拠を与えているものとの主張がなされている。過密な人口密度の日本における用地取得や新基地設立に伴う膨大な財政的負担、日米合意が前提という諸要件を勘案すれば「全土基地方式」という表現はやや誇張されている側面もあるが、英国等とは本質的に異なる日本的特徴と現実を的確に表現してると言えよう。日本の場合、米軍に使用されている施設及び区域は名称も実態も米軍基地であり、イギリスとの差異は明瞭である。韓国の場合、基本二要素の構成はほぼ日本と同一であるが、米軍は日本以上の基地使用特権を獲得している。例えば米軍は基地を返還した後もその施設及び区域の記録を保持し、その施設及び区域を再び使用する権利が与えられているのである。

(2) 施設及び区域の軍事基地としての使用のされ方

(a) 受入国内の基地を使用しての派遣国による軍事作戦行動

　アメリカとの安全保障同盟において最重要な部分の一つは派遣国の軍事作戦行動に対する受入国の事前合意を含む主権行使の問題である。如何なる受入国も米軍の配置、装備、軍事行動の自由裁量について事前合意による制限を要求するものであり、日本の場合も日米安全保障条約交渉時の国会においても最大の論点となった。従って地位協定比較考察はこの問題を避けて通ることはできず、本書でも必要に応じて考察の重要対象とするが、類型化作業での条文比較の対象としてはこれを除外する。理由は合意内容が政治的、安全保障上の理由から秘密にされていたり、一方で成文化されている地位協定もあったりとバラツキが大きく地位協定正文を単純横並びで比較することが困難であるからである。例えば米軍の核兵器の持ち込みや配備ついてアメリカの基本原則は「確認も否定もしない」ことであり、その配備と使用の際の決定メカニズムは条文としての横並び比較が難しい。さらに、「合意」や「協議」という言葉の定義、解釈等も受入国、派遣国双方が認める普遍的基準はない。

第2章　米軍地位協定の類型（Typology）

(b) 基地として使用されている施設及び区域内（NATO 加盟国間では軍事施設 Installations という用語が使用されることが多い）における受入国の管理・運営権

　この項目は基地の管理・運営に対する受入国の主権行使のレベルを測定するには分かりやすい指標を与えてくれる。NATO 地位協定は「受入国の法を制限するような特別な合意がない限り、ビル、土地、施設、サービスに関する占有または使用から生ずる派遣国の義務と権利は受入国の法に基づいて定められる」と規定されている。しかし、現実には NATO 加盟国間でも差異が指摘できるほど各国地位協定によってその内容は異なる。イタリア、スペイン、トルコでは基地の指揮権は合同であり、指揮官は二人である。米側が排他的に利用している部分についてはアメリカ人指揮官がその責にあたり、受入国指揮官はどちらかというと地元とのコミュニケーション等が主要な仕事であるなど、分業されている部分もあり、かつ合同（Joint）という意味もやや名目的であったりするが、受入国側指揮官が基地の管理・運営の指揮について法的正当性を保有することの意味は極めて重要である。例えばイタリアではイタリア人指揮官は予め合意された機密場所以外は基地内のどこでも自由にアクセスすることが可能である。兵士の宿舎や食堂などの一般居住スペースは到底「機密場所」とは定義できず、何らかの調査や査察を行う場合、受入国側指揮官に大きな権限を付与することは間違いない。

　しかし、NATO 加盟国以外の地位協定では管理・監督権の差はかなり歴然となる。例えば日本の場合、受入国の権利についての条文はなく、派遣国の権利のみが第三条１項に「合衆国は、施設及び区域において、それらの設定、運営、警護及び管理のため必要なすべての措置を執ることができる」と明記されている。また、フィリッピンにおいては「米軍は合意された場所では全ての権利と権能を行使することを保証される」とある。

(c) 施設及び区域を基地として使用するに当たって生ずる許認可と免許

　この分野は多数の派遣国個人が生活する基地内のいわば市民生活的部分についての受入国の権利、権限に関する取り決めである。即ち基地内コ

35

ミュニティーに対して、基地外受入国コミュニティーと同様基準の規制や監督がなされるのかという問題である。例えば派遣国指揮官が増大するゴミや廃棄物に対応するために焼却炉建設を基地内で行おうとした場合、その許可、建設基準、運用規制等はどうなるのか？仮に焼却に伴う排ガスに対する規制値が受入国と派遣国で異なっていたらどのように解決するのか？実に多岐にわたる項目についての合意が必要であることは言うまでもない。例えばドイツでは「施設の利用に関してドイツ法が適用される場合は、受入国は駐留軍に対してしかるべき行政上、法律上の手続きを執行する……派遣国軍当局は法的実効性のある決定によりなされた条件や要求事項に服従して行動しなければならない」とされる。一方、例えば日本や韓国の場合は地位協定正文内にそのような条文は存在しない。

(d) 作戦演習や訓練に対する制限

　平時において受入国にとって重要なテーマは派遣国軍の作戦演習や訓練に対する制限的権限行使のレベルである。軍事訓練は基地やその周辺に止まらず、航空機による訓練は受入国領空の広い範囲を使用して行われることになるため、受入国の航空関連国内法との整合性も問われることになる。また騒音対策も必要となるので基地周辺の地方自治体との調整も不可欠となる。訓練の必要性は双方で共有されているとはいえ、一般論としては派遣国はより制限の少ない軍事訓練環境を求めるであろうし、受入国は領空の管理や市民生活の保護により関心が向くことになる。従って、受入国がどの程度派遣国の作戦演習や訓練に対してコントロールを加えることができるかは地位協定評価の欠かせない指標の一つとなる。総論としてはNATO加盟国はギリシャを除き（二か国合意の中に相当する条文がない）コントロール力が強く、日本、韓国、フィリピンはその力が弱い。例えばドイツの場合、主要訓練区域の特定は受入国当局のと事前合意の対象であり、基地上空の空域管理は受入国当局と共同で行うと明記されているのに対し、日韓の場合はそもそも正文中に関連条項がない。

(e) 施設及び区域内・外の警察権

第２章　米軍地位協定の類型（Typology）

　軍隊という大人数の集団に対しては秩序維持や法遵守のために警察活動が必要となるため、派遣国、受入国双方の受持ち領域を事前に設定して警察権を行使することになる。タイプⅢの地位協定下では基地内と言えど治外法権の場ではないので、受入国はより強い警察権を求めるし、派遣国は自らの警察権により基地内を管理したいと望む。NATO 地位協定では双方の権利を勘案して、基地内においては派遣国が警察権を行使することを認め、基地外での派遣国軍事警察の活動は受入国当局や受入国担当部署との取り決めによってのみ可能であるとの基本原則が規定されている。(7 条10 項 a) 各国地位協定は概ねこの原則に則った条文となっているが、受入国の警察権行使についての条文が存在するか否かも含めて差異が存在する。

　ドイツでは基地内と言えど、ドイツの公共秩序や安全保障が危機にさらされた場合はドイツが警察権を行使する権能を有するとされている。イタリアではイタリア人指揮官は事前に合意された機密場所以外は基地内のどこでも立ち入ることができるし、派遣国軍当局の全ての秩序維持のための指令や条例はイタリアの主権を侵害することなくイタリアの法律に準拠して実施されなければならないとされる。しかし、日本や韓国の場合は、派遣国の警察権に関しては NATO 地位協定と同様の原則確認条文はあるが、受入国の警察権行使に関しては正文中に条文がなく、受入国当局が被疑者を基地内で逮捕したい場合は派遣国軍当局の同意が必要である。また正文付帯の準正文と言える「合意された議事録」では「日本国の当局は、通常、合衆国軍隊が使用し、かつ、その権限に基づいて警備している施設若しくは区域内にあるすべての者若しくは財産について、又は所在地のいかんを問わず合衆国軍隊の財産について、捜索、差し押え又は検証を行う権利を行使しない。」と大きな制限が課されている。(17条の10a、bに関して)

　基地外についても同様のことが言える。各国とも NATO 地位協定の原則に則った二国間取り決めをしているが、派遣国の警察権行使が可能な範疇や地理的範囲に NATO 加盟国と日韓では大きな差異が認められるのである。例えばドイツの場合は NATO 地位協定原則に則ってさらに細かい規定が定められている。つまり上記原則を受入国側の視点からさらに強化

37

しているとも言えるのである。ところが日本の場合は同様の原則を謳いながらも、「合意された議事録」(17条の10a、bに関して)では「合衆国の軍当局は、施設及び区域の近傍において当該施設又は当該区域の安全に対する罪の既遂又は未遂の現行犯に係る者を法の正当な手続きに従って逮捕することができる。」とされている。韓国の場合は、その範囲や範疇が広げられ、米軍事警察は軍隊構成員の安全を確保するためにその権力を基地外でも行使できるとされている。以上、同じ原則に立ちながらも、NATO加盟国間の差異は微妙であるが、日韓とNATO加盟国の間には大きな差異が存在するのである。

(f) 施設及び区域の返還

　駐留派遣国軍の撤退や縮小は安全保障や国際関係に大きな影響を及ぼすが、ここではそうした安全保障上の関心を考察の対象から外し、受入国の経済・社会的視点から見て地位協定条文を評価、比較する。即ち、安全保障上大きな影響がないと判断されれば、受入国は可能な限り有利な条件でかつ多くの基地の返還を求めるのは当然であり、その際 (i) 基地として使用されている施設及び区域の有用性、効率的使用に関して実効的かつ定期的な合同検証手続きが細部にわたって定められているか、(ii) 施設及び区域の返還に際しての残存価値の評価と清算法がどうなっているか、を比較の対象とする。

　(i) NATO地位協定にはこの事項に関する条文はなく、加盟各国は二国間合意でこの事項に対応している。例えばドイツでは、米軍当局と軍属当局はドイツ当局の求めにより、通常行われている検証に加えて、(検証が求められた)「個々のケースについても検証を行わなければならない……もしそれらの施設が部分的にでもあれ必要となくなった場合は遅滞なく返還されなければならない」とされる。さらにドイツ側にとって施設の返還や交換が非軍事的見地から極めて重要な場合は、それに対して派遣国は好意的考慮を払うと明記されている。日本の場合はドイツのように具体的な条文がなく、「合衆国軍隊が使用する施設及び区域は、この協定の目的のため必要でなくなったときは、いつでも、日本国に返還しなければならない。

第2章　米軍地位協定の類型（Typology）

合衆国は、施設及び区域の必要性を前記の返還を目的としてたえず検討することに同意する」と基本原則を定めるに止まっており、具体的かつ定期的な手順は定められていない。さらに、一時的に米軍に基地として使用されていない施設及び区域の日本による臨時使用においても「合衆国軍隊による当該施設及び区域の正規の使用の目的にとって有害でないことが合同委員会を通じて両政府間に合意された場合」のみ可能なのである。韓国の場合は基地返還について双方が毎年定期的に検証することになっているが、返還の最終的決定は合同委員会で双方が合意された場合とされる。しかも先述のようにアメリカは潜在的再使用権を放棄しない。

　（ii）次に基地が実際に返還される場合の残存価値の清算方法は大きな問題であり、二つの側面がある。一つは返還された旧米軍施設の残存価値評価であり、他は土壌等も含めた全区域の原状回復作業である。ドイツの場合は残存価値を双方で吟味し合意された額を受入国が支払う。しかし同時に派遣国は（環境問題等も考慮した）原状回復について責任を負う。これと対照的に日韓の場合は派遣国は現状のまま施設及び区域を返還し、提供された時の原状に回復する（又はその回復費用を受入国に補償する）義務を負わないし、残存価値清算も行わない。環境問題が大きな関心事となっている今日の後知恵からすると、派遣国の原状回復義務（例えば汚染土壌除去等）は、明らかに受入国に有利に見えるが、そのような問題意識が希薄であった協定締結当時、残存価値清算の手続きで一体どちらの方式が受入国に有利であるかは論議の対象となろう。しかし、これは不動産取引の世界的標準原則を想起すれば優劣は明らかである。即ち使用された土地や建物は一定の減価償却ルールで評価され、賃借契約の場合は借主は原則として原状回復をして貸主に返還するという原則である。「借主」が一切の原状回復義務から免除されるというのはこの会計原則から外れているのは明らかである。残存価値評価の方式はどうであろうか？もし派遣国が最新設備の構造物を無償で受入国に譲渡すれば受入国有利ではないかという疑問がわく。しかし、これも現実の経験則としてほとんどあり得ない状態と言えよう。そもそも施設及び区域を返還するという事実はそれらが最早軍事的に必要とされなくなったという戦略的判断に基づくものであり、そうし

39

た施設に派遣国が継続的に大きな投資をするとは考えにくいし、最新設備・機器類は他の代替施設か本国に移転されている可能性が高い。即ち、一般的に施設及び区域返還時の残存価値は大きなものではないことが想定されるのである。これらを考慮すると会計原則に則り、相互に補償義務を負うシステムの方が単純現状返還システムより受入国に有利であることは否めないであろう。

c. 戦時状況下における地位協定の適用（派遣国の戦時軍事活動に対する受入国の主権行使力のレベル）

　ここで言う戦時状況とは、安全保障条約やそれに類した同盟等の条文が実際に適用されるような敵対行為状態が発生した状況と定義する。駐留外国軍と受入国（及びその地域コミュニティー）との関係はそのほとんどが平時に発生するため、戦時における地位協定の取り決め部分は短く一般の関心は低い。また、平時に事前合意された条文が戦時という何が起きるか予期し難い状況下でそのまま適用できるかという点については多くの国際法専門家から疑問が投げかけられている。いわゆる *Clausula rebus sic stantibus*（事情変更の原則）である。[13] しかし、それは必ずしも事前合意条文が全く無意味であるということにはならない。何故ならそうした合意は戦時状況下の当事国の初動を規制することになるだけでなく、この部分は戦時状況下における派遣国、受入国双方の立ち位置、あるいは本質的関係を顕現するものであり、かつ地位協定の究極的な存在理由とも言えるものであるため、比較考察には欠かせない分野である。そもそも地位協定は、戦時状況下において派遣国がスムーズかつ効率的な軍事行動を展開できるように受入国が種々の法的、実務的なバックアップを行い、そのことで共同の安全保障目的を達成しようとするものだからである。

　名目的には、共通の敵に軍事的に勝利することは派遣国、受入国双方の至

13）「危機や戦争時において事前合意された条約条文を適用するということは複雑な問題であり、単に条文テキストをそのまま参照することでは解決しない。しかも如何なる国際的仲介者もこの問題に完全に対応することはできない。従って、平時に合意され平時に適応してきた条文は事情変更の原則から逃れることはできない。」（Fleck 255）

第2章　米軍地位協定の類型（Typology）

上目的であり利害の相反はない筈であるが、先述のように脅威認識や安全保障政策が完全に一致するような二国間関係は存在しない。さらに派遣国アメリカの軍事力が非対称的に巨大であるという与件があるため、受入国との役割分業はある程度決まっていると言ってよい。米軍は軍事力行使の中心的役割を担い、軍事活動の最大限の自由度を追求すると共に、軍人や軍属への受入国の裁判権行使や煩雑な出入国管理は効率的軍事活動の障害となるとして、受入国の諸権限の一時停止、縮小、自制等を要求するのが常である。一方で受入国には独自の安全保障・軍事方針があるだけでなく、自国市民生活の安全保持についても派遣国以上に神経質にならざるを得ない。従って、戦時状況下において派遣国の一方的な軍事行動優先主義に対して受入国がどの程度の主権的抑制ができるかが受入国から見た地位協定比較の大きな指標となる。

　NATO 地位協定は軍事行動によって引き起こされた損害に対する補償分野で幾つかの例外を設けてはいるが、戦時状況下においても効力が継続すると規定されている。また、いずれの加盟国も 60 日前の予告をもって如何なる条文の効力も一時停止する権利が保証されていて、そのような前提下で関係各国は再検討が必要な項目、とりわけ出入国と裁判管轄に係る条文について直ちに再検討に入ることが定められている。即ち、NATO 地位協定は戦時状況下の基本原則とそれへの対応手続きを明記し、同盟各国の主権に基づく合意・拒否権も同時に認めているのである。さらにスペインの二国間協定では軍事行動分野にまで言及があり、「米軍基地を使用する時期と使用の方法は、双方が本来固有に有する直接的かつ即座に対応可能な自衛権を損なわない形で双方が合意することで決定される。」となっている。日本の場合は地位協定全文の効力の継続につての条文はなく、裁判管轄に関しては NATO 同様 60 日前に予告を与えることによって、「この条（17 条）のいずれの規定の適用も停止させる権利を有する。この権利が行使されたときは、日本国政府は、適用を停止される規定に代わるべき適当な規定を合意する目的をもって直ちに協議しなければならない。」とされ、一時停止権利を行使できる範囲が狭められている。韓国の場合も総合的条項がないのは日本と同様であるが、刑事裁判権に関しては「刑事裁判権に関する合意事項は直ちに停止さ

41

れ、（米）軍当局はその軍人、軍属及びそれらの家族に対する専属的司法権を行使する権利を有する」とほぼ治外法権に相当する権利が派遣国に委譲されることが認められている。

3．タイプⅢ地位協定の3類型化（A，B，C）

以上、裁判権の競合的両立を前提とするタイプⅢ においても、最重要な三つのクライテリアから評価を試みるとそこには大きな差異が存在しており、次にあげる三分類が妥当な細分化であると考えられる。

タイプⅢ-A：NATO地位協定加盟国とオーストラリア

裁判権の競合的両立の原則が貫徹しており、軍事関連事項においても相互主義原則が認められる。

(1) 裁判管轄と司法手順
　(a) 総じて平等性が認められる。
　(b) 地位協定によって保護される対象が限定されている。
　(c) 受入国の司法手続き、裁判システム、拘禁施設等に対する派遣国の一定の信頼。
(2) 派遣国に基地として使用される施設及び区域の決定とその使用のされ方
　(a) 名目的な場合もあるが受入国の主権行使に配慮が払われている。
　(b) 派遣国の自由裁量的軍事活動、演習、訓練に対する受入国の制限的権限が認められる。
　(c) 返還条件が互恵的である
(3) 戦時状況下における地位協定の適用
　(a) 損害賠償を除き地位協定は有効であり、その間の新協定合意に向けた手続きも明確。
　(b) 全条文につき受入国の効力停止権が保証されている。

タイプⅢ-B：日本、フィリッピン

裁判権の競合的両立の原則は比較的遵守されているが、派遣国の軍事活動

全般について受入国の主権行使力、法的拘束力が弱い。基地およびその周辺地区における派遣国の権限が大きい。

(1) 裁判管轄と司法手順
　　(a) 総じて平等性が認められるが、幾つかの項目でタイプⅢ-A に比して派遣国に有利な条項がある。
　　(b) 地位協定によって保護される対象がタイプⅢ-A に比して広い。
　　(c) 受入国の司法手続き、裁判システム、拘禁施設等に対する派遣国の信頼度がやや低い。
(2) 派遣国に基地として使用される施設及び区域の決定とその使用のされ方
　　(a) 派遣国の基地内とその周辺における権限が強い。また、受入国による基地内における警察権も制限されている。
　　(b) 派遣国の軍事活動、演習、訓練についての自由裁量度が大きい。
　　(c) 返還条件が派遣国に有利である。
(3) 戦時状況における地位協定の適用
　　(a) NATO 地位協定のような総合的条文がなく、一部の項目（刑事裁判権等）につき新協定合意に向けた手続きが定められている。
　　(b) 全条文につき受入国の効力停止権が保証されておらず、安全保障条約に基づく制約事項が優先。

タイプⅢ-C：韓国

　裁判権の競合的両立という原則下ではあっても互恵性を欠き、派遣国に有利であり、地位協定で保護される対象も広い。派遣国の軍事活動全般について受入国の主権行使力、法的拘束力が極めて弱い。基地外についても派遣国軍人を保護する警察権が派遣国に認められている。戦時下においては派遣国が専属的刑事裁判権を行使できることが予め定められている。

(1) 裁判管轄と司法手順
　　(a) 総じて派遣国に有利である。
　　(b) 地位協定によって保護される対象が最も広い。

43

（c）受入国の司法手続き、裁判システム、拘禁施設等に対して、派遣
　　　国は深刻な懸念を持つ。
（2）派遣国に基地として使用される施設及び区域の決定とその使用のされ方
　（a）派遣国の基地内とその周辺における権限が最も強く、基地外につ
　　　いても派遣国軍人を保護するための警察権を保有する。
　（b）派遣国の軍事活動、演習、訓練についての自由裁量度がタイプⅢ
　　　−Bより大きい。
　（c）返還条件が派遣国に有利であるばかりでなく、派遣国は基地返還
　　　後も潜在的基地回復権を保持する。
（3）戦時状況下における地位協定の適用
　（a）NATO地位協定のような総合的条文がなく、刑事裁判権について
　　　は戦時状況発生と同時に派遣国の専属的権利となることが明記。
　（b）全条文につき受入国の効力停止権が保証されておらず、安全保障
　　　条約に基づく制約事項が優先。

4．アメリカからの援助の有無

　最後に地位協定を安全保障条約等も含めた総合システムと考える時、アメ
リカによる援助の有無も各地位協定の性格を規定する重要な指標となる。援
助には財政的なものだけでなく、軍事的なもの（軍事技術移植、軍事装備の提
供、軍事教育や訓練等）も含まれ、総合的な安全保障体制確立の一環として
交渉が進められるか、地位協定そのものの重要な一部として交渉が進められ
ることが多い。前者の例としは韓国、後者の例としてはフィリピン、トル
コ、ギリシャ、スペインが挙げられる。従って、地位協定の類型化にはアメ
リカからの援助の存在の有無を除外することは不可能である。そこでカテゴ
リー a をアメリカからの援助なしのケース、カテゴリー β を地位協定合意
のセットしてアメリカが援助提供をしたケースと規定し、類型化のさらなる
細分化を図りたい。ここで問題となるのは、第二次世界大戦以降、アメリカ
の同盟国の中でアメリカから何等かの援助を受けなかった国は存在しないと
いう事実で、イギリスとても例外ではない。しかしここでは β の定義とし
てアメリカからの援助が地位協定交渉・合意の過程で不離の一部を構成して

第 2 章　米軍地位協定の類型（Typology）

いる場合と定義する。この定義からすればイギリスや日本の場合は a に分類されることになる。[14]

5．10 タイプの類型

　以上各国地位協定は基本となる判断基準からタイプⅠ、Ⅱ、Ⅲ-A、Ⅲ-B、Ⅲ-C の 5 つの基本タイプに分類され、さらに派遣国アメリカからの援助の有（β）無（a）によって細分化されここに 10 のタイプを得ることができる。選択された国々の現行地位協定をまとめたものが表Ⅱ-2 であり、この類型は場所や歴史的時期に関わりなく普遍的に適用することができる。例えば、韓国地位協定の歴史的推移を簡潔に示すなら、タイプⅠβ　→　タイプⅢ-C β　→　タイプⅢ-C a という経過をたどり、イギリスの場合はタイプⅠa　→　タイプⅢ-A a という経過をたどったことになる。この類型を適用して各国地位協定の歴史的改正経過をまとめたものが表Ⅱ-3 である。

　しかしここで注意しなければならないことは、この類型は各地位協定の基本的性格を端的に明示するが、同一タイプの中でもその内実は多様であり、各タイプの境界線は整数的に明確ではないということである。例えば日本の場合、タイプⅢ-B a に分類できるが、新原昭治らによって明らかにされた秘密合意によれば、日本側は 1952 年の旧地位協定と同様の特権を米軍基地に与えることを了解しており、（新原昭治　追補資料　Ⅱ）その実態は基地内治外法権のタイプⅡに極めて近いと言える。NATO 加盟国においては NATO 地位協定という土台の上に各国は二国間協定で細目を補足するという構造を取るが、その内容は多様である。例えば英国の米空軍基地は「Royal Air Force」の名称が付けられているが実体は紛れもない米軍基地であるのに対し、スペインではスペイン軍司令官が米軍司令官と共存し、名目的要素は強いが基地は共同指揮下にあるのである。これらの注意書きを胸に次頁の表Ⅱ-2、Ⅱ-3 をご参照いただきたい。

14）例えばイギリスの米英核協力合意（US-UK Nuclear Cooperation agreement）は総合的な安全保障体制確立の一環ではあるが地位協定交渉・合意とは切り離されたものであったと考えられる。

45

表Ⅱ-2 現行地位協定の類型
（主要合意中、SOFA とあるのは地位協定 Status of Forces Agreement の略称である）

タイプ	国	米国の援助	地位協定を構成する主要合意
タイプⅠ	ジブチ	β（合意時）	2003: Agreement between The USA and The Republic of Djibouti
タイプⅡ	イラク	β（合意時）	2009-2011: Agreement on the withdrawal and organization of the U.S. forces
タイプⅢ-A	オーストラリア	α	1963 SOFA and 2011 Australian Naval Communication Station Agreement
	ドイツ	α	1971, 1981, and 1993 amendment of the First Supplementary Agreements of 1963 + NATO SOFA
	ギリシャ	β（合意時）	1990: Mutual Defense Cooperation Agreement+ NATO SOFA（No fundamental modification from 1983 Agreement）
	イタリア	α	1995: Memorandum of Understanding concerning Use of Installations/infrastructure by the US forces + NATO SOFA
	スペイン	α	1988: Agreement on Defense Cooperation + NATO SOFA
	トルコ	β（合意時）	1980: Agreement for Cooperation on Defense and Economy（DECA）1987: Extension and Amendment Agreement of 1980 DECA + NATO SOFA
	イギリス	α	1952: Visiting Forces ACT + NATO SOFA 1974-2012: Series of agreements including environment and safety
タイプⅢ-B	日本	α	1960: Agreement regarding facilities and areas and the status of the US forces 1995: Joint Committee Agreement regarding the transfer of custody prior to the indictment of the accused
	フィリッピン	β（合意時）	1999: Reentry of US Forces and Visiting Forces Agreement 2014: Enhanced Defense Cooperation Agreement
タイプⅢ-C	韓国	α（改定時）	1966: Agreement regarding facilities and areas and the status of the US forces 1991 and 2001: Amendment of 1966 SOFA

表Ⅱ-3 各国地位協定の歴史的経過

国名	最初の地位協定	最初の改正もしくは補足協定	その後の改正
オーストラリア	1963: SOFA and US Naval Communication Station Agreement ＞タイプⅢ-B-α	1968 - 1992: Series of amendments of US Naval Communication Station Agreement	1963 SOFA and 2011 Australian Naval Communication Station Agreement ＞タイプⅢ-A-α
ジブチ	2003: SOFA ＞タイプⅠ-β		
ドイツ	1954: Bonn Convention ＞タイプⅠ に類似する占領体制下地位協定	1963: First Supplementary Agreement（SA）and Accession to NATO SOFA ＞タイプⅢ-B-α	1971, 1981, and 1993 amendment of the First SA of 1963 ＞タイプⅢ-A-α

46

第2章　米軍地位協定の類型（Typology）

ギリシャ	1952: Entry into NATO SOFA 1953: US use of defense facilities agreement 1956: US Forces Status agreement ＞タイプⅡ-β　に近い	1983: Defense and Economic Cooperation Agreement ＞タイプⅢ-A-β	1990: Mutual Defense Cooperation Agreement（No fundamental transition from 1983 Agreement） ＞タイプⅢ-A-β
イラク	2003: Occupation status by Coalition Forces	2009-2011: Agreement on the withdrawal and organization of USAF ＞タイプⅡ-β	
イタリア	1954: Agreement Regarding Bilateral Infrastructure in Implementation of North Atlantic Treaty（BIA）（協定細目非公開） ＞タイプⅢ-α		1995: Memorandum of Understanding concerning Use of Installations/infrastructure by the USAF ＞タイプⅢ-A-α
日本	1952: Administrative Agreement ＞タイプⅠ-α 1953: Amendment of Art. 17 in accordance with NATO SOFA ＞タイプⅢ-B-α	1960: Agreement regarding facilities and areas and the status of the USAF ＞タイプⅢ-B-α 本協定締結以降、本文条文の改正はない	1995: 日米合同委員会での被疑者の起訴前身柄引き渡しに関する合意 2015: 日米合同委員会での米軍基地環境管理に関する合意
韓国	1950: Agreement regarding the status and jurisdiction of the USAF（So-called）Daejeon Agreement ＞タイプⅠ-β	1966: Agreement regarding facilities and areas and the status of the USAF（entered into force in 1967）＞タイプⅢ-C-β	1991 and 2001: Detailed but Minor Amendment of 1966 Agreement ＞タイプⅢ-C-α
フィリッピン	1947: Military Base Agreement（MBA） ＞タイプⅡ-β　（実体はタイプⅠに近い）	Series of amendment of 1947 MBA: 1965, 66, 79, and 83 ＞タイプⅢ-B-β 1991:MBA廃止と米軍撤退	1999: 米軍復帰 Visiting Forces Agreement 2014: Enhanced Defense Cooperation Agreement ＞タイプⅢ B-β
スペイン	1953: So-called'Pact of Madrid'（二国間協定、一部非公開） ＞タイプⅡ-β	1963-76: Extension and series of minor modification 1982: Agreement on Friendship, Defense and Cooperation ＞タイプⅢ-B-β	1983: Entry into NATO（National Referendum 1986） 1988: Agreement on Defense Cooperation2002 Amendment ＞タイプⅢ-A-α
トルコ	1952: Entry into NATO SOFA 1954: Agreement to implementation ofNATO SOFAAgreement regarding the US military facilities（非公開） ＞タイプⅡ-β に近い	1968: Agreement concerning duty certificate in implementation of NATO SOFA 1969: Previous agreements were consolidatedin Defense Cooperation Agreement（DCA） ＞タイプⅢ-A-β 1975: Denouncement of 1969 DCA	1980: Agreement for Cooperation on Defense and Economy（DECA） 1987: Extension and Amendment Agreement of 1980 DECA ＞タイプⅢ-A-β
イギリス	1942: Visiting Forces Act ＞タイプⅠ-α	1952: Visiting Forces ACT and Churchill-Truman Communiqué ＞タイプⅢ-A-α	1974-2012: Series of agreements relating to environment and safety ＞タイプⅢ-A-α

B. より広範な 24 項目の比較からタイプⅢ地位協定を総合評価

　次に、タイプⅢに属する全ての地位協定を 24 の比較項目 [15] ごとに採点を行い、その合計によって等級化を試み総合的比較表を作成する。その目的は 3 基準の比較から導き出された A、B、C の基本分類が果たして普遍妥当性を持つのか広範かつ総合的なクライテリアからの確認的再検証を行うことである。さらに、各国地位協定のおおよその位置を数値で示すことができれば、（そもそも条約条文等を比較して数値化するなどという行為は国際法学者の目からは非学問的な無謀な企てに映るに違いないが）多様な地位協定が合意された背景を歴史的に比較考察する際の単純明快な指標の一つとなりうるためこれからの議論にとって極めて有用である。採点は受入国から見た有利度を数値化することで行い、「順位（ランク付け）数値」を「量的数値」として扱うことの統計学的問題点は統計学的検証作業を行うことで信頼性を確認した。[16]

　総合評価作業は以下の手順で行った。

　(1) 各国現行地位協定を 26 項目順に並べ替えた基本台帳を作成する。（追補基礎資料「米軍地位協定の比較研究に関する基礎資料」B1〜B12）

　(2) 数値化可能な 24 項目（26 項目中）について、各項目ごとに各国地位協定を比較・採点し順位付けを行う。（追補基礎資料「米軍地位協定の比較研

---

15) 24 項目は類型化に用いた重要 3 項目も含む。項目数は全部で 26 あるが、1. 安保同盟の有無と 2. 安保同盟の構造については、数値比較の対象とならないため、評価項目からは除外している。各項目の解説は追補基礎資料「米軍地位協定の比較研究に関する基礎資料」A-1 の Conceptual Foundation for twenty-four items to be compared を参照

16) 採点の 1、2、3、4 は順位付けをした「順位数値」である。これを「量的数値」（例えば 4 を 1 の 4 倍として扱う）として扱うことに対する数学的、統計学的問題点に対しての解決法は多数の理論や方式が提案されている。深刻な問題点はないとしてそのまま量的数値として用いてよいとする意見もある。例えば学校の成績評価などに用いられる GPA（Grade Point Average）算出では A 、B、C といった順位数値をそのまま整数化（4、3、2 のように）して加徐算を行うことが一般的に行われている。しかし、ここではスピアマンの順位相関係数テスト（Spearman's rank correlation coefficient test）とケンドールの順位相関係数テスト（Kendall's rank correlation coefficient test）を使用して統計学的に矛盾がないかを検証した。（SPSS ソフトウエアを使用）結果はいずれも強い正相関を示し、総合比較表に示された数値に統計学的な矛盾がないことが証明された。→追補基礎資料「米軍地位協定の比較研究に関する基礎資料」A-3 を参照

第2章　米軍地位協定の類型（Typology）

究に関する基礎資料」A2）

採点は受入国から見た有利度で行い、次の4段階採点で行う。

［グレード1］　4点：総じて平等であるが、受入国の権利がより強く守られている。

［グレード2］　3点：相互主義の原則に基づき総じて平等であると評価できる。

［グレード3］　2点：総じて平等ではあるが、派遣国の権利がより強く守られている。

［グレード4］　1点：派遣国の権利が受入国の権利より強く、平等とは評価できない。

項目によっては幾つかのサブ項目から構成されているものがあり、その場合は各サブ項目点数の合計をサブ項目の数で除したものを採点とした。

(3) 各項目の採点をまとめ、その合計点や平均点を求めたタイプⅢ地位協定の総合比較表を作成する。→（表Ⅱ-4）

得られた結果は多数の地位協定をグローバルな視点から分析しようとする際に不可欠であるだけでなく、副次的に各国地位協定の位置が一目で分かる簡便ツールをも我々に提供してくれることになるが、作業過程には幾つかの問題も存在していることは否定できない。

第一は単純な条文比較とやや強引な数値化に伴う問題である。そもそも抽象化された概念の結実である各条文の比較は質的記述による比較分析が適切な方法であるにも関わらず整数による数値化を行ったということは、例えば2と3の差は1であるが、その間に存在する数値化できない要素や、A国とB国の差とB国とC国の差が同じ1であってもそれが全く等間隔であることはまずないわけで、そうした問題点は全く度外視されていることになる。また、各項目の重要度によるバイアス付加のない24項目の単純加減乗除は特定項目を重要視する論者には本質的差異をミスリードするものと写るであろう。しかし、多数国間の比較を同時に行う場合は、質的記述による比較（例えばA国はこの分野でB国より有利であるといった記述の積み重ね）より数値化された比較の方がはるかに有効であり上記の問題点を考慮してもその果

49

表Ⅱ-4　タイプⅢ地位協定の総合比較表

比較検討の対象項目	ドイツ	イタリア	スペイン	オーストラリア	ギリシャ	イギリス	トルコ	フィリッピン	日本	韓国
1　安全保障同盟の有無										
2　安全保障同盟の構造（米軍の軍事的義務も含む）										
3　受入国の法令尊重	3.0	3.0	3.0	3.0	3.0	3.0	3.0	3.0	2.0	2.0
4　外国軍構成員、軍属、家族の出入国に対する特権的待遇	3.4	3.0	3.0	3.0	3.0	3.0	3.0	2.8	2.8	2.8
5　運転免許証及び車両	4.0	2.7	2.3	2.7	2.3	3.0	2.3	2.3	2.7	2.3
6　武器の携帯と軍服の着用	3.0	2.0	3.0	3.0	2.0	2.0	2.0	1.0	1.0	1.0
7　警察権執行の分担と基地及び情報の保護	3.0	3.3	3.3	2.7	2.7	3.0	2.7	2.7	2.3	1.7
8　裁判管轄（1）地位協定によって保護される対象	3.0	3.0	3.0	2.0	2.0	3.0	1.0	3.0	2.0	1.0
9　裁判管轄（2）優先裁判権の決定	3.0	2.7	2.3	2.7	2.3	2.7	3.3	2.0	1.3	1.0
10　裁判管轄(3)被疑者の権利の差異(逮捕、拘束、裁判等における）	3.0	2.8	2.5	2.8	2.5	2.8	2.8	1.3	3.0	1.5
11　民事・行政司法権	3.5	2.8	3.0	3.0	2.7	2.8	2.5	1.7	1.8	2.0
12　民事請求権	3.3	3.0	3.0	3.3	3.0	3.0	2.8	1.0	3.0	2.8
13　軍事補給援助	3.0	2.7	2.3	2.7	2.7	2.7	2.7	1.3	2.3	2.0
14　基地として使用される施設及び区域への諸権利と義務	3.0	3.4	3.6	3.4	3.2	2.2	3.8	2.2	1.8	1.6
15　施設及び区域の返還	3.0	2.5	3.0	3.0	3.0	3.0	2.0	2.0	2.0	2.0
16　軍事訓練と演習	3.0	3.0	3.0	3.0	3.0	3.0	3.0	2.0	2.0	2.0
17　経費の分担	3.0	3.0	3.0	3.0	3.0	3.0	3.0	3.0	1.0	1.0
18　課税、関税の免除	3.0	3.0	2.5	2.5	2.5	3.0	3.0	1.5	2.5	2.5
19　外国為替管理	3.0	3.0	3.0	3.0	3.0	3.0	3.0	3.0	3.0	2.0
20　戦時状況下における地位協定の適用	3.0	3.0	4.0	2.0	4.0	3.0	3.0	2.0	2.0	1.0
21　問題の解決手続きと協議機関の特性	4.0	3.0	4.0	3.0	3.0	3.0	3.0	3.0	2.0	2.0
22　協定の改正	3.0	3.0	3.0	3.0	4.0	3.0	4.0	2.0	3.0	3.0
23　批准と正式受諾	3.0	3.0	3.0	3.0	3.0	3.0	3.0	3.0	3.0	3.0
24　協定の終了	3.0	3.0	3.0	3.0	3.0	3.0	3.0	3.0	2.0	3.0
25　適用される地域	3.0	3.0	3.0	3.0	3.0	3.0	3.0	3.0	2.0	3.0
26　正文の定義	3.0	3.0	3.0	3.0	3.0	3.0	3.0	3.0	3.0	2.0
合計点	75.2	69.9	69.8	68.8	68.4	68.2	67.9	53.8	52.5	45.2
平均（合計点÷24項目）	3.13	2.91	2.91	2.87	2.85	2.84	2.83	2.24	2.19	1.88

実の方が大きいと言える。例えばA国75.2点、B国52.5点、C国45.2点という結果が出た場合、読者は極めて容易に各国地位協定のおおよその位置を一目で理解することができるはずである。

第2章　米軍地位協定の類型（Typology）

　第二の問題点は、比較に際して重要な補足合意や国内法を見逃していない
かという問題である。地位協定は根幹となる安全保障条約や地位協定本文の
他に多数の補足合意と国内法を伴っており、ある国の地位協定を専門的に研
究する場合はそれらすべての関連合意や国内法を俎上にあげる必要があるだ
ろう。しかし、本書では考察の対象を、イギリスを除き（イギリスは例外的
に駐留外国軍の地位を国内法として制定）、基本となる条約、地位協定本文（及
びその改訂部分）、重要補足合意に絞った。理由は国際的合意の拘束力の順位
にある。言うまでもなく国会の批准手続きを必要とする条約レベルの国際合
意は最も上位で、行政府間の合意はその次、国内法はそうした国際的合意を
実行するために制定される。即ち、下位の実務的国際合意や国内法が上位に
位置する条約や行政協定の条文を覆すような内容になることはないという国
際合意の外交慣習による理解である。国際合意の重要変更は正式な最上位合
意の改正以外にはない。さらに本書の目的は特定地位協定の専門的研究では
ないため、比較対象を上記の根幹部分に絞ることは極めて妥当であると考え
る。

　第三は、第二とも関連するが、各比較項目にクリアーに対応する条文を欠
く地位協定が存在することである。ある国では詳しく規定されていること
が、ある国では全く触れられていないことがあり、その場合条文の内容を比
較考察するという作業は不可能になり何等かの基本となる判断基準が必要と
なる。国際法学者の支配的見解は条文不在の場合は、より普遍的な国際法の
適用か受入国の国内法の適用が一般的であるとする。これに従い、筆者とし
ては対応条文不在の場合は国際法、補足的合意や関連国内法等の探求を行っ
て補足に努めたが、発見できない場合は対応条文不在については条文存在の
場合より低い評価を下した。理由は条文不在は、派遣国に有利な慣習の続行
への暗黙的容認や秘密合意の存在を暗喩することが多いからである。100%
ないとは言い切れないが、対応する補足合意や国内法を発見できなかった
ケースは極めて少ないと確信している。

　第四も第二と関連するが、行政的レベルでの合意に基づく日常的慣行を除
外したことによって生ずる幾つかの重要比較項目の無視である。例えば米兵
犯罪に対する受入国の第一次裁判権の放棄の問題である。刑事裁判権の競合

51

的両立下では双方が裁判権を持つため、派遣国、受入国どちらが第一次裁判権を行使するかという取り決めや手続き手順を予め合意し、末端の警察署や検察はその手順に従う。比較考察は、その決定方式の差異や、受入国の権利放棄の割合で比較を行い、割合が高い方が受入国に不利とされる。例えばイギリスは20％程度、日本は高く80％程度である。従ってこの権利放棄の割合は受入国の司法権行使の強弱を測定する一つの目安として重要であるが、総合比較の対象項目からはこれを外した。[17] 他章で細部にわたって詳細に考察を試みることで欠落の穴を埋めることとしたい。

第2章のまとめ

このようにして得られたタイプⅢ地位協定の総合比較表（表Ⅱ-4）と重要分野の比較考察から得られた現行地位協定の類型（表Ⅱ-2）を対比するなら、総合点の順位は基本類型に見事に一致することが分かる。NATO加盟国とオーストラリア　[タイプⅢ-Aに分類]　の点数分布は62.3～75.2、日本とフィリッピン　[タイプⅢ-Bに分類]　はそれぞれ52.5と53.8、韓国　[タイプⅢ-Cに分類]　は45.2である。このことから、筆者による地位協定基本類型、即ちタイプⅠ、タイプⅡ、タイプⅢ-A、B、Cにアメリカからの援助の有無（a、β）を加えた10類型は、広範な判断項目から評価された総合比較からも検証されたと結論してよいであろう。ここで確立された基本類型は次章以下で考察される現行地位協定の指標として使用されるだけでなく、その歴史的経過を示す指標としても使用されることになる。例えば、タイプⅠからタイプⅢに改正された地位協定は受入国にとってより有利なものになったと評価される。

---

17) 理由は各国を横並びにして同一期間、同一基準に基づく放棄率データを得ることが不可能だからである。背景として、多くの場合、本条文ではなく実務レベルでの合意がなされ、合意内容が公表されていないケースも多いことがあげられる。さらに、各国とも放棄率の統計数字公開に消極的なことが多いことも資料入手の障害を高くしている。（国会等の追及で渋々公開されるケースが多い）

第3章　要因仮説Ⅰ-A：
　　　　力（パワー）関係の非対称性と交渉方式の差異

　第2章で各国地位協定が如何に多様であるかを解明し、10の類型を設定したが、本章から7章までは、第1章：Dで設定した五つの仮説の立証を試みる。本書の論考の大前提は、国際関係、国内政治、法体系や社会的慣習などの違い等の諸要因が地位協定の多様性を形成したとする複合起因説であるが、設定した仮説全てを一括にして同時並行的に立証していくことは不可能であるので、各仮説ごとに、他要素の影響を可能なかぎり制御しうる対象群を選択することで立証を試みていく。本章ではまず、国際関係論リアリズム理論の力の概念から推論される仮説を設定しその検証を試みる。

A.　要因仮説Ⅰ-A：力（パワー）関係の非対称性と交渉方式の差異

　派遣国（アメリカ）の総合国力が受入国のそれに比して強大であるほど地位協定は派遣国にとってより有利なものとなる。また多国間集団安全保障体制は力関係の不均衡度合を変化させ、（二国間交渉方式より）互恵的な交渉プロセスを創出するとともに受入国により強い交渉力を与える。

　国際関係論リアリズム理論の核心となる概念を一言に凝縮するなら「力」（英語ではPower）である。世界は常にアナーキーな状態（国家内のように法や慣習に基づく統一的な統治機構が存在しない）にあるため、国家はその生存を究極かつ最優先の目的として行動し、力が国家間の関係を決定するというものである。モーゲンソー（Hans J. Morgenthau）は政治的リアリズムの六つの原理の二番目に力をあげ「政治的リアリズムが国際政治という風景をとおって行く場合に道案内の助けとなるおもな道標は、力（パワー）によって定義される利益（インタレスト）の概念である。……もし、そのような概念

53

がなければ国際政治であれ、国内政治であれ、政治の理論は全くありえないことになる。……われわれは、政治家は力として定義される利益によって思考し行動する、と仮定する。そしてわれわれは、この仮説を歴史の証拠によって確かめることができる、と考える。」（モーゲンソー 43）しからば、力とは何か？　先学の定義（Weber and Whimster 182）(Dahl)を要約するなら、ある行為者が、たとえ他の参加行為者が反対の意思を示したしても、自らの意思を貫徹し実現させることが出来る能力と定義できる。そしてその構成要素についてモーゲンソーは「力は、人間に対する人間の制御を確立し維持するすべてのものを含んでいる。したがって力は、物理的暴力から、ある人が他の人を支配するための最も微妙な心理的関係に至るまで、その目的に役立つあらゆる社会的関係をおおっている。」と定義し、（モーゲンソー 54）現実の国家の力を構成するものとしてその物質的能力や政府の能力に止まらず国民のモラルまで多岐にわたり考察している。

　この力の定義を国際関係に当てはめるなら、国力とは他国家の行動や世界の出来事に対して影響を与えたり、指示したりすることができる国家としての総合能力と言えよう。そして国際交渉においてはより国力の強い側はより国力の弱い相手に対して、力の差異を背景にして自分の目的や利益に大きく寄与するような条件を飲ませることができるということである。そこで、仮説 I-A はこの理論から　(1) 軍隊派遣国アメリカとその受入国との間の国力差の大小が地位協定の形体を決定する（差が大きいほど受入国にとって不利となる）、しかし、(2) 多国間交渉方式は二国間交渉より国力が弱小な受入国側により強い交渉力を与える、という仮説を導き出す。

B.　経験上観察できる一般的傾向：
　　全ケースの GDP 規模と地位協定タイプの相関

　まず仮説の前半部分 (1) に関して、1960 年の米軍受入各国の GDP と地位協定の類型の相関を見てみよう。[18]（表III-1）GDP を指標として選んだのは総合国力の重要構成要素であるだけでなく最も分かりやすい指標であること、また 1960 年を選択したのは 1950 年代から 1960 年代が最初の各国地位協定が締結された時期であるからである。（ジブチとイラクは締結年次が新しく

54

第3章 要因仮説I-A：力（パワー）関係の非対称性と交渉方式の差異

2004年のGDPを採用）想定したことはGDP規模と：(1)地位協定類型及び(2)アメリカからの援助の有無、は相関関係があるであろうということである。さらには（2）アメリカからの援助は（1）地位協定類型とも深い関連性があると予測した。

表III-1が示す通りGDP規模と最初に合意された地位協定類型には明らかな相関を観察できた。例えばイギリスは早くも1952年にタイプI協定からタイプIII-A協定に国内法として改正している。ギリシャはNATO加盟国にも関わらずアメリカから大きな譲歩を強いられていることが見て取れる。日独の最初の協定がタイプIであったことは占領による大幅な主権制限の継続と考えられるが、それにも関わらず、ドイツはNATOに加盟が認められることによりタイプIIIに、日本は1952年協定にNATO地位協定発効時にタイプIIIに移行する条文挿入でタイプIIIへと、何れも改正に成功している。GDP規模とアメリカからの援助の有無（α、β）との関連になると相関はさらに明瞭になる。GDPが相対的に高い諸国：イギリス、西ドイツ、日本、イタリア、オーストラリアはタイプ α であるのに対し、低い諸国：トルコ、スペイン、フィリッピン、ギリシャ、韓国、イラク、ジブチはタイプ β に分類され直接的相関が観察できる。また、タイプ β に分類された国々の協定類型は何れもタイプIかIIであり、アメリカは強大な国力を背景にした援助を梃子にしてより有利な駐留条件を引き出していたり、あるいは新たに基地を建設する権利を獲得していたことが分かる。

GDP規模と地位協定類型の相関は、各国協定のその後の改正経過からも観察できる。(表III-1の第一回改正もしくは補足的合意の欄参照) 21世紀に締結されたイラクとジブチの協定を除き、すべての国は改正を経験しており、これは1960年代以降の各国経済規模の拡大、そしてそれに伴う軍事力も含めた総合国力の増大によるアメリカとの巨大ギャップ縮小の影響を無視することはできないであろう。例えば韓国の場合、朴政権下で締結された協定を1991年と2001年に改正し、タイプ β からタイプ α に変化している。他要

---

18) 仮説I-Aの主旨からすると、各国GDPとアメリカGDPの差を比較指標としなければならないが、この場合アメリカのそれは巨大な定数であると仮定できるため各国GDPをそのまま示す方がより明快に "国力の差" を示すものとしてGDPをそのまま指標として採用した。

55

表Ⅲ-1　1960年の各国GDPと（米国援助も含めた）地位協定タイプの相関

国名	GDP 1960 百万ドル	最初の地位協定	第一回改正もしくは補足的合意
イギリス	72,328	1952: Visiting Forces ACT 、Churchill Truman Communiqué 及び NATO 地位協定 > タイプⅢ-A-a	1974-2012: 軍隊法の改正 や環境問題、安全等で新法、新合意。 > タイプⅢ A-a
ドイツ （西ドイツ）	68,472	1963: 最初の Supplementary Agreement (SA) と NATO 地位協定加盟 > タイプⅢ-B-a	1971, 1981, and 1993　最初の SA (1963) の改正 > タイプⅢ A-a
日本	44,307	1952: 最初の行政協定 > タイプⅠ-a > タイプⅢ-B-a (1953)	1960: 現行の日米地位協定 > タイプⅢ B-a
イタリア	40,385	1954: Agreement Regarding Bilateral Infrastructure in Implementation of North Atlantic Treaty (BIA)（非公開）と NATO 地位協定 >タイプⅢ-a	1995: Memorandum of Understanding concerning Use of Installations/infrastructure by the USAF によって BIA が改正 > タイプⅢ A-a
オーストラリア	18,609	1963: 米豪地位協定と US Naval Communication Station Agreement > タイプⅢ B-a	1968 - 1992: 1963 年協定の改正 2011 Australian Naval Communication Station Agreement を締結 > タイプⅢ A-a
トルコ	13,995	1952: NATO 地位協定に加盟 1954: Agreement for implementation of NATO SOFA を締結 Agreement regarding the US military facilities（非公開）を締結 > タイプⅡ-β	1968: Agreement concerning duty certificate in implementation of NATO SOFA を締結 1980: Agreement for Cooperation on Defense and Economy を締結 > タイプⅢ A-β
スペイン	12,072	1953: 所謂マドリード協定 'Pact of Madrid'（一部は非公開）を二国間で締結 > タイプⅡ-β	1963-76:　協定の延長や部分改正が続く 1982: Agreement on Friendship, Defense and Cooperation を締結 1983: NATO 地位協定に加盟 1988: Agreement on Defense Cooperation を締結 > タイプⅢ A-β
フィリッピン	6,684	1947: Military Base Agreement (MBA) > タイプⅡ-β（実体的にはタイプⅠに近い）1965、66、79、83：MBA の部分改正が続く > タイプⅢ B-β	1999: MBA 廃止後、米軍の再訪と Visiting Forces Agreement 締結 2014: Enhanced Defense Cooperation Agreement 締結 > タイプⅢ B-β
ギリシャ	4,447	1952: NATO 地位協定に加盟 1953: US use of defense facilities agreement 締結 1956: US Forces Status agreement 締結 > タイプⅡ-β	1983: Defense and Economic Cooperation Agreement 1990: Mutual Defense Cooperation Agreement 締結（83 年協定の基本踏襲）> タイプⅢ A-β
韓国	3,891	1950: 所謂大田 (Taejon) 協定 (Agreement regarding the status and jurisdiction of the USAF) Agreement > タイプⅠ-β	1966: Agreement regarding facilities and areas and the status of the USAF（大田協定の全面改訂、1967 に発効）> タイプⅢ C-β 1991、2001: 1966 年地位協定の改正 > タイプⅢ C-a
イラク［2004］	36,628	2009-2011 :Agreement on the withdrawal and organization of USAF > タイプⅡ-β	
ジブチ［2004］	666	2003: Agreement on access to nad use of facilities in the Republic of Djibouti > タイプⅠ-β	

＊ GDP は 100 万ドル単位、かつ当時の絶対値ではなく 2014 年のドル価値に換算して表示している。
GDP データの出典：World DataBank (databank.worldbank.org./data/home.aspx) except West Germany data
旧西ドイツデータの出典：U.S. Department of Labor, Bureau of Labor Statistics (research.stlousfed.org.)

因の作用も看過できないが、漢江の奇跡と呼ばれる急速な経済成長とそれに伴う総合国力の躍進がその背景にあることは疑いを入れない。即ち各国の総合国力の増大はアメリカとの非対称性を相対的に縮小し、地位協定改正交渉のパワーバランスを漸次受入国有利に変化させていると言えるのである。以上、GDP 規模と地位協定類型の単純な相関調査からも、GDP 規模と地位協定類型との間には相関が存在し、かつ アメリカからの援助の有無は地位協定類型に大きな影響を与えていることが観察された。

　仮説の後半部分である（2）多国間交渉と二国間交渉の差異については、北大西洋条約（NAT）に基づく多国間合意である NATO 地位協定と他の二国間合意の地位協定の単純比較からも明らかである。既に第 2 章で見たように NATO 地位協定は相互互恵的平等性において他の全ての同時代に合意された地位協定よりはるかに受入国に有利である。しかも、NATO 地位協定はその後の二国間地位協定交渉の先例として各国が "NATO 並み" を目指して類似の条文を採用したにも関わらず、細部において真に NATO 加盟国と同等の平等性を達成した受入国はないのである。NATO 地位協定は、集団安全保障体制下における多国間交渉が如何に強大国の交渉力を削ぎ、国力がより弱小な受入国側に強い交渉力を与えるかを見事に示していると言えよう。

C.「国力」を定義して仮説の検証へ

　以上、全ケースの GDP に表象される国力と地位協定類型の相関を概観したところ、仮説 I-A は歴史的事実と矛盾することなく、明らかな一般的傾向として観察できた。しかし、これをもって仮説 I-A の普遍妥当性が立証できたわけではない。何よりも、こうした一般的傾向は他の要因からの説明も可能であり、他要因の影響をできるだけ排除したサンプルを選び、より深い客観的考証が必要である。さらに国力の不均衡が如何に二国間交渉において影響を与え、多国間交渉においてそれが弱められたかを歴史的事実から検証する必要があるだろう。

　それを進めるに当たってまず国力の基本概念を具体的に定義しておこう。

言うまでもなく GDP はその一つにすぎないからである。国力はハードとソフトの二要素によって形成される。ハード要素は（1）物質的諸能力で経済力、軍事力、人口、総合的科学技術水準や自然資源の供給量などによって構成される。ソフト要素は非物質的諸能力であるが、ここでは（2）政府の総合能力と定義し、政府諸機関の完成度、官僚組織の成熟度や法を含めた諸制度の成熟度などによって構成される。外交交渉という視点から見るなら外交官僚組織のグローバルな情報ネットワーク構築レベルや専門的知識の蓄積度は特に重要なものである。また、政府の総合能力を支える最も重要な基盤として国内の政治的安定度も定義から外すことはできない。何故なら、政治や政策が不安定であれば政府組織の方向性が定まらず国際合意の履行に大きな支障が生じ、外交的信頼度が著しく損なわれるからである。そしてこうしたハードとソフトから構成される国力は一国の国際的位置を決めるだけでなく、安全保障同盟の欠くべからざる要素である兵站能力と直接的に関わることになる。何故なら、現代の軍事行動は膨大な物資を消費するため、もはやその兵站補給は軍隊内部だけで処理できる純粋軍事マターの領域を大きく超えている。[19] 国力のより優れた受入国は高レベルの兵站補給能力（必要量の確保、高品質なサービス、遅滞のないサプライチェーン等）を派遣軍に提供可能であり、それは派遣国から見た受入国の地位あるいは力関係の修正を迫る要因となる。

　従って、仮説Ⅰ-A をより具体的な言葉に置換するなら、地位協定の形態は、派遣国と受入国の間の（1）物質的諸能力と政府の総合能力の格差の大小によって影響され、(2) 多国間交渉の場合はこの格差は弱小国（受入国）有利に修正される、とまとめることができる。以下、多国間交渉の仮説については、広く受け入れられている先賢の理論のおさらいと NATO 地位協定

---

19) アディー（Stuart Addy）は「真実は、（軍事と民事を分けていた）境界線は時の経過とともに朧気なものになっているということであり、技術、移動、通信の変化により、今や軍隊が独自の（伝統的）軍隊方法で（兵站）活動をすることができる機会は殆どなくなっていることを意味しているのである。全ての兆候が示しているのは、軍の兵站業務の"特別"な地位というものは、完全消滅とは言えないまでも、消滅しつつあり、それはますます国際市場の貿易や商業の法則に包摂されるものになってきているということである。」と現代の兵站補給が如何に世界の経済活動に直結しているかを主張する。（Addy 187-88）

第 3 章　要因仮説 I-A：力（パワー）関係の非対称性と交渉方式の差異

交渉の歴史的経過を辿ることで検証し、国力格差の仮説部分については、他の要因の影響を極力排除した三組［イギリス－ギリシャ、日本－韓国、イラク－ジブチ］の比較考察を試みることで検証を行う。

D.　多国間交渉に関する理論と NATO 地位協定交渉史

1.　理論的背景

　多国間交渉の結実として設立される国連や NATO 等の国際機関について、国際関係論リアリズムとリベラリズムの間には古典的とも言える対立解釈がある。リアリズムは、強大国が時として多国間交渉の不利を受け入れても国際機関設立に動くのは、そうすることが自国の国益実現に最善の方法であり、将来の国際合意形成のコストを縮小できると計算するからであるとする。しかしながら、そうした国際機関を構成する各国は、最大限の自国国益の実現を目指すために究極的には各国を制御することはできないとその限界を主張する。一方リベラリズムは、国際機関は単なる国力の強弱に準じた利益配分の場ではなく、弱小国群は強大国の利己的国益実現の動きを長期にわたって制限することができるとする。何故なら、それは多くの主権国家の国際的合意による普遍的な国際行動規範や規則によって運営されるため、強大国の利己的な動きを制限することが可能となるからである。一方で、強大国もそうした国際機関に依ることにより、より予測しやすく、より持続可能な、より正当性を主張できる国際秩序を得ることができ、それは多国間交渉による不利な側面を補填して余りあると主張する。即ち、対立する両学派の主張も多国間交渉は強大国の力の発揮を制限し、弱小国は（二国間の場合より）有利に交渉を進めることができるという点では一致しているのである。相違はリベラリズムはそうした国際機関が主権国家を超越した独立アクターとして発展・持続すると展望するのに対し、リアリズムは主権国家、とりわけ強大国の国益追求のための計算と諸行動こそがその本質であるとする点である。

　元アメリカ国家安全保障会議アジア部長のチャ（Victor D. Cha）は、国際

59

表Ⅲ-2　チャのパワープレイ概念マトリックス（二国間対多国間のコントロール比較）

	対象が弱小国の場合	対象が強大国の場合
弱小国が対象国に対してコントロールを追求する時	選択1　多国間主義	選択2　多国間主義
強大国が対象国に対してコントロールを追求する時	選択3　二国間主義	選択4　多国間主義

関係や国際交渉を規定する基本原理として「パワープレイ理論」を提唱し、それはより強い国がより弱小な国の行動を最大限コントロールするための非対称な同盟関係の樹立であるとする。（表Ⅲ-2）

　その理論を要約すると、もし弱小国が強大国をコントロールしたいと思えば、いわゆる小国の戦略（Lilliputian Strategy）に則って弱小国連合を形成して集団で強大国をコントロールするのが最効率の選択である。何故なら多国間主義による制御は強大国の力を縛り、一国行動主義への意欲を減退させ、かつ弱小国が他の場合であれば持ち合わせていない発言の場や一票を投じる機会を得ることができるからである。一方、もし強大国が弱小国にそのコントロールを及ぼそうと目論むなら二国間主義が望ましい。何故なら多国間主義（または交渉）では薄められてしまう梃子力を、（強大国が保有する）諸能力を増幅することで最大化することができるからである。（Cha "Powerplay Origins of the U.S. Alliance System in Asia"）

　本章の主題の一つである NATO 誕生史に関してウエバー（Steven Weber）は二国間主義が如何にアメリカにとって有利であったか（現実はそうならなかったが）を次のように回顧する。一つの抜きんでた力を持つ国と分断された弱小国との間で構成される同盟システムの最も理想的な機関形態は強大国がそうした下位に位置する国々と二国間関係網を樹立することである。何故なら、覇権国は"安全保障の盾を提供しないぞ"と脅すことによってそうした国々に対して最大限の交渉力を発揮することができるからである。その場合「安全保障は専属かつ排他的（頼れる相手は一国だけでその強大国に頼る以外に道がない）な財となり交渉力の源泉となる。（それにより）強大国は各弱小国の戦略的、経済的、政治的価値を見極めながら、次元の違う（好条件の）同盟条件を要求することが可能なのである。」一方、多国間主義は同盟の維持や交渉のコストは縮小させることができるが、「それは安全保障を非専属かつ非排他的（集団的に保障され、全ての当事国がそれを享受できる）な財

第 3 章　要因仮説 I-A：力（パワー）関係の非対称性と交渉方式の差異

に近いものへと変質させる。そして覇権国は相手を抑圧できるような力を失い、安全保障供与に対する相応な代価を引き出すことができなくなくなる。……総合バランスとしては、強大国は多国間安全保障構造の下では支出が多くなり、それより少ない見返りしか期待できないのである。それは目的達成の観点から見るなら（強大国にとって）納得のいく交渉ではない。」(Weber 5-8)

　以上、広く受け入れられている諸理論は、二国間主義と多国間主義の本質的相違、及び弱者側、強者側それぞれから見た場合の優劣を明らかにする。次節では、何故に圧倒的に強大な力を保有していた第二次世界大戦直後のアメリカが、多国間主義の象徴とも言える NATO の創成に動いたのか、そしてアメリカが大きな譲歩したとも言える NATO 地位協定がどのような交渉構造と条件下で討議、締結されていったのかを追跡することで、如何に多国間主義が強大国の交渉力を弱めることができたかを歴史的事実から検証する。

2. NATO 地位協定前史とブラッセル条約地位協定

　先に引用したウエバーは何故アメリカが不利が明白な集団安全保障体制を選択せざるを得なかったかについて、そうした損得計算を超越した世界戦略上の選択があったからであるとその理由を説明する。当時のアメリカには「抑止シナリオ」と「多極化シナリオ」という二つの政治潮流があった。抑止シナリオとは、西ヨーロッパ諸国との同盟を全面否定するものではないが、基本的には核戦力も含めた圧倒的なアメリカの軍事力を背景とした単独行動主義でソ連の侵攻を抑止しようというもであり、多極化シナリオとは西ヨーロッパに第三の極としての多国間国際機関を創造して平和維持と経済的成長の基盤とすることで長期的なソ連対抗の軸を築こうというものであった。最終的に後者の多極化シナリオが大勢を占め、米ソに次ぐ第三の極を西ヨーロッパに創成するという大戦略が決定されたとする。[20) アメリカにとって、経済的に再生し、相応の軍事力を保有する西ヨーロッパは不可欠の第三極となるのである。さらに "ドイツをどうするのか" という共通の難題に対して一致して対応するためにも、多国間国際機関設立は明らかに有効であっ

た。かくしてアメリカは 1948 年 6 月のヴァンデンバーグ決議[21] により、北大西洋条約（NAT）締結に向けた交渉に突入することになるのである。

　一方の西ヨーロッパの動きはどうであったのか？ここでは、将来のドイツ復興による脅威から如何に安全保障を図るかという共通目的から、独自の集団安全保障機構への模索が終戦直後から続いていたが、まず 1947 年 3 月にダンケルク条約（Treaty of Dunkirk）が英仏の間で調印された。その後、ソ連のコミンフォルム設立やチェコスロバキアへの侵攻に直面して共産圏からの脅威も主要な関心事となり、英仏はベルギー、オランダ、ルクセンブルクを同盟に加えて、1948 年 3 月、本格的な安全保障条約であるブラッセル条約（Brussels Treaty）締結に至った。そして同年、この条約の実行機構として WUDO(Western Union Defense Organization)が樹立された。言うならば"弱者連合" 結成によってスーパーパワーソ連と復興ドイツの脅威に対抗しようとしたのである。軍事的弱者による集団安全保障体制であるが故に、ブラッセル条約加盟国は当初から戦略・戦術に応じた各国軍隊の迅速な国境間移動や他国への駐留を想定せざるを得なかった。そのために最初の多国間地位協定であるブラッセル条約地位協定[22] が合意されたのである。そして、この地位協定こそが後の NATO 地位協定交渉のひな型となるのである。

　かくして、アメリカは多極シナリオ選択によって集団安全保障機構設立へと踏み出し、西ヨーロッパは差し迫ったソ連の脅威に対抗しうる軍事力増強

---

20)「多くのアメリカ政策決定者は（米ソ）の二極構造は米ソをそれぞれ単独で戦わさせるようにけしかけ、そうしたイデオロギーに染められた対立的闘争はよくても次の戦争への幕間でしかないと信じた。…… これとは対照的に多極システムの下ではアメリカは国内外で繁栄が可能となるであろう。（何故なら）多極化した世界はそれぞれの国の対外的行動に警戒と抑制をもたらし、国際システムの安定度を高めるからである。」(Weber 82)

21) Vandenberg Resolution (June/1948) は応分の責任分担を前提にアメリカの二国間あるいは多国間の安全保障同盟への積極的関与進展を目的としたもので、第二条には「国連憲章の条文、原則、目的に沿う形での集団的又は個別的自衛のための地域的な、あるいは他の集団的取り決めを進歩的に発展させる。」とある。(2. Progressive development of regional and other collective arrangements for individual and collective self-defense in accordance with the purposes, principles, and provisions of the Charter.)

22) 英文正式名：Agreement Relative to the Status of Members of the Armed Forces of the Brussels Treaty Powers, December 21, 1949. Cmd. 7868; Department of State, Bulletin, XXII [1950], 449-53 を参照

第3章　要因仮説 I-A：力（パワー）関係の非対称性と交渉方式の差異

の切り札としてアメリカを取り込み、1949年に北大西洋条約（NAT）が締結され同条約機構（NATO）が創立されたのである。この過程で極めて重要な事実は、NATO は弱者連合であったブラッセル条約の政策決定ルールの遺伝子をそのまま引き継いだことである。突出したスーパーパワーが存在しなかったブラッセル条約加盟国間においては、一国一票と互恵的相互主義原則の尊重が組織の基本規範とされてきたのである。即ち、超大国アメリカが登場する前に、プロトタイプとしてブラッセル条約地位協定が存在し、集団規範としては一国一票、互恵的相互主義が加盟国に共有されていたのである。さらにはアメリカが多国間交渉に応じざるを得ない前例がすでに存在していた。それは西側戦勝三国（米英仏）によるドイツ西部の集団型占領体制である。それぞれに占領地域は定められていたが、占領・安全保障に関わる政策はこの三国の多国間合意によって決められていたのである。これにより、占領三か国軍の西ドイツにおける地位協定もこのフレームワークの中で合意され、その後のドイツ外の西ヨーロッパに駐留する米軍の地位協定の合意方法について一つの前例を形成していたのである。

　アメリカは NATO 加盟国になることによって WUDO から NATO に引き継がれた多国間合意を最大限利用し、西ヨーロッパに基地網を張り巡らす法的正当性を低コストで得ただけでなく、状況に応じてその基地網に依って、単独でもソ連に対峙する抑止シナリオへ回帰できる物理的基盤も構築できたのである。しかし反面、ブラッセル条約から引き継がれた多国間主義の網に搦めとられてしまい、同盟国内での交渉力は大きく制御されることになる。

3. NATO 地位協定交渉とその特色

　NATO の最高意思決定機関は文民である各国外務大臣で構成される北大西洋理事会（NAC：North Atlantic Council）である。しかし実際にはその代理理事（Council Deputy）が本部に常駐して実務に携わる。[23] NAC の下には多くの下部機構があり、NATO 地位協定は、その一つであるワーキンググループで検討、交渉が進められた。NAC は一国一票、全員合意の原則で運

---

23) 1952年2月にはこれが改められ、各国の常駐代表（Permanent Representative）が理事会を構成することになった。

63

営され、この組織原則が地位協定ワーキンググループの財政や司法といった分科会にまで貫徹された。さらに、交渉内容、特に条文の解釈をめぐる本質的な対立部分が秘密にされず透明性が保たれたのである。[24] 交渉冒頭において何を雛形（プロトタイプ）にして検討を進めるかで論争があったが、結局アメリカ草案ではなく、より相互互恵主義の強いブラッセル条約地位協定が雛形に選定され、その遺伝子がNATO地位協定に引き継がれることになった。かくしてイギリス人議長の下でロンドンで進められた交渉は1951年6月19日に決着、調印の運びとなったのである。

　以上、NATO地位協定交渉は(1)超大国抜きにすでに合意されていたブラッセル条約地位協定を雛形としたこと、(2) 一国一票、全員合意の交渉原則、(3) アメリカが議長国ではないこと、(4) 交渉過程の透明性が保たれたこと、などの理由でアドホックな交渉形態と秘密主義が常である二国間交渉と大きく異なる。アメリカはその強大な力にも関わらず12票中の1票という原則に縛られて自国権益を最大化できるような条文を合意することはできなかったのである。NATO地位協定が同時代に合意された二国間地位協定よりはるかに受入国有利であり、それをモデルとしたその後の二国間地位協定も細部の互恵的平等性においてNATO地位協定に及ばないことはすでに見た通りである。アメリカ上院は批准時にアメリカ側の譲歩の余りの大きさに憤りを隠さず、これを今後の前例としないと異例の付帯決議（詳細は第6章Bを参照）をつけたほどである。以上、多国間交渉が如何に弱小国の交渉力を増幅させるかは具体例であるNATO地位協定交渉史からも明白である。

　最後にNATO地位協定交渉 "後史" ともいうべき、現在も実効のドイツ地位協定交渉について触れておく必要があろう。第二次大戦後、戦勝三国（米英仏）は西ドイツを占領してその軍を駐留させたが、ドイツ独立後（1955年）もボン‐パリ協定によってその駐留を継続していた。冷戦の終了とドイ

---

24) 例えば、スニー（Joseph M. Snee, S. J.）はこの交渉に関わるオリジナル資料を収集、編集して「Travaux Preparatories」出版した。(Snee) これにより我々は、各国がどのように平等の重みをもって自国の主張を発言していたかという "場の雰囲気" のようなものを感じることができるだけでなく、如何にして各国専門委員が、当初の違いを克服して、重要な語句や条文の概念を統一的に定義し、共通の解釈に至ったかを知ることができる。

第3章　要因仮説 I-A：力（パワー）関係の非対称性と交渉方式の差異

ツ統一によって、ボン‐パリ協定が失効した後も、ドイツ駐留を続ける外国軍の地位を新たに規定するために開始されたのが現在のドイツ地位協定（NATO 地位協定の補足協定：Supplementary Agreement と呼ばれる）交渉の発端である。多国籍の軍が駐留していたため、交渉は当然多国間交渉（ドイツ、ベルギー、フランス、オランダ、イギリス、アメリカ）であり、1993 年に最終合意された改正ドイツ補足協定は、その総合性と互恵平等性において、最も受入国に有利な地位協定と評価されている。NATO 地位協定交渉と全く同様の多国間交渉メカニズムが働いたことに疑問をさしはさむ余地はないであろう。

　次に他要因の影響を最小限に制御できると想定される 3 組の（最初に締結された）地位協定交渉の歴史過程を比較考察することで、仮説 I-A の前半部分である、力（国力）の差が地位協定の形態に如何に影響を与えるかを検証する。

E.　イギリスとギリシャの比較考察

この二国を比較の対象として選択したのは以下の理由による。

(1)　地位協定合意時（イギリスの場合は国内法）両国とも NATO 加盟国であり、同一の集団安全保障体制下にあった。

(2)　形態は異なるが両国とも共産圏からの脅威を深刻かつ直接的なものと認識していた。ギリシャにとって、共産軍との内戦がアメリカの援助で保守政府側の勝利で終結したとは言え、ユーゴスラビアのチトーは依然として好戦的政策を放棄しておらず、近隣からの共産主義勢力の侵攻は差し迫った脅威であった。イギリスはオフショアとはいえ米軍の B-29 戦略爆撃機等に基地を提供しており、ソ連の核実験成功後（1949 年 8 月）はソ連から直接核攻撃を受ける危険性が高いと認識していたし、第一次ベルリン危機と朝鮮戦争勃発はその脅威がより差し迫った現実であるという危機意識を持っていた。（即ち、脅威認識の差異から生じる影響要因は類似のレベルであると想定できる。）

(3)　両国とも民主主義国家であった。イギリスは言うに及ばず、この時期

65

のギリシャは内戦終了後、投票に基づく民主体制下にあった。(即ち、受入国の政治体制の違いから生じる影響要因は小さいと想定できる。)

1. ハードパワー（物質的諸能力）の差異と締結された地位協定の関連

ハードパワーに関する諸指標（GDP、人口、CINC）とアメリカからの援助の諸指標、そして締結された地位協定の形態との関連を示すのが下表（表Ⅲ-3）である。[25] CINC 指数とは、軍事面から見てある国のハードパワーが世界全体（総合計は1）の中でどの位の比率（小数点以下に示されている）を占めるかを表示する指数であり、単なる経済指標である GDP を補足するものとして採用した。例えばイギリスの0.042334は世界全体の約4.2％を占めギリシャの0.002641の約16倍の規模ということになる。また、アメリカの軍事、経済両面にわたる援助の額とそれが受入国 GDP に占める比率もアメリカのハードパワーを源とした影響力行使の指標として表示した。[26]

両国のハードパワーの差は明白であり、特にギリシャにおけるアメリカの援助は GDP の18％を占め、アメリカが同国の経済と体制を支える重要な柱であったことが見て取れる。締結された地位協定（イギリスの場合は国内法）はイギリスがタイプⅢ-A-α、ギリシャがタイプⅡ-β であり、明らかにイ

25）仮説 I-A は派遣国アメリカと受入国との間の力（パワー）の "差" を要因と仮定するものであるから、これを語句通り適用するなら［アメリカのハードパワー］－［受入国のハードパワー］＝［ハードパワーの差］を各国ごとに算出してその比較を試みなければならないが、アメリカのハードパワーが与件の巨大定額であるため、［受入国のハードパワー］をそのまま受入国間の差異を表示する数字として採用した。

26）出典：CINC について　Singer, J. David, Stuart Bremer, and John Stuckey. (1972). "Capability Distribution, Uncertainty, and Major Power War, 1820-1965." in Bruce Russet (ed.) Peace, War, and Numbers, Beverly Hills: Sage, 19-48. Cited from Correlates of War (COW) project homepage: http://correlatesofwar.org/　指数は当該国が以下の項目で世界の中で占める比率によって計算される：TPR 総人口比率、UPR 都市人口比率、ISPR 鉄鋼生産比率、ECR 主幹エネルギー消費比率、MER 軍事支出比率、MPR 軍人数比率の合計を6で割ったものである。ちなみに1960年のアメリカの CINC は 0.215444 である。
　　GDP と人口について　Data from database: World Development Indicators, Last Updated 09/24/2014 (Figures are Constant of 2014 US dollar)
　　アメリカの援助について　US aid: Foreign Aid Explorer: The official record of U.S. foreign aid, Cited from US Agency for International Development. (Figures are Constant of 2015) https://www.usaid.gov/results-and-data/data-resources に基づき佐々山が計算、編集。数字は交渉で合意された額であり、実際に支払われた額とは差がある場合もありタイムラグが存在する。

66

第3章　要因仮説I-A：力（パワー）関係の非対称性と交渉方式の差異

表Ⅲ-3　イギリス－ギリシャのハードパワー比較と締結された地位協定

1960年の比較（％表示以外は100万単位、1960年GDPは2014年USドル価値に換算）

	GDP 1960年	人口 （百万）	CINC 世界に 占める割合	米援助(US $) 経済	米援助(US $) 軍事	米援助計 がGDPに 占める比率	締結された 地位協定
イギリス	72,328	52.40	0.042334	0	459.65	0.64%	タイプⅢ-A-α
ギリシャ	4,447	8.33	0.002641	411.214	800.225	18.00%	タイプⅡ-β

ギリスの方が受入国により有利な内容である。次にソフトパワーも含めたパワーの差が如何に地位協定交渉に影響を与えていったのかを両国の対米交渉史を概観することで検証する。

2. イギリスの対米交渉史

　米英関係を修飾する語句として最も頻繁に使用され、かつ広く認められているものは「特別な関係」（Special Relationship）という表現であろう。言語、文化、法や諸制度の近親性は言うに及ばず安全保障分野においても両国関係は正に特別な関係であり続けてきたといって過言ではない。そして長年にわたって築かれてきたこの "特別性" はイギリスの対米ソフトパワーを構成する大きな資産と言えるだろう。しかし、地位協定交渉という側面から見るなら、アメリカはそのパワーを源泉として自国権益の最大化を図るという点では一貫しており、"特別性" があるからイギリスにより妥協的であったということではない事実が明らかになってくる。

英国史上前例のない譲歩──第二次大戦中に締結され米軍駐留法1942（タイプⅠ）

　第一次大戦後、最初の地位協定に類する合意が米英の間でなされたのは英独空中戦がピークであった1940年で所謂「駆逐艦－基地提供交換合意」（Destroyers-for-Bases Agreement）である。これはアメリカがイギリスに50隻の駆逐艦を提供する代わりにイギリスは自国領、植民地あるいは施政権下にある9地域にアメリカ海、空軍が基地を建設、使用することを認めたもので、米軍はほぼ治外法権に近い（タイプⅠ）特権を享受した。[27] そして大陸での戦況の激化とともに1942年には米軍が英本土に上陸し、最初の地位協定である米駐留軍法1942 [The United States of America（Visiting Forces）

67

Act 1942]が合意されたのである。その内容は紛れもないタイプⅠ-αで米軍側にほぼ治外法権と同様の司法権を認めたのである。ドイツ侵攻の脅威に直接さらされていたイギリスと大西洋の対岸に位置するアメリカでは脅威認識に大きな差がありそれが交渉力の強弱を大きく左右する要因として働いたことは疑いを入れないが、何といってもアメリカが圧倒的な交渉力を発揮できた源泉はその強大な軍事力・経済力であり、アメリカもそれをフルに活用することに躊躇いはなかった。イギリスは生存のためにそれに頼らざるを得なかった。「現実にイギリスの交渉力は弱かった。[28]アメリカ当局は米軍兵士がイギリス国内で起こす刑事事件すべてに対して専属的裁判権を"要求"し、[29]英国政府はこれを受け入れた。(当時の状況下ではこれ以外の現実的な選択肢はなかったが)そしてこうした取決めが内包するものは"英国の伝統的慣習と法体系からの深刻な乖離"[30]と認識した。……英国政府は英国軍がアメリカに駐留する場合の相互互恵的取り決めを望んだが、それも実現されることはなかった。」(Rowe 15-18)

駐留軍法1952：Visiting Forces Act, 1952（VFA, 1952）

　戦後、一旦撤退した米軍の英本土への復帰は冷戦の開始を受けて早かった。1947年に最初の米空軍部隊が再上陸し、その後続々と米空軍が到着して他の基地の使用を開始した。英本土はソ連への戦略爆撃に絶好の地理的位

27）正式英文名：Diplomatic letter of the Secretary of State(Hull)to the British Ambassador(Lothian)regarding 'Destroyers for Bases Agreement' September 2, 1940. 出典：Private Laws, Concurrent Resolutions, Treaties, International Agreements Other Than Treaties, and Proclamations. Part 2 of United States Statutes at Large Containing the Laws and Concurrent Resolutions Enacted During the Second and Third Sessions of the Seventy-Sixth Congress of the United States of America, 1939-1941, and Treaties, International Agreements Other Than Treaties, Proclamations, and Reorganization Plans. Vol. 54. (Washington: Government Printing Office, 1941), 2406-2408.

28）引用された第一次資料：Under Secretary of State, General Smith, statement to the US Foreign Relations Committee, 7 April 1953,53

29）引用された第一次資料：The Home Secretary, introducing the United States of America (Visiting Forces) Bill, *Hansard*, HC (series 5) Vol. 382, vol. 877 (4 August 1942)

30）引用された第一次資料：Para. 3 of the Notes Exchanged Between His Majesty's Government in the United Kingdom and the Government of the United States, dated 27 July 1942, scheduled to the United States of America (Visiting Forces) Act 1942.

68

第3章　要因仮説 I-A：力（パワー）関係の非対称性と交渉方式の差異

置であったからである。こうした、基礎となる正式国際合意のない一種の個別契約に基づいた基地使用を正当化するために、1952年1月、所謂トルーマン - チャーチル合同コミュニケが発表された。その最後の文節は「この共通の防衛のための取決めの下で、合衆国は英国内の幾つかの基地を使用することができる。その緊急時における使用については、その時支配的である（国際）環境に照らし合わせて、両国が合同で決定すると理解していることを再確認する。」とあり、これが今日に至るまで米軍の英本土駐留を合法化する唯一の二国間合意となっている。[31] NATO 地位協定調印を受けて、イギリスは駐留軍法1952（タイプⅢ-A-α）[32] を国内法として制定し、前例のない司法権譲歩であった米軍駐留法1942を廃止することができた。これにより、イギリス地位協定システムは、NATO 同盟国間の総合的規定であるNATO 地位協定、すべての駐留軍の司法と補償を定める国内法である駐留軍法1952、米軍の基地使用に関してはトルーマン - チャーチル合同コミュニケと各基地ごとの個別協定（多くの場合機密扱い）という4本の柱で構成され、今日に至るまでこの基本構造に変更はない。

　しかし、駐留軍法1952に至る道で米英の間に何の葛藤もなかったわけではない。アメリカは頑なに米軍駐留法1942で保証された刑事裁判権免責特権（タイプⅠ）の継続を要求し続けたのである。「アメリカは執拗に海外駐留

31）原文は： "Under arrangements made for the common defense, the United States has the use of certain bases in the United Kingdom. We reaffirm the understanding that the use of these bases in an emergency would be a matter for joint decision by His Majesty's Government and the United States government in the light of the circumstances prevailing at the time." (Franks) 注目すべきことは、(1) これは条約や正式な二国間合意ではなく批准等の手続きを経ていない、(2) これが米英間で最初に公開された米軍基地に関する合意である、(3) コミュニケであるため期間や合意終了についての言及がない、(4) 合同決定（Joint Decision）の具体的定義がない、等である。

32）駐留軍法1952が制定されたのは、そもそも米軍駐留法1942の協定付帯交換外交文書に終結条文が存在したからである。それによると「米軍人への刑事事件免責特権は共通の敵との交戦行為中およびそのような交戦が終了して6か月の期間（あるいは適当であると双方が合意した期間）にのみ有効である」と規定されていたのである。(Rowe) さらには、NATO 軍指揮下にない米第三空軍がすでにイギリスに駐在していた（Duke *United States Military Forces and Installations in Europe* 303）ことも制定が急がれた理由としてあげられよう。また、同法はカナダ、オーストラリア、ニュージーランド、南アフリカ、インド、パキスタン、セイロンの軍駐留についても適用されるとしており、二国間合意の地位協定と大きく異なる特質を持つ。

69

軍の専属的司法権を獲得しようとし続けた。しかし一方イギリスは自国領土内における国家主権行使の原則を頑として譲ろうとしなかった。…… フィンレッター（Thomas Finletter　当時のアメリカ経済協力局英国担当特使団の長官）は国防長官あての手紙で、全てであれ、一部であれ米軍駐留法1942の改正には明白な反対の意を表明し、"この時期に米軍駐留法1942を廃止することは米国内のみならず他のどの場所においてもかって強固であった米英関係の弱化の表れと見られるであろう。"」と警告した。(Duke *Us Defence Bases in the United Kingdom : A Matter for Joint Decision ?* 116) アメリカの経済協力局は戦争で疲弊した西ヨーロッパの復興に大きな役割を果たした機関であり、その長がアメリカの既得権保持に強固な意志を持っていたことは注目すべきである。

イギリスのソフトパワー（国家としての諸能力）と多国間協議の効果

イギリスがこうしたアメリカの力を背景にした執拗な圧力に抗し、タイプⅢ地位協定を国内法として制定できたのは、多国間交渉の効果、そして前例としてのブラッセル条約地位協定の恩恵、そしてそれらを巧みに利用した政府の総合能力をあげることができよう。何よりもイギリスの安定した二大政党制と発達した官僚組織である。特にその外交官僚組織は第二次大戦の戦後処理に関わるあらゆる安全保障外交を担ってきた経験、専門知識ともに豊富な人材の宝庫であり、NATO地位協定交渉に実際に携わった人材も多数いた。彼らはブラッセル条約地位協定からNATO地位協定に至る過程を熟知しており、駐留軍法1952の合意"交渉"にそうした経験や能力を最大限活用したのである。国内法である駐留軍法1952の検討過程になぜ"交渉"が必要であったかというと、それはイギリスがNATO加盟国のみならずコモンウェルス諸国の軍の駐留も想定していたため関係各国代表との事前検討が不可欠であったためである。そしてそれが一種の多国間交渉と同様の力関係の均等化効果をもたらしたのである。しかも多国間交渉で締結された地位協定がすでに二つ存在していた。「ブラッセル条約地位協定はアメリカに1942年法改正を受け入れさせるための英政府のこの上ない説得材料となった」のである。(Duke *Us Defence Bases in the United Kingdom : A Matter for Joint*

70

第3章　要因仮説 I-A：力（パワー）関係の非対称性と交渉方式の差異

Decision？ 116）さらに NATO 地位協定調印により、アメリカといえど、最早多国間合意の成果である裁判権競合的両立の原則を跳ね返すことができなかったのである。

3. ギリシャの対米交渉史

ギリシャ内戦と余りにも非対称な力関係

　1947 年、アメリカがギリシャ内戦 [33] に介入したのは冷戦開戦の嚆矢であるとともに戦後世界体制を形成した歴史的事変であった。イギリスが最早ギリシャ政府の後ろ盾としてその支援を継続できないとの正式表明を受けて、アメリカはすかさず所謂トルーマン・ドクトリン（1947 年 3 月 12 日）を発してギリシャ政府支援を表明、西側陣営の盟主としてのイギリスの地位継承を明らかにしたのである。これによりギリシャ政府軍は内戦に辛勝したが、国家としての生存をアメリカに大きく依存する不均衡な関係がここに始まる。1949 年に最初の米軍基地関連の合意が成立、アメリカはクレタ島等での海兵隊の訓練に関する権利を獲得した。[34] ギリシャは 1950 年に NATO の準加盟国となり 1952 年に正式加盟国として認められた。[35] そして NATO 地位協定の加盟国となったのは 1954 年のことである。国内政治情勢としては、1952 年 11 月の総選挙で前野戦将軍のパパゴス（Alexander Papagos）が圧勝

33）ギリシャ内戦は 1946 年〜 1949 年の間ギリシャ政府軍とギリシャ共産党に支援されたギリシャ民主軍との間の内戦である。内戦は第二次世界大戦後初めて東西両陣営が間接的にではあるが対決した戦争である。モスクワと近隣共産諸国は必ずしも一致団結していたわけではないが、ギリシャ民主軍は近隣共産国から補給を受けて 1949 年まで内戦を継続できた。1949 年 10 月のギリシャ民主軍の最終的な敗北は主にモスクワと戦争継続を志向したユーゴスラビアのチトーとの対立が要因である。（Service）

34）正式英文名：Agreement between the U.S. and Greece regarding Use of Certain Greek Islands for Training Exercise by Marine Units, TIAS 1972: 11 February 1949

35）デューク（Simon Duke）は、アメリカがギリシャの NATO 加盟を促進したのは一つにはギリシャの地理上の位置であり他は米軍駐留の法的根拠確立を急いだためであると主張する。「（ギリシャ）は 1,000 km に渡る国境をアルバニア、ブルガリア、ユーゴスラビアと接しており、アフリカや中東の北方海岸とも近い。……ギリシャの地から米軍がいなくなれば東地中海に深刻な空白を NATO にもたらすことになる。……他の加盟国同様、北大西洋条約の第五条が米軍のギリシャへの受け入れの前言として用いられたのである。」（Duke *United States Military Forces and Installations in Europe* 160-61）

71

して（300 議席中 247 議席）選挙により選ばれた政府による比較的安定した国内体制が成立、この政府が最初の地位協定関連の合意をアメリカと結ぶことになる。

不平等な二国間地位協定：「軍事施設に関する協定」から NATO 地位協定加盟へ

ギリシャが NATO 地位協定の正式加盟国になる前に結ばれた最初の地位協定は 1953 年の「軍事施設に関する協定」[36] であり、これは不均衡な二国間の力関係をそのまま反映し基地の建設、管理、さらには課税から軍隊の移動に至るまでアメリカの諸特権をほぼ全面的に認める不平等な内容であった。[37] その上、米軍基地についての細部の具体的手続きを定めた「専門的合意」（Technical Agreements）の内容は公開されることがなかった。しかし、これら合意が改正された 1981 年の交渉記録から推察するなら、明らかに米軍は基地の運営と管理についてほぼ制限のない権限を有していたと考えられる。[38] 何れにしろこの最初の二国間地位協定は著しく不平等なものであり、アメリカは後日その代償を支払うことになるのである。[39]

36）正式英文名：Agreement Between the United States of America and the Kingdom of Greece Concerning Military Facilities TIAS 2868, 12 October 1953. 内容については（The Avalon Project Documents in Law）より引用。

37）英語正文：Art. I (1) GOG hereby authorizes the USG, subject to the terms and conditions set forth in this Agreement and to technical arrangements……to utilize such roads, railways and areas, and to construct, develop, use and operate such military and supporting facilities in Greece……. (2) …… USG may bring in, station and house in Greece United States personnel. USAF and equipment under their control may enter, exit, circulate within and overfly Greece and its territorial waters subject to any technical arrangements that may be agreed upon by the appropriate authorities of the two Governments. These operations shall be free from all charges, duties and taxes. GOG: ギリシャ政府 USG: アメリカ政府

Art. II (1) Equipment, materials and supplies imported by or on behalf of the USG in connection with the construction, development, operation or maintenance of agreed installations and facilities and the official support of the United States Forces, civilian components, and their dependents shall be exempt from all duties, taxes, custom restrictions and inspections. Art IV The present Agreement will come into force from the date on which it is signed, and will remain in effect during the period of the validity of the North Atlantic Treaty.（合意の期限を北大西洋条約と直接結びつけているのはトルコを除きギリシャだけである）

38）1981 年の交渉において「ギリシャの交渉団は重要な譲歩を勝ち取った。……米軍の指揮系統に干渉しないという条件下で、ギリシャ軍人がこれらの全ての基地の指揮権と管理権を行使できることになったのである。(Duke *United States Military Forces and Installations in Europe* 165)

第3章　要因仮説I-A：力（パワー）関係の非対称性と交渉方式の差異

　ギリシャが正式にNATO地位協定締結国として認められた後、1956年に
NATO地位協定を主に司法分野で補足する米軍の地位に関する協定[40]が締
結され、ギリシャの地位協定システムは、NATO地位協定、米軍の地位に
関する協定、軍事施設に関する協定、専門的合意（非公開）の4本柱で構成
されることになったのである。これらの協定群はタイプⅢの基準ともなる
NATO地位協定を土台とし、それとの整合性を保つための工夫がこらされ
ている。しかし、その実体を吟味するとギリシャの司法権行使力は弱く[41]、
基地の建設、管理、運営については米軍は二国間協定で獲得した諸特権をそ
のまま引き継ぎ、かつ重要部分が非公開であることから筆者はタイプⅡに分
類した。さらにはギリシャ地位協定交渉は、アメリカからの援助額やその内
容が主要なテーマ[42]となった典型的なタイプβパターンとなったのである。

不均衡な力関係の直接的反映

　1950年代のアメリカ‐ギリシャ関係は典型的な保護者‐依存者関係であっ
た。そもそも内戦の政府側勝利はアメリカの援助なくしてはあり得なかった
であろうし、その後もギリシャの生存にとってアメリカの援助は不可欠で
あった。アメリカはその圧倒的に有利な力関係を最大限利用して、全くの基
地空白地帯であったギリシャに極めて有利な諸条件下で多くの基地を建設
し、東地中海に強固な軍事的橋頭堡を築いたのである。受入国のギリシャの

39）アメリカ国会図書館の国家安全保障専門家のグリメット（Richard F. Grimmett）
　　はこの合意を評して、著しくアメリカに有利なものであり、「この合意は交渉におけ
　　るアメリカの成功がいかに（受入国の）不満を醸成し、後日それが跳ね返って我々を
　　苦しめることになるかを示す古典的な例である。もし、最初の合意内容が著しく一方
　　的で不公平なものであると受け止められれば、主権や国家的プライドによる理由だけ
　　でも、如何なる国もその改正を目指すようになるのは時間の問題である」と述べてい
　　る。(McDonald and Bendahmane 128)
40）正式英文名：'Agreement Concerning the Status of the United States Forces in
　　Greece' signed and entered into force on September 7th 1956 TIAS 3649 7
　　September 1956
41）例えば、アメリカ軍当局は被疑者を裁判の終了時まで自施設内で拘束する権利を与
　　えられている。
42）朝鮮戦争参戦までがアメリカからの援助額増額の材料として使われたのである。
　　「1953年6月パパゴスは朝鮮戦争派兵とアメリカの基地受け入れをセットにして（財
　　政援助増額を）提案したが、アイゼンハワーはこうした冒険的な提案と財政援助増額
　　を結びつけるいかなる理由もないとコメントした。」(Miller and ebrary Inc. 42)

73

ハードパワーは幼児期レベルであったし、内戦終結後間もないギリシャの官僚組織も含めた国家としてのソフトパワーもまた貧弱なものであった。[43]「仮に国家の官僚組織の能力を最も象徴的に示すものとして徴税と軍隊の規律をあげるなら、ギリシャの徴税システムの無能力には定評があったし、内戦中のギリシャ政府軍は徴兵した兵士の脱走に悩まされたのである。」(Harris, Combat Studies Institute (U.S.),Press and U.S. 23) ギリシャは交渉を有利に進められるような国家としての諸能力を欠き、パパゴスが朝鮮戦争派兵をネタにアメリカからの援助増額を提案したように、その場しのぎのテクニックとブラフでしか対応することができなかったのである。

4. 比較分析とまとめ

　同じ NATO の加盟国であり、イギリスはソ連からの核攻撃、ギリシャは北の近隣諸国からの直接、間接の侵略という同等レベルの対共産圏脅威認識を保有しながら、戦後最初のアメリカとの地位協定はイギリスがタイプⅢA-α、ギリシャがタイプⅡ-β と大きく異なる結果となった。両国の対米交渉史の経緯を比較するならその主要因は力関係の不均衡度合いの差にあったと結論づけてよいであろう。

　まず、ハードパワーについては表Ⅲ-3 に明らかなように両国の差は歴然としており、そのまま地位協定類型に相関している。そしてその大きな差異は交渉の属性も規定したと言える。米英の交渉現場においては対等な主権国家間での受入国の主権行使や裁判権のあり方、あるいは互恵性のあり方（イギリス軍がアメリカに駐留する場合の規定等）といった地位協定の核心的部分

---

43) ダノポウロス（Danopoulos）らは Thompson and Heady の論文を引用しながら、ギリシャ官僚組織について次のようにコメントする：1950 年代前半、あるいはもっと以前から、ギリシャの行政機構を整備して専門能力を高め、改革への能力と効率性を向上させようという数々の努力はなされてきた。特に後段部分は *新しいアイデア、工程、完成品あるいはサービスを創成し、受け入れ、そして（実際に）採用していく* ことと定義することができ、それは近代国家官僚組織の顕著な特色と考えられていた。しかし、どう見てもこれはギリシャでは結実しなかった。その官僚組織は、発達したもしくは理性的な行政府としての特性がほとんどなかったのである。即ち（欠落していた）特性とは組織化された複層性、高度の専門性とプロフェッショナリズム、政治的中立性、正当な国家上層部への説明責任制、市民の要請への対応能力といったものである。(Danopoulos 396)

第3章　要因仮説 I-A：力（パワー）関係の非対称性と交渉方式の差異

が論争の主テーマであり、駐留軍法 1952 はその後の NATO 地位協定を補足する二国間協定の前例となった。一方ギリシャの交渉チームの主関心事はアメリカからの援助額であり、極論を言うなら国家主権行使と駐留軍との関係は二の次の問題であった。アメリカは総合的な援助を梃子に有利な条件を容易に引き出せたのであり、地位協定交渉は典型的なタイプ β 型の軌跡をたどるのである。さらにはハードパワーの主構成要素である工業力、技術力、サプライチェーンの充実度は、ミクロな側面から見てもアメリカの基地建設に直接的な関わりを持っていた。イギリスでは既存の基地機能を拡充するだけで使用でき、イギリスの確立された経済的諸能力に依拠できたのに対し、ギリシャの場合は、アメリカは資材の搬入から建設、その後の維持運営等、全ての分野で独力で対応する必要があったのである。アメリカは当然の論理として完成した基地についての諸特権を要求したの対し、ギリシャはそれを拒否できるだけの物質的基盤を欠いていた。

　ソフトパワーにも明らかな差異が存在し、地位協定類型に大きな影響与えている。政府としての総合能力の差異は先述したが、国際的な地位もソフトパワーを形成する一つの要素と考えるなら両国の差異はさらに大きくなる。イギリスは西側世界の盟主の座を降りたとはいえ、NATO の創設メンバーであり、国連安全保障理事会の常任理事国でもあって戦後世界を形成した主要アクターであった。国益が衝突するアメリカとの二国間交渉も、その根底には西側安全保障体制構築という共通目標が存在するため、アメリカの一方的ソフトパワー行使を抑制したものと考えられる。これに対してギリシャは世界のパワー構図から見るなら辺境国であり、東地中海の共産化を防ぎそこに軍事的橋頭堡を築くというアメリカの世界戦略、言葉を変えるならギリシャの地政学的位置が全ての発端であった。従って、交渉は一貫して米軍基地受け入れとアメリカの援助提供という一種のバーター取引が主要部分を占め、常に援助提供側が圧倒的優位に立つという構造が形成されたのである。

　多国間交渉の要因も無視できない影響を与えている。それは両国が NATO 地位協定に加盟した時期と二国間交渉の時期に大きな関係がある。先述のようにイギリスはブラッセル条約地位協定→ NATO 地位協定→（多国間交渉を伴った国内法）駐留軍法 1952 と一貫して多国間交渉によるアメリカの交渉パ

75

ワー抑制に成功したが、ギリシャのNATO地位協定正式加盟は1954年、その二年後の1956年にそれとの整合性を整えるために二国間で米軍の地位に関する協定が合意された。それ以前に合意されていた米軍基地に関する協定（1953年）も全て二国間で合意されたものである。即ち、ギリシャにとってNATO地位協定はすでに既成のものとして存在していたのであり、確かにそれは裁判権の競合的両立を始めとする互恵的原則をギリシャにもたらしたとはいえ、ギリシャがアメリカとの二国間交渉で多国間交渉に類似したメリットを享受したことはなく、アメリカの圧倒的交渉力にそのまま晒されたのである。かくしてアメリカはギリシャのNATO地位協定加盟により司法権等で一定の制約は受けるものの、有利な二国間交渉で獲得した基地や軍事活動上の諸特権はそのまま温存できたのである。

　以上、イギリスとギリシャの最初の地位協定交渉史を比較するなら、力（即ち総合的な国力）の差異が決定的な要因として作用したことは明らかで、それは交渉の属性を規定しただけでなく、その結果である地位協定形体も決定し、アメリカと力の差異の少ないイギリスが差異の大きいギリシャより有利な条件を獲得したのである。

F．日本と韓国の比較考察

この二国を比較の対象として選択したのは以下の理由による。

(1) 両国のアメリカとの安全保障に関する条約、協定はすべて二国間である。

(2) 両国ともアメリカ主導の北東アジア冷戦構造下において、反共の立場を共にし、アメリカの軍事力に最大限依存することで安全保障を図ったことにおいて類似している。しかし、朝鮮戦争中もしくはその直後の深刻かつ差し迫った軍事的脅威下にあった韓国と、いわばオフショアであった日本の間には脅威認識に差異があり、それが地位協定の形態に大きな影響を与えたであろうことは疑いなく、この要素の影響を完全に除去することはできない。従って本節での比較考察は、力の差異要因の影響と考えられる事象を比較的長期間追跡することで（脅威認識の差異が大きく縮小してい

76

第3章　要因仮説Ⅰ-A：力（パワー）関係の非対称性と交渉方式の差異

く）、次章で検証するであろう脅威認識要因の影響を可能な限り制御することに努める。留意すべきことは、日本も北からのソ連の直接的脅威に晒されていただけでなく、朝鮮半島や台湾海峡での有事には深刻な懸念を抱いており、米軍駐留への依存度は韓国同様極めて高いものがあったということである。

(3) 被占領の経験と国家の諸制度の類似性。考察の対象となる時期における韓国の法も含む諸制度は戦前の日本から引き継がれたものも多く日本との類似性が高い。

1. ハードパワー（物質的諸能力）の差異と締結された地位協定の関連

考察時期と完全に一致するわけではないが、1960年の両国のハードパワーと締結された地位協定の対比が表Ⅲ-4である。日本が著しい経済復興を遂げたのに対し、韓国経済は日本植民地時代の産業政策[44]、アメリカの占領と朝鮮戦争等の要因で極めて貧弱な状態にあった。韓国に対して日本のGDPは11.38倍、CINC指数も3.89倍であった。また、特筆すべきはアメリカの韓国に対する援助の総額はGDP比で82.98％を占めていた。[45] この基本的な数字からだけでもアメリカが韓国の政治、軍事、経済等あらゆる分野にその影響力を行使できたであろうことは容易に想像できる。両国が占領終了後最初にアメリカと締結した地位協定は何れも最も不平等なタイプⅠであったが、日本のそれには決定的な違いがあった。日本の地位協定には時限条文が挿入され、NATO地位協定が発効した暁には日本もすみやかにNATO並みの裁判権競合的両立を基礎とするタイプⅢへ移行することが合意されていたのである。また、韓国の場合はアメリカからの援助ありのβタイプ、日本の場合は援助のない α タイプである。

---

44) 戦前の日本の産業政策は朝鮮半島の北部と満州をもって重工業やエネルギー産業を配置する工業地帯、南は主に農業地帯として設計されていたため、戦後北と切り離された韓国は、主導する工業が存在しない半ば農業経済社会に近い状況にあった。
45) 軍事関連援助はGDPを構成する要素ではないため、異常な数値となっているが、参考としてその高い比率を表示した。

77

表Ⅲ-4　日韓のハードパワー比較と締結された地位協定

	GDP 1960年	人口 (百万)	CINC 世界に占める割合	米援助 (US $) 経済	米援助(US $) 軍事	米援助計がGDPに占める比率	締結された地位協定
日本	44,307	92.50	0.036335	46.98	826.81	1.97%	タイプⅠa → タイプⅢB-a
韓国	3,891	25.01	0.00934	1,317.23	1,911.39	82.98%	タイプⅠβ

（出典、各項目の解説についてはE：イギリス - ギリシャの節を参照）

2.　日本の対米交渉史

ソフトパワーの源泉：生き残った官僚組織

　ソフトパワーの差異を追跡する際に忘れてはならないのは日本の官僚組織が、陸軍省、海軍省、その他の軍関連の官庁を除き、敗戦後もすべて手付かずで生き残ったという事実である。連合国の総司令部（GHQ）はその占領政策実行にあたって、既存の日本官僚組織をそのまま利用したし、また現実問題としてそれに依存しなければ膨大な行政的諸機能を必要とする占領統治を継続することが不可能であった。勿論、総司令部は最終的な決定権を保有していたが、ある案件を実行するためには事前に日本側官僚とのキャッチボールが必要であり、その過程で日本側の要求や提案に対して一定程度の配慮を払わざるを得ないという政策実行形体が徐々に醸成されていったのである。さらに所謂「逆行政策」は伝統的な官僚、保守政治家、大企業間の連携を復活、強化することになり、日本の諸政府機関は一層強化されていったのである。即ち、日本は主権を喪失した被占領国でありながら、幾分かは主権国家に近い対米交渉力を保ち得たのであり、これは被占領国としてはユニークな例と言えよう。そして占領体制下で形成されていったこの慣行とでも言うべき日本官僚対総司令部の共生関係が、日米のソフトパワーの差を一定程度縮める役割を果たし、占領終了後の日本の外交交渉力の源の一つとなったのである。

最初の地位協定：1952年行政協定の経過と特色

　周知の事実であるが、サンフランシスコ平和条約から最初の日米安全保障

第3章　要因仮説 I-A：力（パワー）関係の非対称性と交渉方式の差異

条約に至る過程を「地位協定史」という視点から簡略におさらいしておこう。
1952年9月8日、所謂サンフランシスコ平和条約[46]が締結され、日本は新たに定義された領土を持つ主権国家として国際的に認められた。条約は第Ⅲ章「安全」において、(1) 日本の主権国家として自衛権を承認するとともに、すべての占領軍は条約実効とともに直ちに撤退することが謳われたにも関わらずアメリカは、(2) もし二国間で合意できれば占領軍（実は米軍）は引き続きその軍を日本に駐留させることができる、(3) もし二国間で合意できれば占領軍は現在占有している基地群を継続使用できる、とする"例外"条項を挿入し、米軍駐留継続の正当な根拠を条文化したのである。[47]そしてまさにこのロジックの延長線上に、平和条約調印と同じ日に日米安全保障条約[48]が調印される。この最初の日米安保条約は前文とわずか五条からなる極めて簡潔なものであり、次の三つの点でこの種の条約の中でも際立った特色を持つ：(1) 一般的なスタイルは前文や第一条冒頭では同盟の共通理念や目標などが謳われるのが常であるが、第一条第一節が米軍駐留の権利承認となっている。(2) 一般的な集団安保同盟の概念と異なり日本はアメリカを防

---

46) 正式日本文名は「日本国との平和条約」（昭和27年条約5号）。英文正式名は Treaty of Peace with Japan, signed September 8, 1951, entered into force April 28, 1952. TIAS 2490。日本外交主要文書・Vol.1 pp.419-439、主要条約 5-32。条約調印には中華人民共和国と韓国は招かれず、インド、ビルマ、ユーゴスラビアは招かれたが欠席、ソ連、チェコスロバキア、ポーランドは調印を拒否した。条約はⅠ平和、Ⅱ領域、Ⅲ安全、Ⅳ政治及び経済条項、Ⅴ請求権及び財産、Ⅵ紛争の解決、Ⅶ最終条項、の7章から構成される。

47) 第五条（c）連合国としては、日本国が主権国として国際連合憲章第五十一条に掲げる個別的又は集団的自衛の固有の権利を有すること及び日本国が集団的安全保障取極を自発的に締結することができることを承認する。
　　第六条（a）連合国のすべての占領軍は、この条約の効力発生の後なるべくすみやかに、且つ、いかなる場合にもその後九十日以内に、日本国から撤退しなければならない。但し、この規定は、一又は二以上の連合国を一方とし、日本国を他方として双方の間に締結された若しくは締結される二国間若しくは多数国間の協定に基く、又はその結果としての外国軍隊の日本国の領域における駐とん〔前2文字強調〕又は駐留を妨げるものではない。(b) 日本国軍隊の各自の家庭への復帰に関する千九百四十五年七月二十六日のポツダム宣言の第九項の規定は、まだその実施が完了されていない限り、実行されるものとする。(c) まだ代価が支払われていないすべての日本財産で、占領軍の使用に供され、且つ、この条約の効力発生の時に占領軍が占有しているものは、相互の合意によつて別段の取極が行われない限り、前期の九十日以内に日本国政府に返還しなければならない。

48) 正式英文名：Security Treaty Between Japan and the United States of America, signed in San Francisco, September 8, 1951 entered into force April 28, 1952. TIAS 2491 日本外交主要文書・Vol.1 p.444-448、主要条約 30-6。

79

衛する義務を負わない。(3) アメリカもまた（北大西洋条約と違い、脅威や攻撃に対して自動的かつ拘束的義務をもって）日本を防衛する義務を負わない。この二つの条約を実体的に完成させるものとして、翌1952年2月28日に日米行政協定[49]が東京で調印され即日実効となった。これら一連の経過を吟味するならアメリカの意図は明白であり、それは何よりもまず「米軍駐留権と制限のない軍事活動保持」ということであった。[50]「日本人はサンフランシスコ平和条約と並行して締結されたこの条約を（アメリカの）占領国としての力で（押し付けられた）不平等なものであると見なすようになった。条文は紛れもなくアメリカに有利であったし、米軍の基地使用に関しては何の制限も付けられていなかった。」(Sandars 159)[51]

　このような経過を経て調印された最初の行政協定はアメリカ側に全面的に裁判権を認めたタイプⅠであり、米軍活動の自由裁度は最大限認められたのである。しかし、実際の交渉では、日本の交渉チームは相当な抵抗を試み、司法分野ではかなりの成功を収めたのである。NATO 地位協定の交渉と条文についての十分な知識を保有していた日本の外務官僚は、アメリカのタイプⅠ特権に終止符を打つべく、第 17 条において、NATO 地位協定が発効した暁には速やかに NATO 並みの裁判管轄原則に移行できることが明記され、タイプⅠ特権の実効期間に時限が付与されたのである。[52] そして一

---

49) 正式日本文および英文名：日本国とアメリカ合衆国との間の安全保障条約第三条に基づく行政協定　昭和 27 年条約第六号　英語名は：Administrative Agreement Under Article Ⅲ of the Security Treaty Between the United States of America and Japan TIAS 2492

50) 前泊博盛は前外務省次官寺崎太郎の次のような文章を引用する。「周知のように、日本が置かれているサンフランシスコ体制は、時間的には平和条約［サンフランシスコ講和条約］－安保条約－行政協定の順序でできた。だが、それがもつ真の意義は、まさにその逆で、行政協定のための安保条約、安保条約のための平和条約でしかなかったことは、今日までに明瞭であろう。つまり、本能寺［＝本当の目的］は最後の行政協定にこそあったのだ。」(前泊博盛 44-46) 引用されたのは寺崎太郎「れいめい―日本外交回想録」文藝春秋社文春文庫 1982

51) ただ、米軍活動の目的と地域には一定の制限はつけられていた。第一条の第二節にはその地域を「極東」とし、その目的を「日本国政府の明示の要請に応じて与えられる援助を含めて、外部からの武力攻撃に対する日本国の安全に寄与するため」とされている。

52) 第 17 条 1：1951 年 6 月 19 日にロンドンで署名された「軍隊の地位に関する北大西洋条約当事国間の協定」が合衆国について効力を生じた時は、合衆国は、直ちに、日本国の選択により、日本国との間に前記の協定の相当規定と同様の刑事裁判権に関する協定を締結するものとする。

第3章　要因仮説 I-A：力（パワー）関係の非対称性と交渉方式の差異

年後の 1953 年に 17 条は NATO 並みの裁判権競合的両立の原則に基づいて改正され、行政協定は何とかタイプⅢに分類できることになるのである。[53]さらに、安全保障同盟の隠れた主軸とも言うべき敵対事態発生時の軍の指揮権をどうするかという問題でも日本側は一定の成果を残した。アメリカは韓国での経験から、そのような事態下では日米合同軍は当然米軍の一元的指揮下に入るものと理解していたが、これに日本は反発し、吉田茂首相もそれを支持した。[54] 結果はやや曖昧な表現の条文となったが、日本は名目的とはいえ自衛隊を指揮する主権を保持したのである。[55]

　しかし、こうした日本側の"抵抗"にも関わらず、米軍基地とその使用のあり方については、アメリカは占領時から引き継いだ諸特権を一切譲ろうとせず、それはほぼ100％達成されたのである。司法権の視点から見ても、確かにアメリカは NATO 並み原則適用ということで大きな譲歩はしたが、それが現実に米軍基地内にも及ぶのかという点では大きな疑問符がつき、1952年行政協定は改正後も限りなくタイプⅡに近い位置にあるのである。以上、サンフランシスコ平和条約締結直後に成立した地位協定システムは、アメリカはその巨大な力によって自らの既得権を保持することに成功したが、日本側のソフトパワーの源泉である官僚組織の能力は高くその抵抗も強かったため、司法権等の分野で一定の譲歩を強いられたと総括できよう。つまりゲームは一方的なワンサイドではなかったということである。

3. 韓国の対米交渉史

朝鮮戦争前の韓国の状況

　第二次大戦直後の韓国の国際的位置は極めて曖昧なものであった。敗戦国

---

53) 正式日本文および英文名：日本国とアメリカ合衆国との間の安全保障条約第三条に基づく行政協定第 17 条を改正する議定書　　Protocol to Amend Article XVII of the Administrative Agreement Under Article III of the Security Treaty Between the United States of America and Japan

54) 楠綾子「吉田茂と日米同盟の形成」防衛省防衛研究所 http://www.nids.go.jp/event/other/just/pdf/05.pdf

55) 第 24 条　日本区域において敵対行為又は敵対行為の急迫した脅威が生じた場合には、日本国政府及び合衆国政府は、日本区域の防衛のために必要な共同措置を執り、且つ、安全保障条約第一条の目的を遂行するため、直ちに協議しなければならない。

81

日本の一部として占領され、所謂戦勝国とは見なされなかった。さらに
1948年8月大韓民国（Republic of Korea）として独立した後もサンフランシ
スコ平和条約には招待されないなど、ソフトパワーを構成する要素としての
国際的地位は低く、アメリカを通じずに独自外交を展開できる諸能力は貧弱
であった。国内事情も最悪の状況にあった。「一向に無くならない汚職と経
済危機、北からの300万人と推定される人口流入、社会の分断、政治的内
紛、政治家間の個人的衝突、行きわたらない法と秩序による統治、暗殺、そ
して極右と極左の暴力的激突などが、国内政治に残っていた穏健中道の影響
を流し去ってしまった。」（Buzo 68）こうした状況にも関わらずアメリカは、
その独裁的性向と政治的抜け目の無さに悩まされ続けながらも、李承晩を支
援し続け、李承晩は「次の10年間の間、アメリカの援助を抜け目なく利用
することによって、韓国社会に対する（彼の）支配力を強めそうなあらゆる
機会や危機を巧妙に扱ったのである。」（Brazinsky 18）このように、すでに朝
鮮戦争勃発以前に、余りにも不均衡な力関係が典型的な保護者 – 従属者の関
係を形成していたと言えるのである。

最初の地位協定の特徴

　1950年6月の北朝鮮軍の侵攻がアメリカの朝鮮半島からの早期撤兵計画
の全てを覆すこととなった。国連安全保障理事会決議により国連軍が正式に
結成・派兵される前にまず日本駐留の米軍が韓国に派兵され、これが韓国に
駐留する（占領軍ではない）初めての外国軍となったのである。戦争の推移
は周知であるので省略するが、最初の地位協定は米軍、韓国軍がソウルを撤
退し、はるか南方の大田に防衛線を張っていた1950年7月12日に締結され
た。正式名は「朝鮮（Korea）における米軍犯罪の裁判管轄」[56]で、調印さ
れた場所の名前を取って大田協定（Taejon Agreement）と通称される。協定
はわずか1ページの外交文書の交換という形で締結され、即日実効となっ

56）正式英文名：Jurisdiction Over Offenses by United States Forces in Korea' Agreement
between the United States of America and the Republic of Korea of 1950 TIAS 3012
Effected by Exchange of Notes (*between the American Embassy and the Korean
Ministry of Foreign Affairs*) dated at Taejon July 12, 1950, entered into force July
12, 1950 (HEINONLINE から引用)

第 3 章　要因仮説 I-A：力（パワー）関係の非対称性と交渉方式の差異

た。内容は簡潔、明確、かつ典型的なタイプ I 地位協定で、(1) 米軍事法廷は米軍事体制下にある構成員に対して専属的裁判権を行使できる、(2) 米軍が米軍、及びその構成員に対して犯罪行為をした韓国人を逮捕した場合は速やかに韓国当局に身柄引き渡しを行う（逆読みをすれば、米軍はそのような韓国人を逮捕できる）、(3) 米軍は米軍以外の如何なる（組織）にも従属しないこと、及び米軍事法廷は統括する韓国地方裁判所が存在しないため要請のあった場合以外は韓国人の裁判を行わない（逆読みをすれば、裁判を行う場合もある）ことを韓国外務省は理解する、こと等が合意されたのである。[57] さらにこの二日後、韓国軍は国連軍（UNC: United Nations Command）最高指揮官の指揮下に編入されたのである。1952 年には所謂メイヤー協定が合意され、主に裁判管轄を定めた大田協定の経済的事項の空白を埋めることとなった。[58] その内容は一方的かつ不平等なもので、"経済協調"（実体は韓国生存の生命線ともいうべき援助）の管理、運営の全権を国連軍（実体はアメリカ）が主導する統合経済委員会（Combined Economic Board）に委ねるものであると同時に駐留軍への諸特権を遡及的に承認するものであった。[59]

　朝鮮戦争休戦が調印された後、1953 年 10 月に米韓相互防衛条約が締結された。[60] この条約はアメリカがその軍隊を韓国内及びその附近に配備する権利を、韓国は、許与し、アメリカがこれを受諾するという基地権承認のロジックは日本と同一であるが、幾つかの特筆すべき特徴を指摘することがで

---

57) 英語正文：(1) The United States courts-martial may exercise exclusive jurisdiction over the members of the United States Military Establishment in Korea; (2) In the event that arrests of Korean nationals by the United States forces are made necessary when the former are known to have committed offenses against the United States forces or its members, such person will be delivered to the civil authorities of the Republic of Korea as speedily as practicable; and (3) The Ministry of Foreign Affairs understands that in view of prevailing conditions of warfare, the United States forces cannot be submitted to any but United States forces; and that courts of the United States forces will not try nationals of the Republic of Korea, unless requested owing to the nonexistence of local courts.

58) 大韓民国と統合軍の間の経済協調協定。英文正式名：Agreement on Economic Coordination Between the Unified Command and the Republic of Korea, concluded on May 24, 1952 TIAS 2593 調印は 1952 年 5 月 24 日韓国外務大臣と統合軍代表として韓国派遣国連軍使節団団長（Chief of Unified Command Mission to Korea）Minister Clarence E. Meyer との間で釜山で行われ、即日実効となった。(略称は Meyer の名前からとられたものである)

きる。第一は、条約の実効期限が無期限であることが明記されていることである。（勿論、どちらかが棄却を希望する場合は1年前の通知で可能だが）第二は、李承晩政権の軍事的冒険主義（北への侵攻）を防ぐために、条約を適用して共同軍事作戦を実行するべき地域と条件についてアメリカが正当と認めたもの以外には適用しないと限定を付けたことである。[61] 第三は、韓国軍に対する指揮権の問題である。条約添付の解釈についての覚書において国連軍指揮官の韓国軍に対する指揮権継続が確認されたのである。第四に、巨大なアメリカの援助が合意された議事録に明記されたことである。「アメリカは韓国軍を72万人まで増強することを援助することに合意。さらに1960年までにアメリカは、韓国年間国防費総額のおよそ87％にあたる3億ドル近い軍事援助を毎年行ったのである。」(Brazinsky 30) [62] かくして、「3年にわたる朝鮮戦争は韓国を、外交関係、経済、軍事の面において特筆すべきアメリカの従属国に仕立て上げたのである。」(Sandars 184 に引用) [63]

---

59) 同協定は基本運営原則について次のように規定している：「統合経済委員会は統合軍から韓国へ（供与される）援助計画における全ての経済的側面と韓国経済とその計画に関わる全ての側面を考慮する。その目的とするところは、この委員会から（発せられる）それぞれの勧告が韓国における国連軍の軍事的努力を最大限支えるために設計された一貫した計画の一部となることである。」ティム（Donald A. Timm）は次のように主張している：この協定は通常地位協定で語られるであろう司法分野以外の分野をカバーしていると解釈できる。そしてそれは韓国政府が公式または非公式にすでに国連軍に供与してきた諸特権を遡及的に承認したものである。例えばそれらは、施設及び区域の（基地としての）使用、関税なしの物資、軍事補給品、装備の国内持ち込み、非課税の特権、等である。(Timm 449)

60) 正式英文名：Mutual Defense Treaty Between the United States and the Republic of Korea, TIAS 3097
「アメリカの理解」Understanding of the United States を条約に添付することを条件に 1954 年 11 月 17 日に実効となった。

61) 条約に添付された「アメリカの理解」には、どちらの同盟国も（現実に）外部からの武力攻撃が発生した時以外は援助に駆けつけないこと。また条約条文の如何なる部分も、アメリカが大韓民国施政権下へ法的に（根拠と手続きをもって）組み入れられたものであると認めた地域への武力攻撃以外は適用されない、と明記されている。
英語正文：Understanding of the United States: "neither party is obligated, under Article III of the above Treaty, to come to the aid of the other except in case of an external armed attack against such party; nor shall anything in the present Treaty be construed as requiring the United States to give assistance to Korea except in the event of an armed attack against territory which has been recognized by the United States as lawfully brought under the administrative control of the Republic of Korea."

62) 引用された第一次資料："Fairless Group Briefing," 29 January 1957, Records of the U.S. President's Citizen Advisers on the Mutual Security Program, box 15, DDEL.

第3章　要因仮説 I-A：力（パワー）関係の非対称性と交渉方式の差異

　以上、朝鮮戦争が契機となって合意された韓国の最初の地位協定システム
は大田協定、メイヤー協定、米韓相互防衛条約の三本柱で構成され、経済、
軍事を含むあらゆる分野でのアメリカの援助が韓国生存の生命線として不可
分の部分を占めたのである。それは、自国軍指揮権までも国連軍（指揮官は
米軍人）に委ねる典型的なタイプ I -β 地位協定であった。何故にかくまでの
不平等な協定が合意されるに至ったかについては、異常な戦時状況を第一の
理由にあげることができよう。そこでは不均衡な力関係は極限にまで増幅さ
れ、韓国は米軍戦闘力と援助に依存する以外に国家存続の道はなく、アメリ
カはその諸権利を最大限追求することができたのである。従って、この協定
を臨時的な戦時地位協定と呼ぶことも可能である。しかし、強調すべき事実
はこの "戦時" かつ "臨時" の地位協定は、長い平時を生き延び 1966 年の改
正まで存続したということである。米韓ともに共産軍からの脅威認識はほぼ
一致しており、不均衡な力関係が実に長期に渡って作用し続けたという要因
以外にこれを合理的に説明することはできない。

4.　比較分析とまとめ

　両国の最初の地位協定は何れもタイプ I であったが、その後の展開に大き
な差異が生じた。日本の場合は効力時限条項を加えたことにより、締結の翌
年の 1953 年には NATO 並みタイプⅢの裁判管轄を実現できたのに対し、韓
国の場合は、日本以上にアメリカの諸権益が認められたタイプ I -β であ
り、しかもそれが長期に渡って効力を有し、改正は 1966 年まで待たねばな
らなかったのである。

　経済力も含めた日韓間のマクロのハードパワーの差異はすでに見たように
歴然としているが、アメリカの冷戦戦略遂行という視点から見るなら日本の
急速な経済復興は数字上のハードパワーの差以上の優位性を日本に与えたと
考えられる。何故なら、アメリカはこの頃までに日本の完全無力化から、所
謂「逆行」政策によって日本の経済的自立と再軍備による米戦略への貢献を
企図することへと転換していた。経済発展は民主主義を強化し、内部からの

　63）引用された原資料：Lee, C. J., and H. Sato. *Us Policy toward Japan and Korea.*
　　London: Praeger, 1982. Print.

85

共産主義台頭を抑制する何よりの要素と考えられたし、将来において経済的に自立した民主主義国家がアメリカの同盟国として北東アジアに存在することの重要性が認識され始めたのである。ミクロな面から見ても、朝鮮戦争は日本の供給基地としての役割が極東における軍事活動にとって不可欠なものとして認識され、間接的にではあるが日本の対米交渉力向上に資するところがあったと考えられる。即ち、著しい対米不均衡という同様の環境にありながらも、ハードパワーのより大きな日本は徐々に自立した同盟国としての地位を確立していき、対米交渉力の基盤を強化していったのに対し、米韓のそれは依然として保護者－従属者の関係が継続し対米交渉力に大きな変化はなかったのである。

　ソフトパワーもまた日韓間には大きな差異が認められる。生き残った日本の官僚組織は終戦直後においても一定程度の情報収集力を保持し、そのプロフェッショナリズムは健在であった。例えば、外務省はサンフランシスコ平和条約締結以前から日本のあるべき安全保障政策の研究を行っていて、アメリカが対日安全保障政策を決定する前の 1947 年前半に、米駐留軍に依拠した集団的安全保障政策をアメリカに提案したほどである。（原彬久 20）1952 年地位協定交渉において、NATO 地位協定発効と同時にタイプⅢに移行するという効力時限条項の挿入ができたことや、敵対状況発生時の米軍の自衛隊を含めた"合同軍"に対する指揮権を曖昧な表現で回避したことなどは、こうした官僚組織のソフトパワー抜きには考えられない。国内政治も公正な選挙に基づく立憲民主主義国家としての道を着実に歩み始めており、政府の総合能力の基盤を形成していったのである。

　一方で韓国のソフトパワーは貧弱であった。占領終了後の李承晩時代の 5 年間、韓国の政府諸機関と官僚組織は未だ揺籃期にあり、確立した近代国家としての能力と諸要件を欠いていたと言える。[64] しかも国内政治は不安定

64）例えば、松田利彦によると李承晩政権時代の総官僚数は 3,336 人でそのうち戦前に朝鮮総督府に勤務した経験を持つ官僚は 1,288 人であったという。（松田利彦 p.11 に引用）植民地朝鮮が独自の外交活動を展開したわけではないので、このベテラン韓国人官僚はそのほとんどが内務畑の官僚であり、外務官僚の大部分は未経験の新たに雇用された人材で構成されたと考えられる。さらに世界にネットワークを張って情報を収集する体制も整っていたわけではない。即ち、韓国の外交能力はその官僚の教育、経験が未熟であり外交交渉に必要な情報収集能力も貧弱なものであった。

第3章　要因仮説I-A：力（パワー）関係の非対称性と交渉方式の差異

の極みにあった。「1945年から1948年にかけての南朝鮮の政治は残酷で暴力
的であった。新たに樹立された大韓民国の（国家としての）秩序は行政的に
も、政治的にも、憲法的にもその組織的樹立は貧弱な状態であった。官僚の
給与は低く、組織慣行には個人的な親分－子分関係が深く根を下ろし、当然
の結果としての汚職は特有の風土病であった。」（Buzo 69）さらに朝鮮戦争が
軍部以外の政府諸機関の発達を大きく妨げたことも言を俟たない。即ち、韓
国政府の総合能力は強大なアメリカの力に抗するための必要諸要件があまり
にも脆弱すぎ、李承晩の抜け目のない脅しや駆け引きでアメリカを悩ますこ
としかできなかったのである。そしてこの政府としての諸能力の弱さは、所
謂メイヤー協定の内容にそのまま反映されている。韓国政府はアメリカから
の援助の管理とそれに関連する全ての経済政策立案に直接関与することがで
きず、その権限はアメリカに握られたのである。

　交渉形態は両国ともアメリカがその力を最大限発揮できる二国間交渉で差
異はない。しかし、両国の国際的な位置の差が「二国間交渉対多国間交渉」
の差に類似した効果を及ぼしたことは指摘しておく必要がある。サンフラン
シスコ平和条約によって、日本はアメリカに対して名目的ではあれ対等の主
権国家として対峙できたのであり、例えばそれは独自の対中、対ソ外交を追
求したことにも表れている。一方アメリカも、自由諸国の盟主として主権国
家間の平等な主権尊重という国際規範から逸脱することはできず、目的達成
のために弱小国の自発的意思を完全に圧殺することは不可能であった。言葉
を変えれば"世界の目"が一定の抑制力を働かせたとも言えよう。

　しかし韓国の場合、1948年の大韓民国樹立後といえど、国際社会での確
立された主権国家としての位置は曖昧であった。サンフランシスコ平和条約
会議に招待されなかったことに象徴されるように国際社会の一般的認識は、
一種のアメリカの"委任統治下"にあるかのように見られていたのである。
また、韓国が独自の外交政策を追求するという余地はほぼゼロであり、アメ
リカという窓口を通さない限り、対等なパートナーして世界の外交舞台で振
る舞うことは不可能であった。従って、この期間の米韓関係は完全な保護者
－従属者という関係にあり、世界の目もそのように見ていたため、アメリカ
は日本の場合より「対等な主権国家間の交渉」という国際規範に拘束される

87

度合いは少なかったと考えられる。即ち、同じ二国間交渉であっても、日本の場合は国際規範尊重という理念がアメリカのあくなき権益追求という現実を一定程度抑制したのに対し、韓国の場合は二国間の力の不均衡がより直截的に反映される結果となったのである。

　以上、日韓のアメリカに対する力関係の差異が両国の地位協定の形態に決定的な影響を与えてきたことを検証した。なかんずく、大田協定は米韓軍が敗走中という異常な事態下で合意された"戦時"地位協定であったが、16年後の1966年まで改正されなかった事実は力の不均衡が如何に二国間交渉の基本構造を決定するかを如実に示していると言えよう。

G. イラクとジブチの比較考察

この二国を比較の対象として選択したのは以下の理由による。
(1) 両国ともイスラム教徒が多数を占める国であり西欧社会とは伝統的文化や諸制度を異にする。
(2) 両国地位協定は冷戦構造下で締結されたものではなく、2001年9月11日以降の"テロへの戦争"という構造下で締結されたものである。
(3) 両国とも二国間協定である。

1. ハードパワー（物質的諸能力）の差異と締結された地位協定の関連

前2ケースと同様の指標を使用しての比較表が表Ⅲ-5である。

　イラクは中東の主要国であり、巨大な石油資源という柱を適切に管理運営する限り自立した経済活動の維持が可能である。一方のジブチは天然資源に恵まれず総人口も100万に満たず、基幹と言える産業もない北アフリカの極貧国である。巨大なハードパワーの差は明瞭であり、締結された地位協定もイラクはタイプⅡ-β、ジブチはタイプⅠ-βとイラクの方が有利であり、ハードパワーの不均衡度に対応する。歴史的に見ても、イラクはその経済力と中東地区では比較的大きな人口によって西欧と互角に渡り合えることも可能であったのに対し、ジブチにはフランス植民地時代からの小規模な港湾サービス産業があるにしても一国を主導できる産業と呼ぶには程遠く、基本

第 3 章　要因仮説 I-A：力（パワー）関係の非対称性と交渉方式の差異

表Ⅲ-5　イラク - ジブチのハードパワー比較と締結された地位協定

	GDP 1960 年	人口 （百万）	CINC 世界に 占める割合	米援助 (US $) 経済	米援助 (US $) 軍事	米援助計が GDP に 占める比率	締結された 地位協定
イラク 2008	131,612	29.43	0.0052218	3,387.21	4,691.22	6.14%	タイプⅡ-β
ジブチ 2003	622	0.76	0.000138	4.76	16.66	3.44%	タイプ I-β
ジブチ 2008	999	0.81	0.00015	10.56	2.52	4.25%	

（出典、各項目の解説については E：イギリス - ギリシャの節を参照。CINC については 2007 年の
ものを使用）

的には外国に依存するという道しか国家生存の手段がなかったといってよ
い。中でも自らの地政学的好位置を利して外国から援助を引き出すことは最
も直截的な手段であり続けた。

2. イラクの対米交渉史

当初からの国連関与

2003 年 3 月 20 日、アメリカ主導の多国籍軍（イギリス、オーストラリア、
ポーランドが参加）が宣戦布告なしにイラクに侵攻、4 月 9 日にはバグダッ
ドを占領してサダムフセイン政権を打倒した。しかし、国連決議を経ない戦
争でのイラク占領軍の国際法上の位置づけは当初から議論の的であり、国連
がその論争の場となった。そして、2003 年 5 月の国連安保理決議 1483 が米
英占領軍を国連権能下での正当な占領軍であると認めたことにより、米英を
"正当性論争"の泥沼から救出すると同時に侵攻に参加しなかった国々も含
めた国際的関与も決定した。[65] 即ち、国連という国際舞台での多数国の関

---

65) United Nations Security Council Resolution 1483 adopted by the Security Council
at its 4761st) meeting, on 22 May 2003　前文：[強調する] イラク国民が（自由な意
思に基づき）自国政治の未来を決定し、その天然資源を管理統制する権利を有してい
ること。[歓迎する] そのような行動が早急に取れるための環境作りのためにすべて
の関係各国の関与。[表明する] イラク国民が自らの国を統治する日が一日も早く来
ることを（願う）決意。[留意して記録する] 2003 年 5 月 8 日付のアメリカとイギリ
スの安保理常任代表（国連大使）から安保理議長あての文書（S/2003/538）、そして、
これらの国の占領軍の特別の権能、責務、及び義務が関連する国際法に準じたもので
あり、国連の統合指揮（The Authority）の下にあることの認証。[さらに留意して記
録する] 占領軍ではない他の国々も現在及び未来においてこの統合指揮の下にあるこ
と。

89

与がイラク地位協定交渉の特性を決定する基本フレームワークとなったのである。例えばフランスはアメリカの一国主義的行動を抑制するために決定的な役割を果たした。[66] 2007 年 12 月には国連安保理決議 1790 が発せられ、国連安保理決議に基づいて駐留していた多国籍軍の撤退期限の延長が 2008 年末までと定められたのである。[67] これにより、多国籍軍が撤退した後も米軍がイラクに駐留し続けるためには二国間で地位協定を締結する必要が生じたのである。

　一方でイラクの国内政治もまた国際社会の関与の中で新たな政府樹立に至る。2005 年の新憲法発布と世界注視の中で行われた総選挙により成立した議会、新政府は国連を含む国際社会からイラク国民の意思を正当に代表するものとして認知されたのである。そしてこの新議会は米軍の大規模増強（いわゆる Surge）に直面して、275 人中 144 人の多数決でもって米軍規模の現状維持と駐留軍の撤退期日の設定を決議したのである。[68] これを受けてイラク政府はアメリカに対して国連安保理決議 1790 に明記された撤退期日 2008 年 12 月末日は延長することはできないと通知した。これに対してアメリカも国連安保理決議を根拠とするイラク政府の通知を無視することができず、二国間地位協定締結に向けての交渉が開始されることになった。2008 年 11 月 17 日に最終的合意に達し、アメリカ・ブッシュ政権とイラク・マリキ政権の間でイラク地位協定が調印され、12 月 4 日、イラク政府は批准を

66）フランスは当初からアメリカ主導連合軍侵攻に対する正当性付与に反対であったし、国連の監視と統制の下で、占領を速やかに終了して主権をイラクに譲渡する政策の推進者として、安保理決議 1511 を可決することに成功したのである。さらには、NATO 軍をイラクに派遣することも拒否し続けた。(L. Lee 119)

67）United Nations Security Council Resolution 1790 adopted by the Security Council at its 5808th) meeting, on 18 December 2007　前文：国連安保理は［歓迎する］民主的に選ばれ、憲法に基づいて樹立されたイラクの統一国民政府が、政治、経済、安全保障に関わる詳細なプログラムを実行し国民間の和解を成し遂げるための努力、［期待する］イラク軍が国内の安定と安全維持のための全責務を自ら掌握した後、多国籍軍がその任務を完了して撤退することができる日が招来すること、1.［留意して記録する］イラク政府の要請による多国籍軍の駐留、かつ［再確認する］安保理決議 1546（2004）に基づいて正当性を承認された多国籍軍のイラク駐留、を同決議に定められた撤退期日から 2008 年 12 月 31 日まで延長する。(これは) 2007 年 12 月 7 日付のイラク首相からの文書及びその文中で強調されていた全ての諸目的、2007 年 12 月 10 日付米国国務長官からの文書を考慮して（決定されたものである）

68）出典：“Iraq Bill Demands U.S. Troop Withdrawal” Published May 10, 2007 Associated Press

第 3 章　要因仮説 I-A：力（パワー）関係の非対称性と交渉方式の差異

完了した。

　注目すべき事実はアメリカからの巨額の諸援助がイラクの譲歩を引き出す
手段としてあからさまには利用されなかったことである。これには二つの理由
が考えられる。第一に、その使途と使用のされ方についての諸国際機関の関
与であり、これが一種の監視役の役目を果たした。基本的には援助提供者で
あるアメリカの USAID（United States Agency for International Development）
が主導的な役割を果たすのであるが [69]、国連や世界銀行といった国際機関
さらには多くの NGO との共同作業なしにはプログラムを実行することは不
可能であったのである。[70] 第二に、そもそもアメリカの援助を必要ならし
めた要件は、アメリカが自ら主導した長期経済封鎖と軍事的侵攻によるイラ
クの荒廃からの復興であって、援助提供を、基地設立の権利を得たり、好条
件を引き出すといった一般的な外交交渉材料として利用することができな
かったからである。アメリカはその侵攻の正当性を証明するためにも、博愛
主義に則ったようなやり方でイラク復興に努力を継続せざるを得なかった。
一方イラク側は戦争を起こした側が復興に責任を持つのは当然のことと考え
たし、その恩恵に対して何等かの反対給付をしなければならないという立場
にはなかったのである。まとめるなら、アメリカの援助は他の事例のように
直接的な交渉上の梃子として作用せず、その効力は大きく薄められてしまっ
たのである。

イラク地位協定：「米軍のイラクからの撤退及びその一時的な駐留期間における諸活動のあり方についての協定」 [71]

　イラク地位協定はタイプ II-β に分類されるが、すでに見たようにその成

---

69) 在イラクアメリカ大使館の公式サイトによればその目的は「地域社会の安定、経済
　と農業の発展、国、地方、省レベルの何れにおいてもイラク国民の要望を代表し、か
　つそれに応えられる行政機関の能力の確立」であるとされた。http://iraq.usembassy.
　gov/
70) 例えばイラク復興の財源としてイラク開発基金 DFI（Development Fund for
　Iraq）が設立されたが、これは連合国暫定当局 CPA（Coalition Provisional
　Authority）の統制下にあり、かつ国際監視勧告理事会 IAMB（International
　Advisory and Monitoring Board）が同基金の透明性確保（石油の販売収入も含めた）
　のための監査機関と決定されたのである。（安保理決議 1483）その IAMB は国連事務
　総長の代理人、IMF の専務理事、社会・経済発展のためのアラブ基金総長、および世
　界銀行総裁によって構成される。

91

立過程に国連安保理による諸決議が大きな役割を果たしたことで、アメリカの世界基地戦略の必要性から合意された他の地位協定とは異なる幾つかの特徴を有する。まず、そのタイトルが如実に示すように、イラク地位協定は駐留軍の撤退期日を安保理決議に準じて定め、それまでの駐留を"一時的"（Temporary）と定義した点で筆者が調査した限りにおいて他に類例を見ないユニークなものである。しかも、撤退日決定の手続きに関する限り両国の対等な主権を認めた平等、互恵的なものとなっている。[72] 第二に、この種の安全保障分野の協定では異例であるが、国連安保理決議に準拠したイラクの天然資源保護についてアメリカの援助責務の条項が含まれている。[73] 第三に米軍軍事活動の自由裁量度についての受入国イラクの制限的な権限がかなりのレベルで達成されている。[74]

　一方で、司法分野においてはアメリカは得るべきものは得たと言えよう。アメリカはその基地内（施設及び区域）において第一次裁判権を有する（タイプⅡ）だけでなく、基地外においても重大な犯罪以外の全ての犯罪について第一次裁判権を有するのである。さらにその適用範囲も軍属にまで広げられている。[75] また基地の設定、使用、維持、警護についてはアメリカは全

---

71) 正式英文名：Agreement Between The United States of America and The Republic of Iraq On the Withdrawal of United States Forces from Iraq and the Organizations of Their Activities during Their Temporary Presence in Iraq, Signed on November 17, 2008, Ratified by Iraqi Parliament on November 27, 2008.

72) 協定は米軍の撤退日を 2008 年 12 月末日と定めた安保理決議 1790（2007）を受け継ぎそれを 2011 年 12 月末日まで延長することを明記し、双方が撤退日について主権に基づいた要求をできることも謳われている。第 24 条の 1：すべての米軍はイラク領土内から 2011 年 12 月 31 日以前に撤退する。アメリカはイラク政府がイラクからの米軍帰還日をいつにするかについて要求する主権的権利を保有していることを認める。イラク政府はアメリカ政府が米軍がいつでも撤退できる主権的権利を保有していることを認める。

73) 第 27 条（持続可能な自立的経済発展を維持するために）3. アメリカは、アメリカ大統領からイラク首相に送られる文書に準拠し、かつイラク政府が国連安保理決議 1483（2003）及び 1546（2003）の延長（的適用）を安保理に要求したことに基づき、（同決議が定めた）イラク産出の原油、石油製品、及び天然ガス、その販売により生じる収益と債務、及びイラクのための開発基金を保護するための諸政策と諸協定について、イラクに対する援助を継続する。

74) 第 4 条 2 節：この協定に準じた全ての軍事作戦はイラク政府の同意（Agreement）に基づいて実行される。そうした軍事作戦はイラク当局と完全に調整されたものでなければならない。……第 27 条 3 節：イラクの領土、領海、領空は（米軍が）他国を攻撃するための発進もしくは中継地点として利用することはできない。

92

第 3 章 要因仮説 I-A：力（パワー）関係の非対称性と交渉方式の差異

ての権利と権限を保有するし、[76] 基地内における諸特権も享受することができた。[77] 以上、イラク地位協定の特色をまとめるなら、国連安保理決議や他の国際機関が関与する部分についてはアメリカは大きな規制もしくは譲歩を余儀なくされ、一方基地に関わる諸特権や司法分野等の二国間交渉で合意される部分ではその圧倒的な力関係に依拠して自国に有利な条件を引き出すことができたと言えよう。

3. ジブチの対米交渉史

旧フランスの植民地で The Afars and the Issas と呼ばれていたジブチは 1977 年に独立して共和国となった。イスラム教徒が多数を占めるこの北アフリカの小国は天然資源に乏しく、国の生存も経済発展のための諸政策実行も外国の援助が不可欠であったため、独立以降も旧宗主国フランスと密接な関係を保ち、西欧諸国寄りの基本政策を取り続けることになる。10 年に渡る内戦を経て 2001 年に政権を確立したゲレ（Ismail Omar Guelleh）大統領体制は比較的に安定した国内情勢をもたらし、今日まで（2014 年現在）継続している。しかし、同体制は人権弾圧、独裁的権力の集中と富の蓄積、汚職の横行といったサハラ砂漠以南の国々の典型を見事に兼ね備えてもいる。[78]

---

75) 英語正文：Art. 12: 1. Iraq shall have the primary right to exercise jurisdiction over MFs and MCCs for the grave premeditated felonies enumerated pursuant to paragraph 8, when such crimes are committed outside agreed facilities and areas and outside duty status. 3. The United States shall have the primary right to exercise jurisdiction over MFs and MCCs for matters arising inside agreed facilities and areas; during duty status outside agreed facilities and areas; and in circumstances not covered by paragraph 1. 5. MFs and MCCs arrested or detained by Iraqi authorities shall be notified immediately to United States Forces authorities and handed over to them within 24 hours from the time of detention or arrest…… 8. Where Iraq exercises jurisdiction pursuant to paragraph 1 of this Article, MFs and MCCs shall be entitled to due process standards and protections consistent with those available under United States and Iraqi law…….

76) 英語正文：Art. 6: 2. In accordance with this Agreement, Iraq authorizes the United States Forces to exercise within the agreed facilities and areas all rights and powers that may be necessary to establish, use, maintain, and secure such agreed facilities and areas. The Parties shall coordinate and cooperate regarding exercising these rights and powers in the agreed facilities and areas of joint use.

77) 例えば、米軍は、イラク当局の許可を必要とせずしかもアメリカの法に則って、基地内にテレコミュニケーションサービスや放送の施設を自由に建設して、運営することができた。（第 19 条）

93

しかし、同国は所謂 "Failed state"（国家建設に失敗した国で国家としての諸機能を喪失している）ではなく、弾圧的かつ独裁的ではあるが国家としての諸機能は作動し続けている。

　一方で、アメリカが主導する「テロに対する戦い」という視点からジブチを見るならそれは地理的、軍事的に極めて重要なポイントに位置していることが分かる。この地域は‘アフリカの角（ツノ）’と呼ばれ紅海とアデン湾の交差点に位置し、かつインド洋に向けて開けている。しかもアラビア半島は海を隔てて指呼の先である。その地理的位置の重要性が現実の問題として認識されたのが第一次湾岸戦争（1990年8月〜1991年2月）の時である。アメリカはフランスとともにイラクに軍隊を派遣するためにジブチの空港施設の利用を許可されたのである。それ以降ジブチの戦略的重要性に対するアメリカの関心は消え去ることはなかった。(Woodward 89) 9/11テロ攻撃の後の2002年8月、アメリカ・ブッシュ政権はテロとの戦争に備えて、アフリカの角－統合機動部隊（CJTF-HOA: Combined Joint Task Force-Horn of Africa）設立を決定し、ジブチはこの部隊を受け入れることに同意したのである。かくしてアメリカは中東を含むこの地域に軍事的に睨みを利かせる拠点を確保できただけでなく、「ソマリアとイエメンのテロリストの標的を急襲できる軍の移動力」を手に入れたのである。(Davis 35) 2003年の第二次イラク侵攻に向け準備していたアメリカは、ジブチ駐留軍の地位確立とジブチからの対イラク軍事作戦を行う正当性を得るための新たな地位協定（旧協定[79]は2001年12月20日に締結されていた）合意にその外交活動をギアアップする。そして2003年2月19日、ブッシュ大統領はワシントンにゲレ大統領を招いて歓待の外交儀礼を行った後、今日まで効力を有するジブチ地位協定が調印された。この協定の前文には、地位協定としては初めて「テロリズム対する戦い」が明記され、アメリカはわずか1か月後にイラク侵攻を開始することになる。

---

78) 出典： "Reality Check On Ismail Omar Guelleh" by A. Duale Sii' arag The Somaliland Times issue 4th, February 2006

79) 旧協定の正式英文名：The Status of Forces Agreement between the Government of the Republic of Djibouti and the Government of the United States of America, signed on December 20, 2001

第 3 章　要因仮説 I–A：力（パワー）関係の非対称性と交渉方式の差異

ジブチ地位協定：「ジブチ共和国内諸施設の使用権と使用についての米 – ジブチ間の協定」[80]

　ジブチ地位協定の特徴かつ基本フレームワークは単純にして明快、ジブチはアメリカにほぼ最大限の諸特権を与えた見返りとして巨額の援助を供与されたということである。まず司法部分を見るなら、ほぼ外交官特権に近い免責が極めて広範囲の軍人以外の米軍関係者にも付与されており（タイプ I）、ジブチ当局は状況に関わりなく裁判権を行使できない治外法権に近い条文となっている。[81] また、軍事活動部分についても米軍は受入国からほぼ何の制限も受けずに軍事活動を展開できる条文となっている。[82] さら他の民事・経済分野でもアメリカは多くの特権を享受することに成功している。[83] こうして軍事活動に理想的な条件整備に成功したアメリカは 2007 年には、88 エーカーであったキャンプ Lemonnier を 500 エーカーにまで拡大する合意をジブチ政府から取り付け、今や 3,200 人の軍関係者が働くアフリカにおける本格的基地へと発展したのである。[84]

　アメリカの援助もジブチ経済の規模からすると巨額であった。在ジブチ米

80）正式英文名：Agreement between The Government of The United States of America and the Government of The Republic of Djibouti On Access To And Use of Facilities in The Republic of Djibouti, signed on February 19, 2003.

81）英語正文は：[米軍人の地位について] Art. VI [Status of United States Personnel] 1. U.S. personnel shall be accorded the status equivalent to that accorded to the administrative and technical staff of the United States Embassy in Djibouti under the Vienna Convention on Diplomatic Relations of April 18, 1961. 2. The Government of the Republic of Djibouti recognizes the particular importance of disciplinary control by U.S. military authorities over U.S. personnel and therefore, the Government of the Republic of Djibouti authorize the USG to exercise exclusive criminal jurisdiction over such personnel. [地位協定によって保護される個人の範囲について]　Art. I "United States personnel" と定義し、それは "military members of the U.S. forces and civilian personnel employed by the United States Department of Defense." とされる。通常使用される現地駐留米軍（US Armed Forces）に雇用される軍属（Civilian Component）という言葉は使用されず、米国防省（Department of Defense）が雇用する民間個人（Civilian Personnel）という言葉が使用され、拡大解釈・運用の余地が大きい。

82）英語正文：Art. XII 1. Aircraft, vessels and vehicles operated by or for U.S forces may enter, exit, and move freely within the territory of the Republic of Djibouti. 2. The access and movement of such aircraft, vessels, and vehicles shall be free of landing and parking fees, port, pilotage, navigation and overflight charges, tolls, overland transit fees and similar charges while in the Republic of Djibouti; however, U.S. forces will pay reasonable charges for services requested and received. Such aircraft, vessels and vehicles shall be free from inspection.

95

大使館は、アメリカの援助が如何に互恵的関係に基づくものであったかを示す資料として、2004年には、1,200万ドルが保険関係に、800万ドルが教育関係に、40万ドルがIFESH（International Foundation for Education and Self-Help）の「"アフリカのための教師達"プログラム」にと、合計2,000万ドル以上の援助総額をUSAAIDが予算化したと公表している。これとは別にパウエル（Colin Powell）前国務長官は種々の援助運動を束ねて、500万ドル規模の補助を二つの地域プロジェクトを支えるという形で実現したのである。これらを評して、アメリカのテロに対する戦争で最大の金銭的恩恵を受けた国はジブチだと言われるほどである。(Davis 37)

　以上、ジブチ地位協定は「アメリカの援助」と「受入国の主権に関わる諸権利」を交換した典型的なタイプ I -β であるが、ウズベキスタンやキルギスタンのように基地提供と援助提供の単純バーター形態とはやや異なる側面を持っていることも指摘しておきたい。それはジブチ自身も近隣地域のテロ活動に対して脅威を感じており、派遣国と受入国との間には一定程度の共通した脅威認識が存在することである。このことが、ジブチの伝統的な親西欧国策と相まって、NATO加盟諸国どころか日本までもが同地に自衛隊を駐留させるに至る背景となるのである。

---

83) 例えば、「現実的に可能な限りジブチ業者を利用する」旨の条文は末尾に付けられてはいるが、アメリカは自国の法と規則に従って自由に業者選択をすることが可能となっている。英語正文：Para. 2 of Art VIII [Contracting] Should the USG award contracts for the acquisition of articles and services, including construction; such contracts shall be awarded in accordance with U.S. laws and regulations. To the maximum extent feasible, the U.S. forces will award contracts to Djiboutian contractors. また、損害賠償の分野でも、両国の軍事諸活動（実質的には米軍）から生じた相手国の財産や軍人等に対する損害については両国は請求権を放棄し、第三者からの損害賠償については米政府の自由裁量において取り扱い、米政府が解決することなっている。英語正文：Art. XI [Claims] : Other than contractual claims, the Parties waive any and all claims against each other for damage to, loss or destruction of property owned by either Party, or death or injury to any military personnel and civilian employees of either Party, arising out of activities in the Republic of Djibouti under this Agreement. Claims by a third party arising out of the acts or omissions of any U.S. personnel may, at the discretion of the USG, be dealt with and settled by the USG.

84) 出典：The official site of Commander, Navy Installation Command, Camp Lemonnier http://www.cnic.navy.mil/regions/cnreurafswa/installations/camp_lemonnier_djibouti/about/history.html 及び Craig Whitlock "Remote U.S. base at core of secret operations". Washington Post 25 October 2012

4. 比較分析とまとめ

　天然資源と人口に恵まれたイラクと資源と主導産業のないジブチのハードパワーの差異が合意された地位協定の類型に与えた影響はすでに見た通り明白である。同じイスラム教徒が多数を占める国にあってもイラクはタイプⅡ、ジブチはタイプⅠという結果であり、米軍の領域外軍事活動に対する制限についてもイラクは同意（Agreement）レベルの権限を行使することができるのに対し、ジブチでは米軍活動の自由裁量度はほぼ無制限である。また、ハードパワーを定点観測ではなく、時間的流れの中で見るとその差異が結果に及ぼす影響はさらに顕著になる。イラクの場合は戦後の復興過程において、国連安保理決議や世界の注視に支えられながら、徐々に石油資源に対するコントロールを回復していき（例えば、石油資源の採掘にしてもイラクはその技術と実際の運営は石油メジャーに頼らざるを得なかったが、資源オーナーとしてどこに資源開発権、採掘権を与えるかについては最終決定権を保有している）、国家財政の自立性を少しずつではあるが高めていったことが、対米交渉力の基盤を強化することにつながった。米軍撤退が再延長されず協定通り履行されたことはその象徴であろう。一方ジブチにおいては経済成長はプラスレンジにはあるものの、持続的な自立経済の確立には程遠い状況が続いている。そして最初の地位協定から現行の地位協定へと主権上の譲歩をさらに深めていると同時に、米軍基地も大きく拡大されているのである。

　アメリカの援助も、"交渉の梃子"という見地から分析する限り両国では次元の異なる作用を及ぼしている。ジブチの場合は、小国の独裁者と明確な意図をもった西欧のドナーが交渉をすればどのような結果を生むかについての典型例を示しており、援助提供と有利な駐留条件受諾は両者にとって見事なウインウインの関係にある。しかし、イラクの場合、巨大な援助総額は必ずしも援助提供者が圧倒的な交渉力を発揮できるという形では作用しなかった。諸国際機関の関与、アメリカの援助に対する両国の認識の隔たり、アメリカが武力侵攻の大義名分に拘束され続けたこと等が理由である。何れにしろ、イラクの場合は、援助提供者と受益者の認識が一種の逆転関係にあった。イラク新政府は前サダムフセイン政権の"罪状"とは無縁であると国際

社会から認定されたことにより、援助提供者が一方的にその力を誇示して有利な国際的合意を結ぶというメカニズムは著しく弱められているのである。

　ソフトパワーの面ではどうであろうか？　サダムフセイン政権崩壊後のイラクと内戦を経たジブチ両国の国家としての諸能力は、どちらも西欧水準から見た近代国家としての諸要件を著しく欠いていた状態であったことは間違いない。しかし、自立した国家としての歴史的遺産においてイラクは数歩先を行っているということができる。イラクでは 1932 年の独立以来、徐々に官僚体制も含めた国家機能の充実が図られてきたし、1958 年の王政廃止後は自立的傾向をさらに強め、長期に渡るバース党統治下（1968～2003）では国家としての諸機能は著しく強化されたのである。戦後のマリキ政権は、前政権崩壊のため、それらを全て引き継ぐことはできなかったが、世界の大使館網や官僚の一部は遺産として利用することができたのである。そして何よりもイラクのソフトパワーの源となったのは、こうした内在的要因ではなく外在的要因である。それは、戦後実施された総選挙の公正さが許容範囲であり、新政権が国民の意思を代表する政府であると国際社会から認知されたことに起因する。このことはイラクの対米交渉力を対等な主権国家間の交渉という範疇にまで高めたと言える。何故なら世界が注視する中で正当な国民の意思を代表する政府の要求や意見を力の圧力で捻じ曲げるということはほぼ不可能になっていたのである。一方のジブチは独立後も西欧、とりわけ旧宗主国フランスへの伝統的な依存関係に構造的変化が見られなかった。持続可能な自立的経済を建設できないことが、西欧への依存を恒久的なものにし、それが一種の政治的伝統になるとともに、限られた国家財政も自立した国家としての諸機能の発達を大きく阻害したと言えよう。ハードな要因がソフトパワーの発達を制約した例と言える。

　交渉形態については両国とも二国間交渉である。しかし、地位協定成立に至る経過を見ると大きな違いを指摘することができる。ジブチの場合は強者対弱者という典型的な二国間交渉であるのに対し、イラクの場合は、そもそもの発端から国際機関の関与があって駐留軍の性格と撤退期日が定められ、それ以降もフランスはじめ多数の国が国際機関の場を通じて影響力を行使し続け、多国間交渉の場合と同様にアメリカの力を背景とした交渉力を大きく弱

第3章　要因仮説 I-A：力（パワー）関係の非対称性と交渉方式の差異

める作用をしているのである。それはイラク地位協定が他の地位協定と異なり、国連安保理決議の目的とその達成期限を延長的に受け継ぐという特異な形態を取っていることに象徴的に表れている。

　以上、総合的な国力の差がイラクとジブチの地位協定の類型を規定する基本要因を構成したことは明瞭である。さらに、ジブチの場合はアメリカの援助が典型的な形で交渉力バランスをアメリカ有利に導いたのに対し、イラクの場合は第二次湾岸戦争の歴史的、国際関係的諸要因が抑制要因として作用し、アメリカは援助を梃子にした優位な位置からの二国間交渉スタイルを取ることができなかった。即ち、国際機関を通じた多国の干渉、監視は多国間交渉と同様の効果を生み、強大国アメリカの交渉力を著しく弱体化する結果となったのである。

第3章のまとめ

　これまでの考察から、仮説として設定した「力関係の非対称度と交渉方式の差異」が地位協定の形体（類型や受入国にとっての有利度）を形成する要因であることを立証した。要因を細分してまとめるなら、

　(1) ハードな要素である物質的諸能力は世界の安全保障構造を形成する基礎的要因であるだけでなく、安全保障同盟や地位協定の形体を形成する。物質的諸能力の大きな受入国は、それが小さな受入国より、例外なく、有利な形態の地位協定を締結している。派遣国は、物質的諸能力の弱小な国に対しては、その援助等を駆使して最大限の権益を実現しようとする傾向が強まる。このことは援助受領国（β型）の地位協定形態が援助非受領国（α型）より不利であるという一般的傾向に表れている。これはアメリカに限った傾向ではなく、強大な物質的諸能力を持つ国が、海外にその軍を駐留させようとするケース全てに適用できる普遍的な傾向であることをジブチの例が示している。即ち、旧宗主国フランスは植民地時代の特権をそのまま引き継いだタイプ I 地位協定を 1977 年に締結して国際的前例を作り、次にアメリカ、そしてその後を受けて EU や日本も同様のタイプ I 地位協定を締結しているのである。[85] また、物質的諸能力の差異は駐留軍への補給や諸装備の整備

99

サービスの提供というミクロな面でも地位協定交渉に影響を及ぼしている。受入国の発達した諸産業とサプライチェーンの存在はそのまま駐留軍に対する諸サービスの品質と供給量に直結しているため、そうした国での基地設立、維持は派遣国側の自給率が高くなる発展途上諸国より戦略的価値が高い。それは米第七艦隊が横須賀を母港としていることや、イギリスがヨーロッパ大陸緊急事態には空母であり、かつ大陸への主要補給基地として位置づけられている（Duke *United States Military Forces and Installations in Europe* 304）こと等に表れている。アメリカはそうした国々に対しても他と同様に力を背景として有利な条件を引き出すことに執心するが、一方でそこに存在する基地群保持という戦略的配慮が働くため、"平等な主権国家" 間の関係という建前により強く拘束されることになるのである。

（2）ソフトな要素である国家としての諸能力も力を構成する重要な要素となる。地位協定は外交交渉によって合意されるものであり、官僚組織を含む国家としての諸能力の高い国は、それらが低い国より受入国に有利な地位協定を結んでいる。イギリスの例が象徴的に示すように、国際的な情報収集力と質量ともに充実した外交官僚組織の能力、NATO 地位協定交渉などを主導した専門的識見、法整備における蓄積された諸経験と専門知識等は戦後初めて国内法としてタイプⅢ-A 地位協定を定めた基盤を構成していたのである。日本が、タイプⅠ地位協定であった旧 1952 年行政協定に、NATO 地位協定発効後直ちにタイプⅢへ移行するという時限条項を挿入できたのも、占領下を生き延びた日本官僚組織の諸能力ぬきには考えられない。また、この国家としての諸能力は、外在的要因によっても大きく影響される。例えば総

85）フランスの地位協定：Les conditions de stationement des forces françaises sur le territoire de la République de Djibouti après l' indépendence et les principes de la cooperation militaire entre le Gouvernement de la République français et le Gouvernement de la République de Djibouti, signé àDjibouti le 27 juin 1977

EU の 地 位 協 定：Agreement between the European Union and the Republic of Djibouti on the status of the European Union-led forces in the Republic of Djibouti in the framework of the EU military operation Atalanta 5 January 2009

日本の地位協定：The exchanged note between the Government of Japan and of the Government of the Republic of Djibouti concerning the status of the Self-Defense Forces of Japan and the Japan Coast Guard as well as their personnel and other personnel of the Government of Japan（外務省のホームページより）

第3章　要因仮説 I-A：力（パワー）関係の非対称性と交渉方式の差異

選挙により樹立されたイラク新政府が同国民の総意を代表するものとして国連はじめ国際社会から認知されたことは、その後のイラクの対外交渉力を大きく増強することになるし、日本がサンフランシスコ平和条約で主権国家として認知されたことは、名目的にではあれ対米交渉は対等な主権国家間の交渉に格上げされたことになり、アメリカの圧倒的な交渉力に対して一定程度の抵抗が可能となったのである。

　(3) 交渉方式の差異（二国間対多国間）は力の不均衡度合を変化させ、多国間交渉は強大な派遣国の交渉力を抑制し、力の弱い受入国により強い交渉力を与える。NATO 地位協定の交渉過程とその結果が如実に示すように、その後締結された全ての二国間地位協定は"NATO なみ"を目指したものの、その互恵性と平等性において NATO 地位協定を凌駕することはできなかったのである。また、イラクの例が示すように、国連を始めとする国際機関の介入、関与は多国間交渉の場合と同様の効果をもたらし、二国間交渉であっても強大国の一方的な権益追求を抑止することが分かる。

101

第4章　要因仮説 I-B：脅威認識の差異

第3章では力の差異が地位協定の形態に如何に影響を与えるかを立証したが、二国間における総合的な力関係は双方の内在的なハードやソフトの力によってのみ形成されるものではない。何故なら、力関係理論のみでは何故に弱小国であったギリシャやスペインが強国であるドイツと同レベルの有利度を持つ地位協定を享受しているかが合理的に説明できないからである。[86)]本章では、当事国を取り巻く安全保障環境の中で脅威認識の差異という外在的要因が総合的力関係に大きな変化をもたらし、地位協定の形体に影響を与えるという仮説を設定してそれを立証する。

A.　要因仮説 I-B：脅威認識の差異

派遣国アメリカが評価・認識する「受入国の軍事的、地政学的重要度のレベル」と受入国が評価・認識する「米軍駐留の必要度のレベル」のバランスが地位協定の形体に影響を与える。

仮説の理論的背景と一般的経験則

国際関係論リアリズム諸理論に共有される基本原理は、あらゆる国家はその生存を究極の目的として行動するということである。そのような世界にあっては、自他を含めて誰が自国の生存を保証してくれるのかは安全保障関係の構造を決定する。そしてその生存を他国の軍事力に依存しなければならない国家は、そうした防衛力を提供してくれる国家に対して、極めて弱い位置に置かれることになる。ドイツの政治哲学者カールシュミットは「もし

---

86)　第2章の表 II-2 現行地位協定の類型及び表 II-4 タイプ III 地位協定の総合比較表参照

103

も、一国民が、政治的生存の労苦と危険とを恐れるなら、そのときはまさに、この労苦を肩代わりしてくれる他の国民が現れるであろう。後者は、前者の『外敵に対する保護』を引き受け、それとともに政治的支配も引き受ける。……保護するがゆえに拘束す、ということは、国家にとっての、われ思うゆえにわれ在り（根本命題）であって、この命題を体系的に自覚しない国家理論は、不十分な断片にしかすぎない。」とまで主張する。（シュミット 59-60）そして、国家が生存の危機を感じるのは何にもまして他国からの侵略の脅威が迫っている時であり、その脅威認識の強弱が国家の安全保障に向けた行動を規定する。

しかし、現実の国際関係はこうした単純で一方的な関係の総和ではない。何故なら、「保護を与える」強国も、ここではアメリカであるが、生存の脅威から完全に解き放たれることはあり得ず、自らの防衛に執心するからである。如何なる国も地政学的かつ歴史的に形成された独自の脅威認識を持ち、その強弱や特性は大きく異なっていて完全に一致することはない。アメリカは独自の脅威認識に基づく世界戦略に沿って行動し、他の国々も属する地域特有の独自の“敵”や脅威を認識して自らを防衛したいと行動し、そこに差異が生じるのである。そこで仮説 I-B は、派遣国と受入国の脅威認識の差異が、自国防衛のための相手国への必要度を決定し、両国の関係に大きな影響を与えると仮定し、前章で立証した不均衡な力関係を変数とする方程式以外にもう一つの連立方程式が存在することを提起する。即ち、脅威認識の差異が両国の交渉力バランスを変化させ、地位協定の形体に大きな影響を与えると考えるのである。具体的には、もしある受入国が差し迫った脅威を認識し米軍駐留への必要度が高く、アメリカがその国に軍を駐留させたいという必要度を上回った場合は、地位協定は派遣国により有利なものになり、その逆の場合は受入国に有利なものになる。そしてその有利度は脅威認識の差異の大小によって決定されると想定する。

第4章 要因仮説 I-B：脅威認識の差異

B. 経験上観察できる一般的傾向：冷戦終了後の各国地位協定の変化

1．受入国から評価した米軍駐留の価値減少とアメリカの新世界戦略

　冷戦の終了は紛れもなく世界の安全保障環境を大きく変化させた歴史的出来事であった。ソ連からの脅威が突然劇的に変化したことは、アメリカから見た米軍受入国の軍事的、地政学的価値評価と、受入国側から見た米軍駐留による安全保障付与への価値評価のバランスに大きな影響を与えた。勿論、影響は双方に及んだが、それは均等とは言えず、地域によって差はあるものの、受入国の脅威認識の方が大きく軽減されと言える。何故なら、強大なソ連軍による核も含めた大規模侵攻という冷戦下の想定シナリオでは、西側諸国はアメリカの軍事力に頼ること以外にソ連に対抗する手段がなかったという大前提が消滅したことが最大の理由である。例えば、冷戦終了後、NATO同盟国は新たな使命と目標を設定して新生 NATO の存続を決定したが、駐留する米軍は以前の「生存に不可欠な保護者」から、新たな使命遂行に必要な「シニアリーディングパートナー」へと変化しているのである。

　一方、米軍も冷戦終了を受けて西ヨーロッパの配備人員の大規模な縮小を開始したが、[87] 新たな世界戦略の下でその世界基地網堅持という基本政策に本質的な変化がなかった。即ち、過去の脅威は新たな脅威に置き換えられ、アメリカの世界の安全保障に対する使命が再確認されたのである。それは、早くも 1991 年のブッシュ（George H.W.）大統領の声明に表れる：「1990 年代においても、それは今世紀の大部分がそうであったように、アメリカのリーダーシップに代わるべきものは存在しない。我々の責任はこの新しい時代にあっても、重要であり、それを回避することはできない。」ラブマン（Brian Loveman）は、チェニー米国防長官（Dick Cheney）が 1993 年に述べ

---

87) 冷戦終了後の在欧米軍の人員規模の推移　（福田毅 70）

1991	1992	1993	1994	1995	1996	1997	1998	1999	2000
303,100	210,100	183,000	159,600	139,200	127,200	121,600	116,500	111,510	114,000

原出典資料: The International Institute for Strategic Studies, The Military Balance, London: Oxford University Press　人数は米海軍第六艦隊の洋上勤務者も含む。

105

た"(ソ連)封じ込め作戦から、アメリカの利益にとって重要な地域で如何なる敵対的勢力もその支配力を振るえないように事前にその芽を摘み取るための、前線基地網に依存した地域防衛戦略への移行"[88]という戦略表明を引用して、この"地域防衛戦略"とは、アメリカが重要地域へのコミットメントを継続し、その世界帝国の土台である全ての大陸にまたがる基地網を維持するということを意味すると結論する。(Loveman xiii-xvi) さらに1997年の米国防省の4年ごとに刊行される Defense Review では、「アメリカは世界の安全保障のために、世界のリーダーの役割を担い続け、そのために比類のない圧倒的な軍事力を利用する。」としている。[89] 即ち、アメリカにとって、米軍受入国の軍事的、地政学的重要度のレベルは、新たな地域的脅威に対応する要として、質的変化を伴うレベルでの減少はしていないのであり、ここに受入国との間に脅威認識の差異が生じたのである。

2. 脅威認識の差異はどのように各国地位協定に影響を与えたか

そこで、冷戦の終了が各国地位協定に具体的にどのような影響を与えたのか、冷戦期から地位協定を締結していた全ての国における改正の有無と改正内容の追跡調査を試みた。(表IV-1)受入国の脅威認識の変化は、地政学的位置及び安全保障同盟の性格という要因によって影響されるので、それに基づいて、各国を冷戦構造から見た地政学的グループに分類して、グループとしての傾向をより分かりやすく見られるようにした。傾向↑は、受入国が自国有利に総合的な改正に成功したことを表し、傾向↗は、受入国が一部ではあるが自国有利に改正に成功したことを表し、傾向 → は、評価すべき重要な改正がなされなかったことを表す。表中で、トルコとギリシャの地位協定改正はそれぞれ1987年、1990年と1991年以前になされたため、傾向を「→」としたが、実際にはトルコは米軍軍事活動の自由裁量度を制限する権限を強化しており、またギリシャは主要な米軍基地の閉鎖に成功しているため、[90](これら条文改正外の受入国側の権限強化を考慮するなら)傾向は明らか

---

88) 原出典資料：National Security Strategy of the United States, August 1991 http://www.fas.org/man/docs/918015 nss.htm.（Loveman xiv に引用）

89) 出典：Department of Defense, Quadrennial Defense Review Report, May 1997

第 4 章　要因仮説 I–B：脅威認識の差異

表Ⅳ-1　冷戦終了後の各国地位協定の変化

冷戦構造から見た地政学的グループ	国名	冷戦終結以前	傾向	1991 年から現在
NATO のコアグループ	ドイツ	1971 と 1981 に 1963 年合意の最初の補足協定 Supplementary Agreement（SA）の部分改正がされている。 ＞タイプⅢ-B-a	↑	NATO の新使命と戦略支持 1993: 全面改正した新 SA を締結 1995: PfP 地位協定加盟 ＞タイプ Ⅲ-A-a
	イギリス	1952 Visiting Forces Act ＞タイプ Ⅲ-A-a	↑	NATO の新使命と戦略支持 1995: PfP 地位協定加盟 1996: Armed Forces Act 2011: Safety Trilateral Agreement ＞タイプ Ⅲ-A-a
	イタリア	1954: Agreement Regarding Bilateral Infrastructure in Implementation of North Atlantic Treaty（BIA） （条文は非公開のため A,B,C の細分化はできない） ＞タイプⅢ-a	↑	NATO の新使命と戦略支持 1995: PfP 地位協定加盟 1995: Memorandum of Understanding concerning Use of Installations/infrastructure by the USAF により大幅改正に成功 ＞タイプ Ⅲ-A-a
	スペイン	1982: Agreement on Friendship, Defense and Cooperation 1988 Agreement on Defense Cooperation（ADC）＞タイプⅢ-A-β	↑	NATO の新使命と戦略支持 1995: PfP 地位協定加盟 2002: Protocol of Amendment to ADC により 1988 年 ADC を改正＞タイプ Ⅲ-A-a
NATO の周辺グループ	トルコ	1987: Amendment of 'Agreement for Cooperation on Defense and Economy of 1980'＞タイプ Ⅲ-A-β	→	NATO 新使命にはやや無関心で、旧来のギリシャ敵視の安保政策への回帰。二国間補足地位協定は基地レンタル契約の様相を呈し始める。＞タイプ Ⅲ-A-β
	ギリシャ	1990: Mutual Defense Cooperation Agreement（No major transformation from Defense and Economic Cooperation Agreement of 1983＞タイプ Ⅲ-A-β	→	NATO 新使命にはやや無関心で、旧来のトルコ敵視の安保政策への回帰。二国間補足地位協定は基地レンタル契約の様相を呈し始める。 ＞タイプ Ⅲ-A-β
東北アジアのコアな前線グループ	日本	1960: Agreement regarding facilities and areas and the status of the USAF（現在も実効の地位協定） ＞タイプ Ⅲ-B-a	↗	条文改正はないが、1995 年に重要犯罪容疑者の起訴前日本引き渡しについての合同委員会合意。行政レベルでの協議事項対象の拡大等若干の改善が見られる。 ＞タイプ Ⅲ-B-a
	韓国	1966: Agreement regarding facilities and areas and the status of the USAF ＞タイプⅢ-C-β	↗	1991 年と 2001 年に 1966 年合意の地位協定改正に成功。ただし、条文改正は一部で改正は抜本的なものではない。＞タイプⅢ-C-a
太平洋地域の周辺オフショアグループ	フィリピン	1947 年締結の Military Base Agreemnt の改正が 1965 年、1966 年、1979 年、1983 年になされた。 ＞タイプ Ⅲ-B-β	↗	1991 年：Military Base Agreemnt の廃止と米軍基地廃止。 1999 年：米軍の再来訪と新協定 Visiting Forces Agreement 2014 Enhanced Defense Cooperation Agreement 締結＞タイプ Ⅲ-B-β
	オーストラリア	1963 年締結の US Naval Communication Station Agreement の改正が 1968 年、1975 年、1982 年になされた。 ＞タイプ Ⅲ-B-a	↗	1992: Agreement relating to the Operation of a Joint Naval Communication Station 2013: Agreement relating to the Operation of Australian Naval Communication Station 等により大幅改正に成功＞タイプ Ⅲ-A-a

107

に「↑」と表記されるべきである。

　表Ⅳ-1から明らかなように、日本の場合のみ一切の条文改正を伴わず、その変化は他国ほど大きなものではなかったが、何れの国も自国有利に地位協定を改変することに成功しているのである。地政学的位置と脅威認識の変化に大きな関連が認められるため、以下、各グループごとにその特色と背景を探り、地位協定改変との相関度を解明する。

西ヨーロッパのNATO同盟国（英、独、伊、スペイン）の一般的傾向

　冷戦終了によって脅威認識の変化を最も直接的な形で経験し、新たな対応を迫られたのは紛れもなく西ヨーロッパである。共有されていたワルシャワ条約機構軍の大規模侵攻の悪夢から解放された西ヨーロッパは素早く対応、西ドイツ主導のドイツ統合とNATOによる集団安全保障機構存続という冷戦後の基本構造を築くのにさほど時間はかからなかった。しかし、NATOは最早冷戦期のNATOではあり得なかった。それは、東方を睨む臨戦体制の軍事機構から、東ヨーロッパも抱合し、広域で生起しうる新たな脅威に対応する恒久的な安全保障機構へと変貌を遂げ、[91] その基本政策には集団的軍事能力の維持に加えて、対話と協力を重視することが謳われたのである。こうした新たな安全保障環境下では、駐留米軍もまた、最後の拠り所しての「生存に不可欠な保護者」ではなく、新たな共通使命達成のためのパートナーへと変化したのである。即ち、アメリカと受入国との交渉力バランスを規定する環境は大きく受入国有利に傾いたのである。

　これを受けて西ヨーロッパNATO同盟国の（NATO地位協定を補足する）二国間協定の改正ラッシュが続くのである。まず、1993年に統一ドイツが

---

90) ギリシャ政府は1988年に現在のアテネ国際空港となっているUS Hellenikon空軍基地の閉鎖を決定、アメリカもそれに同意したことによって、同基地は1993年に閉鎖された。(Duke *United States Military Forces and Installations in Europe* 172)

91) 1991年のNATOローマ宣言は次のように述べる：「我々の安全保障は著しく改善され、我々は最早大規模侵攻の脅威に直面することはなくなった。しかし、慎重かつ用心深く将来を予見するなら、戦略的バランスを総合的に維持することは重要であり、しかも緊張と不安定から生じ得るであろう我々に対する如何なる危機に対しても準備しておく必要がある。」また、東ヨーロッパへの影響拡大については「（ソ連や東欧諸国と）政治上、安全保障上の諸問題について、諸機関間の協力と協議を発展させたいと意図している。」と表明する。

第 4 章 要因仮説 I-B：脅威認識の差異

補足協定（SA: Supplementary Agreement）を全面改正、1995 年にはイタリアが在伊米軍基地使用に関する解釈についての覚書（Memorandum of Understanding concerning Use of installations / infrastructure by the USAF in Italy）を、2002 年にはスペインが防衛協力協定の改正協定（Protocol of Amendment to Agreement on Defense Cooperation）をそれぞれ締結した。イギリスは NATO 地位協定を補足するものとして、主に国内法によって対応しているため変化は見えにくいが、例外ではない。1996 年の軍隊法（Armed Forces Act）改正はより互恵的で平等な地位協定への大きな前進と評価されている。[92]

周辺に位置する NATO 同盟国（トルコ、ギリシャ）の一般的傾向

冷戦終了の衝撃はトルコとギリシャの安全保障政策を根底から変えることになるが、それは西ヨーロッパとは全く異なる屈折した形を取ることになる。共産圏からの直接的脅威消滅やソ連封じ込め戦略への連帯的責任からの解放は、この二国間の歴史的な反目を劇的に再生させるという結果を招いたのである。両国は歴史的対立を再生拡大する中で、[93] 互いに敵対的安全保障政策を追求したため、不介入・中立的立場を取り続ける駐留米軍の存在は、双方にとってその価値を大きく減少したのである。

トルコの場合は 1987 年に地位協定を改正していたこともあり、冷戦終了後の交渉は、アメリカからの援助額と基地使用の自由裁量度が中心的な議題となって交渉が回転する。即ち、ギリシャ、キプロス、クルド問題といった伝統的な脅威認識が復活し、その主要関心事はアメリカから如何に多くの援助を引き出して、独自の安全保障政策遂行に資するかに移行したのである。一方、アメリカの新たな関心はバルカン、コーカサス、中東であり、トルコ

---

92) これにより、長年の遵守されてきた軍法会議前の被疑者の上級指揮系統に位置する指揮官による承認手続きが廃止され、人権に関する欧州国際協定 1950 年が普遍的に適用されることになり、軍法会議の進行は軍事指揮系統から独立し、かつ中立なものになったのである。即ち、この国際協定が受入国において適用されることは、受入国軍と派遣国軍の間に境界線を引くことができなくなることを意味する。（Rowe 30）
93) 例えば 1995 年から 1996 年にかけての Imia 諸島をめぐる領有権争いは、NATO 同盟国間の武力衝突の寸前までエスカレートしたが、アメリカの介入で双方の軍が撤退した。

109

の米軍基地群はその重要性を減じるどころか、むしろ増すことになり、援助額の増加でより自由裁量度の高い基地使用を目指すことになる。例えば、第一次湾岸戦争でトルコの空軍基地使用が必須要件となったため、アメリカの援助は1991年の5.12億ドルから8.5億ドルに急騰する。[94]その後、両者のニーズはアメリカの援助額に相応して一定の均衡が保たれるが、[95]第二次湾岸戦争では援助供与はその伝統的効力を発揮することができず、トルコ議会は僅差ではあるが米軍がイラク侵攻のために基地を使用することを拒否したのである。

　ギリシャでもまたオスマントルコ時代以来の伝統的な脅威認識が復活する。それは、トルコが国際条約で定められた国境線を認めず西側に侵略してくるという脅威であり、これを阻止することが全てに優先する国策となる。米軍基地群はもはやそうした国策に何ら貢献するものではなく、ギリシャの場合は主要米軍基地の閉鎖という結末に至る。1990年締結の相互防衛協力協定（Mutual Defense Cooperation Agreement）の交渉過程でアメリカの援助継続と現在アテネ国際空港となっている Hellenikon 空軍基地の閉鎖も合意されたのである。さらに1994年にはクレタ島の Iraklion 空軍基地とそれをサポートする全ての施設群も閉鎖され、主要米軍基地はクレタ島の Souda 湾海軍基地のみとなった。西ヨーロッパ型とは異なるが、ここに明らかな脅威認識の差異による交渉力バランスの変化を見ることができる。

---

94) しかし、Imia 諸島紛争を経て急減し 1998 年と 99 年に一旦ゼロレベルまで落ちる。
　　出典：“Arming Repression: U.S. Arms Sales to Turkey During the Clinton Administration” by Tamar Gabelnick, William D. Hartung, and Jennifer Washburn with research assistance by Michelle Ciarrocca [A Joint Report of the World Policy Institute and the Federation of American Scientists, October 1999]
　　原資料：Congressional Presentation for Foreign Operations, U.S. Department of State, FY 1986-2000.
95) 第二次湾岸戦争でアメリカは援助を再開し、2001 年に危機対応基金（Emergency Response Fund）から 2 千万ドルを拠出したのを皮切りに、その額は膨らんでいった。2003 年会計年度には米政府は Foreign Military Finance（FMF）からの 1,750 万ドルを主とする総額 2,030 万ドルの援助を議会に要請した。さらに 2002 年 3 月に Cheney 副大統領は、米政府はトルコのアフガニスタン作戦の費用負担を援助するため総額 2.28 億ドルの供与をするつもりだと表明した。出典：Report for Congress, May 22, 2002 (Order Code RL 31429 Received through the CRS Web) Turkey: Issues for U.S. policy by Carol Migdalovitz, Specialist in Middle Eastern Affairs Foreign Affairs, Defense, and Trade Division

110

第4章　要因仮説 I-B：脅威認識の差異

北東アジアの最前線に位置する同盟国（日韓）の一般的傾向

　ソ連からの脅威の減少は北東アジアには劇的な効果をもたらさなかった。即ち、北東アジアでは、朝鮮半島の南北軍事対峙の継続や北朝鮮の核を利用した瀬戸際外交、中国の台頭による第三次台湾海峡危機（1995～1996）や核実験の成功（1996）等、新たな脅威の発生もあり、所謂 "東西対立" という冷戦構造はそのまま引き継がれていくのである。例えば日本では、1991 年の世論調査では回答者中 20％が日本の防衛能力削減に賛成したが、それは徐々に減少して 2000 年には 8.7％となり、[96] 安全保障政策の根幹に影響を与えることはなかった。核を保有しない軍事小国日韓にとって、アメリカとの安全保障条約と駐留米軍は最後の拠り所であり続け、その価値は冷戦終了後もほとんど変わることはなかった。

　一方でアメリカの基地政策も北東アジアの安定的現状維持及び両国で達成した有利な駐留条件保持という二点が変更されるべき理由はなかった。脅威認識のバランスに大きな変化がない中で、アメリカがより強い交渉力を発揮できるという基本構造に変化はなく、その妥協の範囲を最小限に止めることができたのである。即ち、韓国は本体の条文改正に成功したが、それはわずか一パラグラフ（被疑者の拘束について NATO 並みにする）の改正であり、日本では条文改正はなく、日米合同委員会レベルで幾つかの合意（被疑者の起訴前引き渡しについての好意的考慮等）がなされただけである。アメリカが交渉に応じた背景として、朝鮮半島の南北軍事バランスの改善や米中の戦略的接近がアメリカの脅威認識を "差し迫った" ものから "平時の用心" を怠らないものに変化させ、受入国の要求に耳を傾けるだけの一定の余裕ができたことが指摘できよう。しかし、改正や新合意に至る直接的契機は、米軍人による凶悪事件の発生や国内政治要因が大きな比重を占め、脅威認識の差異が拡大したことによる外的要因の影響は限定的であったと言える。

96）「自衛隊・防衛問題に関する世論調査」の概要、平成２７年３月内閣府政府広報室

111

最前線からは遠く海を隔てた東南アジア、南太平洋の同盟国（比豪）の一般的傾向

　冷戦の前線という視点からは両国の位置は海を隔てた辺境と言える。そして、ソ連からの直接侵攻の可能性が極めて低かったことが両国の米軍基地の属性を決定した。オーストラリアでは、太平洋、インド洋をカバーできる恒久的な情報収集基地が建設されたし、フィリピンでは植民地時代から存在する基地が大幅に拡充され、広大な地域での米軍活動を可能ならしめる兵站を含めた戦略的拠点として重要な位置を占めるに至っていた。冷戦終了はアメリカと両国双方に脅威認識の低下をもたらしたが、バランスは受入国側有利に傾く。アメリカにとってはこれらの地域に基地を保持することは、西ヨーロッパ、極東、中東等と比べると"不可欠"という要素は薄れたものの、新たな世界基地戦略の下でもこれらの基地は依然として保持する価値があり、相応のコストを支払っても存続は当然のことと考えられていた。一方で、受入れ両国にとっては、共通の敵に対峙する冷戦の同盟国というタガが外れた影響は大きく、米軍基地存続の必要性そのものが問われることになり、両国とも独自の安全保障政策と国益の追求が大きな政治的なうねりとなっていくのである。

　かくして脅威認識のバランスのズレは地位協定と米軍基地に大きな影響を与えていく。フィリピンでは地位協定の改正とアメリカからの援助金額をめぐって妥協が成立せず、ついに米軍撤退と地位協定の破棄に至る。オーストラリアでは、数次に渡る地位協定改正で、最終的に米海軍情報収集基地はオーストラリア海軍情報収集基地となり、収集された情報も米豪で共有することが合意されたのである。アメリカの国家安全専門官のヤング（Thomas-Durell Young）は、何故オーストラリアがこれだけ大幅な改正に成功したのかについて、(1)（冷戦終了後の）数年間にこれらの基地のもたらす直接的価値が減じたこと、(2) 冷戦終了により米連邦政府の予算制約の影響による緊急の財政的必要性をあげている。[97] 彼の見解はフィリピンのケースにも

　97）出典：(Thomas-Durell Young "SSI Special Report: Australian-U.S. Security Relations in the Post-Cold War World" Strategic Studies Institute, U.S. Army War College Jan. 20, 1993, Performing Organization Report Number CAN 93002

112

第4章　要因仮説 I-B：脅威認識の差異

あてはまるであろう。

冷戦終了効果のまとめ

　以上、冷戦終了の影響と結果は地域により差はあるものの、全ての受入国において地位協定は受入国有利に改正または改善的合意がなされおり、一般的傾向は「脅威認識の差異」仮説を強くサポートしている。米軍受入国にとっては、駐留米軍の存在理由は国防上不可欠なものから「新たな同盟関係下でのシニアパートナー」へと変化した。一方でアメリカは、孤立主義に回帰することはなく、新たな脅威にグローバルで対応できる新世界戦略を設定し、その基盤としての世界基地網の維持を明確にしたのである。即ち、冷戦後の安全保障環境下でアメリカと受入国の間で脅威認識の差異、駐留米軍の評価価値にずれが生じ、受入国の対米交渉力を優位に導いたと言える。地域別に見るなら、大規模な軍事侵攻の可能性が消滅した西ヨーロッパでその影響は最も大きく、冷戦構造を引き継いだ北東アジアではその影響が最も少なかった。他の地域ではその影響は屈折した形で現れ、（共通の敵の消滅によって）各国独自の安全保障政策や国益追求を復活させ、対米関係の構造を変化させたのである。

　しかし、以上の全ケースの一般的傾向の分析だけでは仮説 I-B が立証されたとは言えない。何故ならそれは一つの歴史事象の影響を比較的短期間に区切って概観したものに過ぎないからからである。より普遍的に立証するためには：(1) 脅威認識の差異が地位協定の形態に如何に影響を与えたのかをより長い歴史スパンで分析すること、(2) 脅威認識の差異が、何故に、どのように、そしてどの程度、地位協定の形態に影響を与えたのかについて、類似のグループに属するが異なった脅威認識を保有していた二国間の分析、が必要である。従って、次節では［ドイツ–スペイン］、［韓国–フィリピン］の二つのペアの細部にわたる、かつ長期の（最初の地位協定から現行の地位協定への変遷）歴史的比較考察を行う。言うまでもなく、各ペアは類似の安全保障同盟グループに属し、ドイツと韓国は冷戦時は最前線に位置した国である。

113

C． ドイツとスペインの比較考察

この二国を比較の対象として選択したのは以下の理由による。

(1) 両国とも北大西洋条約と NATO 地位協定加盟国であり、かつ NATO の設立メンバーではなく、いわゆる遅れて参加したレイトカマーである。
(2) 冷戦下において、東側からの深刻かつ差し迫った脅威認識については両国間に大きな隔たりが存在した。
(3) 両国とも西ヨーロッパの主要国であるが、国家としてのハードパワーには大きな差があった。

今日、両国の地位協定はタイプ Ⅲ-Aα であり、第 2 章で試みた総合評価でもドイツは 75.2、スペインは 69.8 といずれも極めて受入国に有利な地位協定となっている。ドイツは、ほぼ全ての項目について条文が存在しかつ高評価を得たため、総合点ではスペインより高いが、地位協定の重要部分である双方の軍隊の相手国への駐留条件等の項目についてはスペインは高度の相互互恵性を達成しており、受入国にとっての有利度という点ではほぼ同レベルであるといってよいだろう。しかし、歴史的に見るなら、現行のドイツ地位協定が発効する 1998 年までは（調印は 1993 年になされたが）スペインは、ドイツよりはるかに弱体なハードパワーにも関わらず、明らかにドイツより有利な地位協定を享受してきたのである。仮説 I-B［脅威認識の差異］こそがその要因であると考えられる。そこで、歴史過程の追跡に移る前に、主要な要因（地政学的位置、脅威認識及び経済規模）と結果（合意された地位協定）の対比を行ったのが下表（表 IV-2）である。不等号は、大小や有利度を表す。

1． ドイツ地位協定の歴史：脅威認識の差異が如何に影響したか

旧西ドイツの地理的な脆弱性は、東ドイツと隣接しているという位置関係だけでなく、その全国土は東側国境からわずか 240 km の範囲内にあることからも容易に想像できよう。さらに動員されているワルシャワ条約機構軍の規模は常に西側より巨大であった。大戦直後の西ドイツが東側からの脅威に対

第4章　要因仮説 I-B：脅威認識の差異

表Ⅳ-2　ドイツとスペイン　要因と結果比較表

	ドイツ		スペイン
地政学的位置	最前線で脅威大	＞	前線から遠く脅威小
脅威認識と米軍基地の重要性	米軍基地の価値は必要不可欠であり脅威認識の共有部分は大	＞	米軍基地の価値は軍事より外交的価値大、脅威認識の共有部分は小
経済力の差	1993 GDP: $2,007,453（百万）	＞	1993 GDP: $509,351（百万）

	ドイツ		スペイン
地位協定の推移	1955: The Bonn-Paris Convention 1963: The first Supplementary Agreement (SA)	＜	1953: The Pact of Madrid 1970: The Agreement of Friendship and Cooperation 1976: Treaty of Friendship and Cooperation 1982: Agreement on Friendship, Defense and Cooperation
	1998: Revised SA (present SOFA)	＝	1988: Agreement on Defense Cooperation

GDP: Data from database: World Development Indicators (Last Updated: 09/24/2014)

抗するためには全面的に西側連合軍、とりわけ米軍に依存する以外の選択肢は存在しなかった。1951 年から始まる大規模な米軍駐留の再開は不可欠の防衛力構築として歓呼の声で迎えられた。この米軍を中核とする NATO 軍防衛力への信頼は 1980 年代になっても揺らぐことなく続く。戦後の米独軍事関係史の専門家ネルソン（Daniel J. Nelson）は、1982 年にニューズウィーク誌のために実施されたギャロップ国際調査[98] 等を引用しながら次のように論じる。「西ドイツの回答者は、東からの侵攻から西ヨーロッパを防衛するための NATO の軍事能力に対して大いなる、あるいはかなりの程度の信頼を表示したのである。そしてその比率は他の調査国（イギリス、フランス、イタリア、ベルギー）より高い比率であった。」(Nelson *Defenders or Intruders : The Dilemmas of U.S. Forces in Germany 64*) 核の配備もソ連の侵攻を思いとどまらせる有効な手段として容認されたのである。

　一方のアメリカもまた、米軍の西ドイツ駐留は、冷戦を戦うためには、地政学的にも軍事的にも必要不可欠な選択であった。かくして、軍隊派遣国と

---

98)「西ヨーロッパを（東からの）侵攻から守るために、あなたは NATO の防衛能力にどの程度の信頼をもっていますか？」という質問に対して 16％は大いに信頼、45％はかなり信頼、29％はさほどではない、6％は全くない、4％が知らないと回答したのである。Gallup International Poll, February 1982; published in Newsweek (Foreign Edition), March 15, 1982.

115

受入国の共通、かつ同レベルの脅威認識の下で、派遣国側から見た受入国の地政学的価値と受入国から見た米軍による安全保障供与の価値は、その最高点において一致するが、保護提供者側の優位を覆す段階には至らなかった。西ドイツは安全保障確保の代償として不平等な地位協定という代価を支払わねばならなかったし、その抜本的改正は冷戦終了まで待たねばならなかったのである。

占領の遺産 ―1955年 ボン‐パリ協定[99]

　極東で起こった朝鮮戦争に最も敏感に反応し、深刻な脅威を抱いた国は西ドイツであろう。何故なら、共産圏と接する長い国境、分断された国家という環境は余りにも朝鮮半島と類似していたからである。西ドイツ首相アデナウワー（Konrad H. J. Adenauer）は、西ドイツは完全に無防備であり、西側占領国による西ドイツ防衛についての堅い決意と（具体的な）諸行動が取られることが絶対に不可欠である、と差し迫った脅威とそれに対する防衛を訴えた。(中村登志哉 13 に引用) ボン‐パリ協定はこうした占領終了後の西ドイツの訴えに応え、共通の脅威認識の上に立った戦勝三国（米英仏）の決意に満ちた第一歩と言えるであろう。西ドイツもまた戦勝三国主導の集団的行動に対し、押し付けられたものとしてではなく積極的に参画する強い動機を持っていた。

　しかし、戦勝三国は西側の安保体制の団結を誓い、西ドイツをその集団安保体制の一員として迎えることに合意しながらも、占領下で獲得した諸特権

---

99) 正式英文名：Convention on Relations between the Three Powers and the Federal Republic of Germany of 26 May 1952, as amended by Schedule I to the Protocol on the Termination of the Occupation Regime in the Federal Republic of Germany, signed at Paris on 23 October 1954, BGB1 1955 II305. この協定はパリで調印され、1955年5月5日にボンのアメリカ大使館で開催された同盟軍高級委員会の会合で発効に至ったため、ボン‐パリ協定と呼ばれるようになった。協定はいくつかの合意（Agreements）と規約（Conventions）からなり、地位協定に関するものは：(a) 西ドイツにおける外国軍とその軍人の権利と義務についての規約（Convention on the Rights and Obligations of Foreign Forces and their Members in the Federal Republic of Germany, BGB1 1955 II321）(b) 財政に関わる規約（Finance Convention, BGB1 1955 II381 ）(c) 外国軍とその軍人の税の取り扱いについての合意（Agreement on the Tax Treatment of the Forces and their Members, BGB1 1955 II469）から構成される。

第 4 章　要因仮説 I-B：脅威認識の差異

の保持には頑なに固執したのである。即ち、三国は引き続き西ドイツ内に有利な条件下で軍を駐留する権利を認められ、なおかつ "ベルリンとドイツ全体に関わる" ことについては一定の決定権を保有し、その中には将来のドイツ統一や平和条約調印といった事項も含まれていたのである。この協定下でドイツの主権は大きく制限され、地位協定に関する部分は、西ドイツが正式にNATO加盟国となって補足協定が発効する1963年まで効力が継続したのである。さらに、"ベルリンとドイツ全体に関わる" ことについての決定権はドイツ統一の日まで有効であった。

1959 年調印　最初の補足協定（Supplementary Agreement to NATO SOFA）[100]
タイプ Ⅲ B a

　1950年代後半にアデナウワーはソ連との平和的関係を目指して積極外交を展開したが、大きな成果はなく西ドイツの安全保障環境は一向に改善しなかった。そして、1961年にはベルリンの壁が構築され冷戦は新たな局面に突入、ドイツの深刻な脅威認識は和らぐことはなかった。こうした中で西側はさらに同盟関係を深め、西ドイツのNATO加盟を前提として1959年にNATO地位協定を補足する補足協定が調印され、西ドイツのNATO正式加盟時の1963年7月に発効となった。これにより、ボン－パリ協定の地位協定関連部分は廃止となり、NATO地位協定と補足協定がドイツ地位協定を構成する二本柱となる。しかし、その内容は著しくドイツに不利なものであった。何よりもボン－パリ協定の他の合意は廃止されることなく存続し、戦勝三国は先述の "ベルリンとドイツ全体に関わる" 事項の決定権を含む諸特権を保持したのである。さらに、地位協定を構成する主要項目についても、補足協定に定めるドイツ側の諸権利は限定的で筆者はこれをタイプⅢ B- a に分類する。松浦一夫は、1963年補足協定はドイツの主権行使と市民権の保護に関してドイツ側が不利であると断じている。（松浦一夫 58）注目すべき事実はこの最初の補足協定は1971年と81年と2回改正されたがそれ

---

100)　正式英文名：Agreement to supplement the Agreement between the Parties to the North Atlantic Treaty regarding the Status of their Forces with respect to Foreign Forces stationed in the Federal Republic of Germany, signed August 3,1959, TIAS 5851　（1963 年 7 月 1 日発効）

はごく一部に止まり、何と1998年に現行補足協定（合意・調印は1993年）が発効するまで効力を有していたということである。

1993年調印　現行の補足協定（Supplementary Agreement to NATO SOFA）[101]
（ドイツ、ベルギー、フランス、オランダ、イギリス、アメリカの多国間合意）
タイプⅢ-Aα

　冷戦終了と西ドイツ主導によるドイツ統合が、ドイツの脅威認識に劇的な変化をもたらしたことは言を俟たない。駐留米軍は最早国家生存に不可欠な"最後の拠り所"ではなく、新たなNATOの理念と使命を共同で達成するためのシニアパートナーへと変化し、冷戦時にドイツが抱いていた"アメリカから見捨てられる"恐怖は最低限のレベルまで低下した。かくして、米独間の交渉力バランスは大きくドイツ側に傾いたのである。目を西ヨーロッパ国家間の関係に転ずると、そこでもドイツの位置は著しく向上していた。何故なら、ドイツはワルシャワ条約機構軍侵攻の最初の犠牲になるという想定シナリオが消えたことで、西ヨーロッパ諸国の脅威認識の均等化が図られ、ドイツだけが最も深刻な脅威認識を抱くという時代は終わったのである。さらに、軍事的にも、経済的にもNATOにおけるドイツの役割はアメリカに次ぐものとなっていた。

　ドイツ統一によりボン－パリ協定が失効し、戦勝三国軍がドイツに駐留を継続する国際法上の正当性も消失したため[102]早急に新たな国際合意が必要となったことが補足協定全面改正の法制上の契機となった。かくして（二回の小改正を経た）1963年補足協定の全面改正交渉が多国間で開始され、ドイツ側は連邦政府だけでなく州政府まで交渉に参加したのである。交渉は1993年3月18日に妥結、調印され1998年3月29日発効となった。これによりドイツは、主要な分野のほぼ全てについて受入国側に有利なものに改正

101）正式英文名：Agreement of 3 August 1959, as Amended by the Agreements of 21 October 1971, 18 May 1981, and 18 March 1993, to Supplement the Agreement between the Parties to the North Atlantic Treaty regarding the Status of their Forces with respect to Foreign Forces stationed in the Federal Republic of Germany（改正された補足協定 1998年3月29日発効）

102）同協定の第4条は「三国はドイツ連邦共和国に（その）軍を駐留させることに関しての諸権利を保持する」と定められていた。 Art.4 of the Convention: ……the Three Powers retain the rights …… relating to the stationing of armed forces in the Federal Republic……

118

することに成功する。ドイツの経済力を含めた総合国力と多国間交渉という要因（第3章で検証）がドイツの交渉力を強くしたことは間違いないが、均等化された脅威認識という平準化されたグランドがなければそうした力関係要因の作用も極めて限定的であったと考えられる。

　主な改正ポイントをまとめると：(1) 死刑の廃止、[103] (2) 機動演習や軍事訓練はドイツ国防相の同意（Approval）が必要、(3) 基地内における警察権行使など駐留軍に対するドイツ法の適用の明記、[104] (4) 環境保護についての明確かつ詳細な基準の設定、(5) 基地で働くドイツ人労働者の諸権利の著しい改善、[105] (6) 駐留軍の移動にはドイツ政府の同意（Approval）が必要であり、ドイツ当局は取決めが遵守されているかを監督する、(7) 補足協定の終了はNATO地位協定とリンクしない（補足協定は独立した合意として改正や終了が可能となる）等である。

　確かに、1993年改正ドイツ補足協定は、世界の米軍地位協定の中でも最も受入国に有利な協定の一つであることは言うまでもない。しかし、本節の問題意識から見るなら、ヨーロッパ最大の総合国力を回復したドイツの全面改正が、何故に冷戦終了まで実現しなかったのかという事実が重要である。

2．スペイン地位協定の歴史：脅威認識の差異が如何に影響したか

　ドイツよりはるかに弱小な総合国力しか持たなかった20世紀のスペインが、何故にドイツより強力な対米交渉力を持ち得たかという問いに対する答えは二つある。第一は何よりもまず、冷戦構造下における東欧からの遠隔性というスペインの地理的位置にあろう。東西ドイツ国境や黒海から遠く離れ

---

103) 死刑執行だけでなく、そのような刑（死刑）の執行に至る可能性のある起訴手続きの禁止も含む。

104) 例えば、ドイツ警察はもし公共の秩序や安全が脅かされたり、実際に侵害された場合は基地内において警察権を行使する、とある。('German police may exercise their authority within' the bases when the public order and safety of Germany are jeopardized or violated.)

105) 松浦一夫は、労働災害について、旧来の派遣国の規則適用からドイツの産業安全法（German Industrial Safety Law）適用に改善されることになったのはドイツ労働者保護にとって画期的な前進であり、さらに労使が共同で決定する事項が旧来の5項目から27項目（ドイツのFederal Personnel Representation Lawでは32項目）にまで拡大されたことにより、基地労働者の待遇は他の職場で働くドイツ人労働者と大差のない状態にまで高められた、と指摘する。(松浦一夫 65)

119

たスペインではソ連からの直接侵攻という脅威とは無縁であった。スペインにとって米軍駐留受入は、ソ連から身を守るという安全保障的価値は極めて低く、ヨーロッパ社会復帰への切り札という外交的価値の方がはるかに高い比重を占めていた。一方のアメリカは、ソ連封じ込め戦略のためには地中海の関門にあるスペインに軍事拠点を設立することは必須の軍事的要件であり、高いコストを支払っても達成されるべき目標であった。アメリカは双方のニーズをうまくつなぎ合わせて、自国に有利なマドリッド協定を締結することに成功するが、それは共通の脅威認識に基づいた安全保障同盟とは程遠く、両国を駆り立てた背景と思惑は最初から異なっていたのである。この脅威認識の"ズレ"が、スペインの国際社会復帰が進み、アメリカ関与の外交的価値が薄れるとともに拡大し、交渉力バランスは大きくスペイン有利に傾いていくのである。

　第二は、かっての世界帝国スペインの遺産とも言うべきもので、それはアメリカとは異質の世界戦略への固執と、抜け目のない非妥協的な外交術から成る。前者について言うなら、1950年代のスペインの主要関心事はアフリカのマグレブ（北西アフリカ諸国）における自己権益の保持やジブラルタル海峡をめぐる主権争いであったし、アラブ諸国への友好政策や南アメリカ諸国に対する外交方針はこれらの国々の体制変換に関わらず伝統的に不変であった。従って、スペインにとってアメリカ主導の冷戦対決構造への加担は二義的なものであり、将来冷戦が現実の熱戦になった場合にアメリカの戦争に巻き込まれることへの懸念が消えることはなかった。一方で、アメリカは基地の設立・維持のために、援助も含めたあらゆる手段を利用するが、こうしたスペイン独自の脅威認識に基づく外交安全保障戦略に巻き込まれることは公式にも非公式にも避ける必要があった。言葉を変えれば、アメリカは交渉力バランス転換の決定打とも言うべき、スペインが最も必要としているものは提供することはなかったのである。後者、即ちスペインの抜け目のない外交術は、権謀術数渦巻く近代ヨーロッパの戦争と外交で培われた。その金科玉条は、外国と安全保障に関わる合意をする場合は、安全保障環境はどのような変化をするか予測できないため、将来スペインが下すであろう独自の決定を拘束するような事前合意はしないということである。[106] そのために

第 4 章　要因仮説 I-B：脅威認識の差異

スペインは極めて短いサイクルでの定期的再交渉を地位協定合意の大前提と
したのである。かくしてアメリカはその期限が来る度に再交渉に応じざるを
得なくなり、スペイン側にその時々の安全保障環境を利用できる数多くの改
正機会を与えることになるのである。以下、歴史経過を辿ることで、こうし
た脅威認識の差異から生じるスペインの特質を検証していく。

1953 年調印　マドリード協定[107] タイプ II-β

　所謂マドリード協定は、安全保障に関する合意としては "共通の脅威に対
する集団的防衛" という基盤の上に成り立っていないという意味で極めて特
殊である。1950 年代初期におけるフランコ（Francisco Franco Bahamonde）
政権の切実な外交課題は、世界からの "村八分"[108] 状態から脱して何とか
国際社会に復帰することであり、アメリカとの協力的な関係樹立ほどこの切
望に貢献するものはなかった。そして、スペインをこの世界的孤立と困窮す

106）元駐スペインアメリカ大使のダン（James C. Dunn）は当時の両国の立ち位置を
　　次のようにまとめている。スペインにとって、同国が軍事的にアメリカと同盟関係に
　　入ることは、完全に独立した立場の保持と、もしヨーロッパで戦乱が起きた場合、
　　（その時点で独自に）スペインが如何なる行動をとるかを決定できる位置にいる、と
　　いうスペインの伝統的政策の放棄であるため、将来の戦争において予めその立場を決
　　めておくということは避けねばならなかった。一方、アメリカの目的は単純明快で、
　　スペインに基地を設立し、スペインを西側の国際協力体制に取り込むことであった。
　　出典:U.S. Congress, House, Committee on Foreign Affairs, European Problems, Selected
　　Executive Session Hearings of the Committee, 1951-1956, Vol. XV（Washington, DC:
　　Government Printing Office, 1980）, p. 376-7.
107）1953 年 9 月 26 日に調印された所謂マドリード協定と呼ばれる最初のスペイン地
　　位協定は、以下のそれぞれ別個の 3 つの行政協定から構成される。これらの他に補足
　　合意も多くあり幾つかは未だに公開されていない。(1) Military Facilities in Spain:
　　Agreement Between the United States and Spain, TIAS 2850 UST 1895; (2) Mutual
　　Defence Assistance Agreement with Tax Relief Annex and Interpretative Note in
　　regard to Tax Relief Annex between the United States of America and Spain , TIAS
　　2849, UST 1876（2013 現在も実効）; and (3) Economic Aid Agreement, TIAS 2851,
　　UST 1903（2013 現在も実効）
108）著名なスペインファシズム史の専門家ペイネ（Stanley G. Payne）を含む多くの歴
　　史家は、第二次世界大戦後の 10 年間のスペインを表現するのに "村八分"
　　（Ostracism）という表現を使用している。（Payne）そもそもの発端は大戦中にあり、
　　連合国側はフランコ体制下のスペインが "中立的" 立場を取ったことは現実にはファ
　　シスト陣営帰属と同義であり、その体制は非民主的独裁国家であると非難した。戦後
　　の 1946 年 3 月にはフランスはスペインとの国境を閉鎖、同年 12 月には国連総会が（ポ
　　ルトガル、アイルランド、スイス、ヴァチカンを除き）全員一致でフランコ政権非難
　　の決議を行い、同国との外交関係断絶を勧告したのである。

121

る経済から救えるのはアメリカだけであり、アメリカは圧倒的に強い交渉力を発揮し得た状態にあった。しかし、安全保障の視点から見るなら、両国間には脅威認識の差異、それから生ずる優先政策の違いが明白であり、こうした構図は修正を迫られる。何故なら、スペインにとってソ連からの脅威は二の次の問題で、北アフリカ問題など独自の安全保障上の関心がその中心を占めており、むしろアメリカをその後援者として引込もうと企んでいた。米軍基地受け入れの価値は、そうした独自の外交政策にどれだけ貢献があるのかという尺度で評価されたのである。アメリカにとっては、ソ連封じ込め作戦完遂のために、戦略的位置を占めるスペインに基地を建設することは最重要な目標であり、スペインの地政学的評価は極めて高かったのである。[109] そして、アメリカがスペイン独自の海外利権保持に対して冷淡であることが明らかになっていく過程で、圧倒的に優位であったアメリカの交渉力に影が差し始める。何故なら、スペインにとってソ連からの侵攻脅威は希薄であり、アメリカの防衛力に依存する必要度は低かったからである。かくして、米－スペインの最初の地位協定交渉は、総合的にはアメリカ優位で進められるが、双方の外交上、安全保障上の優位、劣勢が複雑に絡み合いアメリカの一方的なワンサイドゲームとはならなかった。地位協定の主要構成部分ではアメリカはほぼ望むもの全てを手に入れた。無制限に近い米軍活動自由裁量度を獲得したし、[110] 裁判管轄の分野でも米軍は実質的に治外法権に近い権利を得たのである。[111] しかし一方で、スペインは巨額のアメリカ援助を獲得した[112] だけでなく、ヨーロッパ社会に復帰するために喉から手が出るほど

---

109) デューク（Simon Duke）は、アメリカにとってスペインに空軍基地を建設することの重要性について次のように述べている：（アメリカは当初計画していた）ドイツとオーストリアの基地群をイタリア、デンマーク、ノルウェー、フランスの基地網で取り囲む周辺基地設置作戦（Periphery Basing Plan）が立ち消えになった後、新たな基地網、とりわけ空軍基地建設の追及を始める。「イベリア半島はアメリカから 5,000 km、ソ連の西欧側国境から 2,500 kmの位置を占め、この頃の爆撃機、例えば B-47 の短い航続距離を考えれば魅力的な代替案であったのである。」(Duke *United States Military Forces and Installations in Europe* 252)

110) 1974 年に公開された秘密協定によれば：明らかな共産圏からの攻撃に対しては、アメリカはその行動をスペインに通知する（Communicating）だけで自由に在スペイン基地を使用することができ、他の緊急時においてはその軍事活動についてスペインと緊急協議する（Consultation）となっている。

111) ナッシュ（Frank Nash）: White House Report "United States Overseas Military Bases" Washington, DC. December 1, 1957 （1990 年 2 月 7 日付　非公開解除文書）

第 4 章　要因仮説 I-B：脅威認識の差異

欲しかったアメリカの "推薦状" も手に入れたのである。そして何よりも、協定の実効期限を 10 年と区切ったことは重要であった。この前例が後のスペイン地位協定の定型となり、長くアメリカを悩まし続けるのである。

1970 年調印　友好・協力協定 [113]

　1960 年代後半に入ると、米 - スペイン間の交渉力バランスをスペイン有利に傾かせる幾つかの事象が発生する。スペインの国内政治に深刻な影響を与えたのは、1966 年にアメリカの B-52 戦略爆撃機が 4 発の核爆弾をスペイン領内に落下させるという事故が発生したことである。この事故はスペインがアメリカの戦争に巻き込まれた場合の恐怖を倍増させる効果をもたらした。何故なら、核兵器を保有する米軍基地はソ連からの攻撃の対象になりやすいとともに、事故による危険も身近に存在することもあからさまになったからである。一方で、スペインにある米海空軍基地の戦略的重要性を高めるような戦争や政治的激変が連続して起こる。1967 年に発生したアラブ - イスラエル戦争は、中東地区をカバーできるスペイン海空軍基地の価値が新たに認識された。そして 1969 年にリビアで軍事クーデターが発生したため、アメリカはリビアの Wheelus 空軍基地から撤退し、その活動をスペインの Zaragoza 空軍基地に移動せざるを得なくなったのである。

　結果として、アメリカにとっての在スペイン基地群はその戦略的価値が著しく上昇したのに対し、スペインはアメリカ主導の冷戦対決加担にさらに冷淡になっただけでなく、米軍事活動の危険性も新たに認識され、米軍基地受け入れの評価価値は下落する。こうした交渉力バランスの変化を背景に、1970 年協定では、スペインは米軍事活動全般に対し大きくその制限的権限を強化した。[114] さらにスペインはアメリカに対して、アラブ諸国とイスラ

---

112) アメリカの公式発表の数字は、総額 16 億 8,800 万ドル、さらに 5 億 2,100 万ドルの軍事援助が 10 年に渡って付け加えられたのである。出典：The U. S. Dept. of Commerce, Foreign Grants and Credits by the United States, Fiscal Year Reports 1957-1963, in R. R. Rubottom and J. C. Murphy, *Spain and the United States since World War II* (New York, 1984), 46.

113) 正式英文名：The Agreement of Friendship and Cooperation between Spain and the United States, signed august 6, 1970, five years' duration to 1975, TIAS 6924, 21 UST 1686

エルを巻き込むような米軍事行動については、在スペイン米軍基地は使用させないということも明確にしたのである。(Grimmett 14-15)

1976 年調印　友好・協力条約 [115]

　この条約の交渉は 1974 年に開始され途中でフランコが死去したため、それを継いだカルロス（Juan Carlos）政権が交渉を継続して合意したフランコ後の初めての条約である。新政権は、伝統であるスペイン独自の国益追求路線をさらに増幅させた形で踏襲し、長い交渉過程の中で、NATO 並みの自動的な相互集団防衛義務を負う米－スペイン二国間安全保障条約締結まで要求するに至るのである。[116] 勿論アメリカはそのような安全保障条約は拒否するが、新たな地位協定を行政協定から国会の批准が必要な条約レベルに格上げすることと、スペインの NATO 加盟を後押しすることを受諾したのである。条文本体は概ね 1970 年協定の内容を引き継ぐものであったが、アメリカは Rota 海軍基地からの全原潜の撤退、核兵器に関わる装置や部品のスペイン内貯蔵の禁止、巨額援助の継続等を受け入れたのである。特に注目すべき事実は、アメリカが二国間地位協定を締結する際の慣習としてきた "行政レベル" の合意を、条約レベルに格上げすることを受諾したことであろう。ここに、アメリカにとっての在スペイン基地群の重要度、スペインにとっての米軍駐留の重要度のアンバランスが如何に交渉力バランスに影響を

114）協定内容は「西側に対する外部からの脅威や攻撃に対する（防衛行動は）両国の緊急協議の対象とする。また、発生した状況によっては両国による緊急合意（Agreement）の対象とする。」とされ、スペインの主権行使が強化された内容となっている。

115）正式英文名：Treaty of Friendship and Co-operation Between the United States of America and the Kingdom of Spain. Signed 24 January 1976, entered into force 21 September 1976 TIAS 8360.　（5 年の有効期限）

116）アメリカの主任交渉官であったマクロスキー（Robert J. McCloskey）はこの条約の交渉を次のように回想している：　アメリカは基地存続以外に何のグランドデザインもなかったが、スペイン側は同国が軍事基地の使用を受容していることは、西側防衛にとっての貢献であり、アメリカのみならず NATO もこれを認めて基本原則として宣言すべきであると要求したのである。また、スペインはアメリカとの二国間安全保障条約も要求、その中で北大西洋条約第 5 条と同文の相互防衛義務を求めたのである。さらに、いつもの通りの軍事援助要求に加えてスペインが求めたのは、Rota 海軍基地からの全原潜撤退と Torrejon 空軍基地からの全空中給油機（それらは中東へ向かう途中の軍用機に空中給油していたものだが）の撤収であった。(McCloskey 17-19)

第 4 章　要因仮説 I-B：脅威認識の差異

及ぼしたかを見ることができる。

1982 年調印　友好・防衛・協力協定 [117]

　ステロ（Leopoldo Calvo Stelo）に率いられた中道右派政府は、西側安全保障体制により協力的な政策を取り、1983 年 5 月に NATO 加盟を決定することになるが、それは必ずしも、伝統的なスペイン外交方針をよりアメリカに従順なものに変更することを意味しなかった。この頃までには、スペインの国際社会からの"村八分"状態は大きく改善されてきており、米軍受け入れによるアメリカの外交的後押しという意味合いは減じていた。安全保障面においても、NATO 加盟はスペインが熱望していた EEC 加盟に貢献しうるものとして、いわば間接的に国民の支持を得たものであり、NATO 加盟国としての役割分担や諸義務遂行は可能な限り協力しないというのが政府の基本方針であった。さらに、アメリカが NATO 域外で軍事行動を展開することについては強い警戒感が漂い始めていた。一方で、東大西洋と西地中海への戦略的ハブとしてのスペインの地政学的位置は、NATO 地域外での軍事活動を重視し始めたアメリカにとって、その重要性は増すばかりで、在スペイン基地群は絶対維持というのが変わらぬ方針であった。

　このような状況下で合意に至った 1982 年協定は、形態こそ条約から協定に戻ったが、その内容はさらなるアメリカの譲歩に満ちたものとなった。まとめると：(1) NATO の安全保障体制への参画、[118] (2) この協定に定める以外の目的のためにアメリカが軍事行動を行うことについてのスペインの制限的権限強化、及び外部からの脅威と攻撃に対する行動基準の設定、[119] (3)

---

117) 正式英文名：Agreement on Friendship, Defense and Cooperation between the United States of America and the Kingdom of Spain, with Complementary Agreements and related notes signed July 2, 1982, entered into force May 14, 1983 with Protocol signed February 24, 1983 TIAS 10589（5 年の有効期限）本書執筆時点実効

118) 第 1 条の英語正文：1-1 The Parties shall maintain and develop their friendship, solidarity, and cooperation both bilaterally and within the framework of their participation in the North Atlantic treaty in pursuit of the ideals, principles, and objectives set forth in the Preamble to this Agreement. 1-2 To this end, both Parties shall promote their cooperation in the common defense, as their economic, scientific, and cultural cooperation……

125

この協定をもってアメリカの援助とスペインの基地提供という交換的慣習の最後とする、[120] (4) スペインの同意なしに核兵器の国内貯蔵はできない、[121] (5) 二国間地位協定史上初めて、"スペイン軍がアメリカに駐留する時"の地位を定めた相互互恵的条文を設定した、(6) 両国の係争が解決できない時の協定終了条文の設定、[122] 等である。

1988 年調印　防衛協力協定と付属文書及び関連する外交書簡 [123]

1982 年 10 月、ゴンザレス (Felipe González) 率いるスペイン社会党 (PSOE：

---

119) 補足合意 2 ［軍事行動や兵站行動に従事する基地と（その諸活動に対する）許認可］の英語正文要約：Complementary Agreement Two ［Operational and Support Installations（IDAs）and Authorizations］, Art. 3 and Art. 4 state that the maximum force levels and the amount of ammunition and explosives of the U.S. shall be subject to mutual agreement. Art. 5 refers to the case of external threat or attack as: In case of external threat or attack against either Party acting in accordance with the purposes mentioned in Article 2-2……, the time and manner of use of the IDAs and authorizations referred to in this Complementary Agreement shall be the subject of urgent consultations between the two Governments and shall be determined by mutual agreement, without prejudice to either Party's inherent right to immediate and direct self-defense. Such urgent consultations will take place in the United States-Spanish Council but when the imminence of the danger so requires, the two Governments shall establish direct contact to resolve the matter.

120) 第 2 条 2、3 項の英語正文要約：[2-2] To this end, Spain grants to the United States of America the use of operational and support installations and grants authorizations for use of Spanish territory, territorial sea and airspace for purposes within the bilateral or multilateral scope of this Agreement. Any use beyond these purposes will require the prior authorization of the Government of Spain…… [2-3] For its part, the United States of America will use its best efforts to contribute to the strengthening of the Spanish Armed Forces by providing Spain, for the period of validity of the Agreement, with defense equipment, services, and training in accordance with such programs as may be agreed…….

121) 第 4 条 2 項の英語正文："The storage and installation in Spanish territory of nuclear or non-conventional weapons or their components will be subject to the agreement of the Spanish Government."

122) 英語正文："should the matter (*disagreement concerning the interpretation, implementation or compliance with the provisions*) not be resolved within a period of twelve months, either Party may terminate this Agreement effective six months from the date of written notice of such termination and a period of one year from the effective date of such termination is provided for the United States to withdraw its personnel and removable property……."

123) 英文正式名：Agreement on Defense Cooperation between the United States of America and the Kingdom of Spain with Annexes and notes and side Letters. Signed December 1, 1988, entered into force May 4, 1989, and revised by the Protocol of Amendment April 10, 2002　2015 年時点で実効

第 4 章　要因仮説 I-B：脅威認識の差異

Spanish Socialist Party）が選挙で大勝しスペインの体制と諸政策は大きく転
換することになる。さらに国際的には、NATO と EEC への正式加盟はスペ
インの国際社会への完全復帰をもたらすこととなり、米 – スペイン関係は大
きな構造転換の時代を迎える。決定的な変化は、アメリカ主導の冷戦対決体
制と米軍基地の存在価値がスペインの国益に反するものとして、公開の政治
の場で堂々と語られ始めたことである。[124] 前政権が決定した NATO 加盟も
国民投票にかけられることとなり、辛うじて僅差で承認されたものの、それ
は EEC 加盟にかける国民の熱意に後押しされたものであった。アメリカの
戦争に巻き込まれる恐怖や伝統的国益追求の力が、アメリカに見捨てらる恐
怖を上回った結果、米軍基地の存在価値は "必要悪" から "不要" なものに
格下げされてしまったのである。スペインは協定の改正交渉において、不要
となった米軍基地の撤退を堂々と迫り、[125] アメリカは基地存続のために大
きな譲歩を余儀なくされたのである。

　1988 年協定の主な内容は：(1) 存続する米軍基地はスペインの指揮下に
あり（具体的には共同指揮）スペイン国旗のみが掲げられる、[126] (2) Torrejon
空軍基地から第 401 戦術戦闘航空隊は撤退し、米軍基地は二か所に削減され

---

124) スペイン社会党の主張は次のようなものであった：(1) NATO はスペインの国土
　保全を何ら保証するものではない。何故なら北大西洋条約はスペイン領土の一部をそ
　の防衛対象から外しているからである。(2) NATO は我々の防衛、安全保障上のニー
　ズに応えることはない。何故なら我々にとっての脅威と危機が生ずる可能性の高い地
　域は北大西洋条約が想定した地域の外である。(3) NATO に加盟すると外部からの核
　攻撃による危機が増大し国民が危機に晒される。(4) 他陣営（共産圏）はワルシャワ
　条約機構の拡大と強化という反撃に出る可能性が高く、ヨーロッパの緊張を高め戦争
　の可能性を高める。(Gillespie, Rodrigo and Story 58-59) 引用された第一次資料：
　PSOE 1981: 76
125) スペインの国防相セラ（Narcis Serra）はもはや米軍基地の必要性は低いものとなっ
　たと強調した。何故なら、フランコ後のスペインの新政権はスペインの国際的地位を
　向上させ、国防省の組織改革を図ったことで防衛政策具体化と軍の近代化を達成した
　からである。従って、在スペイン米軍の大幅削減は、スペイン軍の NATO に対する
　大幅貢献増によって十分に補填されうるものであり、米軍削減は共通の安全保障を
　弱めるものではない。(Financial Times, 15 Sep. 1987 に引用) また、スペインの北米
　局次官レナ（Juan Lena）は「スペインは現状の形での条約の改正は拒否する」とア
　メリカ側に伝えた。(International Herald Tribune, 6 Nov. 1987 に引用) そして実際
　の第 7 回と最終回の交渉で、(1987 年 11 月 10 日) スペインは 34 年続いた協定を改正
　して継続することはせず、将来の米軍基地についての如何なる合意も全く新規の合意
　に基づくものでなければならない、とアメリカに通告したのである。(Duke *United
　States Military Forces and Installations in Europe* 262)

127

る、(3) この協定以降アメリカの援助とスペインの基地提供という交換的慣習は断ち切る、[127] (4) 前協定からの非核原則の遵守（ただし、核搭載艦の寄港問題は玉虫色の解決となった）、[128] (5) スペイン軍がアメリカに駐留する際の相互互恵的地位を条文正文中に定めた、等である。

2002年　防衛協力協定改正

　冷戦の終了、スペインを含む EU の経済的繁栄、新しい理念と使命に基づく新 NATO の発足はスペインの頑固な伝統的安全保障観をより穏健なものに変化させていく。何よりも、冷戦の対決論理から、より "ヨーロッパ化" した NATO はスペインの伝統的安全保障観と共生可能であり、「身軽でフレキシブル、低下した核による対決姿勢、よりヨーロッパ的、より透明で開かれている」と評価されたのである。(Frain 25 に引用) こうした中でスペインは従来忌避してきた NATO の諸活動に積極的に参画を始め、国際社会の責任あるパートナーとしての役割を担い始めるとともに、米軍基地のさらなる撤退を要求することはなかった。しかし、アメリカの単独行動主義と NATO 域外の米軍事活動については依然として警戒感が消えず、防衛協力協定改正交渉では米軍事行動についてさらなる制限的権限強化を求めたが、最終的に「新たな安全保障要件に対応するために」（補足協約前文）双方が妥協し、改正補足協約（Protocol of Amendment）による小変更に止まったのである。

---

126) 16条第1項の英語正文：Art. 16-1 The bases listed in Annex 2 of this Agreement shall be under Spanish command. Only the Spanish flag and command insignia shall be flown over these bases. The internal administration of each base will, as regards the bilateral relationship, be determined by rules and procedures mutually agreed by the Commander of the Base and the Commander of the United States forces…….

127) 条文本体からは軍事、経済援助、教育、文化、科学面での協力という文言が消え、両国の共通防衛協力前進のみが謳われた：第3条 英語正文 The Parties recognize the importance of defense, industrial and technological cooperation in strengthening the common defense. They shall strive to improve this bilateral cooperation between their governments and their defense companies and to take steps toward achieving a more integrated and stronger industrial base…….

128) 1982年協定の原則は改めて確認され、さらに核搭載航空機のスペイン領空飛行禁止についても、これを変更するためにはスペイン政府の同意（Consent）が必要であるとされた。(The exchanged Note on Overflight by Aircraft with Nuclear Weapons) しかし、核搭載艦の寄港については単に「米、スペイン両国の海軍艦船は関税、保健を含む捜索を受けない……」とされた。(Annex 3: Supplementary Rules on Ship Visits 9-3)

3．比較分析とまとめ

　以上の比較考察から、スペインはその弱体な総合国力にも関わらず、歴史的にドイツより有利な地位協定の改正に成功し続けてきたことが分かる。冷戦構造下において両国が軍事的に求められる役割に相違があったものの、アメリカがドイツとスペインに基地を存続させたいという強い政治的意思とその重要性認識度に本質的な差異は認められず、両国の地位協定の形態に決定的な影響を与えたのは両国の置かれた地理的条件も含めた脅威認識の差異であると結論してよいであろう。

　西ドイツは圧倒的な師団数と物量を誇るワルシャワ条約機構軍と直接前線を接し、国家としての生存は米軍主導のNATO軍の存在にかかっていた。即ち、NATO創立諸国と西ドイツの間の脅威認識は同根かつ共通ではあるが、深刻度においては最前線の西ドイツが最も強かったのである。このことは、西ドイツがアメリカの核兵器を受け入れた最初のヨーロッパの国であること、一貫して駐留米軍の縮小に反対し続けてきたことに顕著に反映されている。西ドイツの総合国力が回復していくにつれ同国の発言力は増していくが、その方向は決してスペインのように米軍基地撤退の方向に向かうことはなかった。経費負担等をめぐって米独両国の利害対立が深刻化することもあったが、アメリカは一貫して“在独米軍縮小の脅し”というカードを地位協定交渉で使うことでドイツの交渉力を抑制できたのである。占領という負の遺産がドイツ地位協定の改正速度を大きく阻害してきたことは間違いないが、NATO加盟後に結ばれた1963年の補足協定の全面的な改正が冷戦終了後の1993年（発効は1998年）までずれ込んでしまった事実は、ドイツの脅威認識が如何に深刻で駐留米軍の存在価値が重要であったかを示している。

　一方、スペインの地理的位置は冷戦最前線から遠く離れており、かつ歴史的に育まれた独自の脅威認識と安全保障政策はソ連からの脅威を理由としたアメリカ主導の冷戦戦略とは当初から差異が存在していた。スペインが国際社会からの“村八分”状態から脱却するためのアメリカの外交的あと押しが徐々に不必要になるにつれ、この脅威認識と安全保障政策のズレはより顕著なものになっていく。ソ連からの地上軍による直接侵攻という脅威のないス

ペインにとって、米軍基地の国防上の存在価値は低く、国家生存にとって不可欠のものではなかった。むしろ逆に米ソ核戦争に巻き込まれることや、制御の利かないアメリカの単独行動主義的軍事行動を強く恐れたのである。このことは数次にわたる改正交渉の中でスペインが一貫して核兵器と米軍の軍事行動について自国の制限的権限の強化を追求し続けたことに如実に表れている。アメリカによる見捨てられの恐怖に抑制されないスペインはドイツ以上の強い対米交渉力を発揮することができ、冷戦下においてすら、極めて有利な地位協定改正に成功しただけでなく、米軍基地の大幅縮小も実現しているのである。

D. 韓国とフィリッピンの比較考察

この二国を比較の対象として選択したのは以下の理由による。

(1) 両国とも東アジアに位置し、安全保障関連の合意はすべて二国間交渉で行われたものである。
(2) 1960 年代においては両国の物質的諸能力は近似であった。[129]
(3) 冷戦下における脅威認識に大きな差異が存在した。

　第 2 章で見たように、今日実効の両国の地位協定は、韓国がタイプⅢ-C、フィリッピンがタイプⅢ-B であり、後者の方が受入国により有利である。韓国地位協定には未だに朝鮮戦争時から引き継がれた米軍の諸特権が存続しており、例えば戦時になると米軍は自動的に専属的裁判権の行使ができるのである。ともに極めて不平等な地位協定から出発して今日に至る両国の歴史過程を比較するなら、その格差はさらに顕著になる。フィリッピンの場合は1991 年に米軍基地閉鎖と地位協定の破棄にまで至るのに対し、韓国は急速な経済発展を遂げ米軍駐留経費への貢献度も大きいにも関わらず、根幹とな

---

129) 今日の両国の差からすると想像できないが、1960 年と 1970 年の GDP は韓国が 38億 9,200 万ドル、94 億 1,000 万ドル、フィリッピンは 66 億 8,500 万ドル、66 億 8,700万ドルであった。

130

第 4 章　要因仮説 I-B：脅威認識の差異

表IV-3　韓国とフィリッピン　要因と結果比較表

	韓国		フィリッピン
地政学的位置	最前線で脅威大	＞	前線から遠くオフショア、脅威小
脅威認識と米軍基地の重要性	米軍基地の価値は必要不可欠であり脅威認識の共有部分は大		米軍基地の価値は軍事より経済的価値大、脅威認識の共有部分は小
経済力の差	1970 GDP: $ 9,410 (百万)　2000 GDP: $ 561,633 (百万)	＞	1970 GDP: 6,687 （百万）　2000 GDP: 81,026 (百万)

	韓国		フィリッピン
地位協定の推移	1950: 大田協定 Taejon Agreement 1966: 新地位協定 2001: 1966 年地位協定改正	＜	1947: 軍事基地協定　MBA (Military Base Agreement) 1965: MBA を改正タイプ II からタイプ III へ 以後、数次にわたる MBA の改正 1991: MBA の破棄と米軍基地閉鎖 1998: Visiting Forces Agreement 2014: Enhanced Defense Cooperation Agreement

GDP: Data from database: World Development Indicators (Last Updated: 09/24/2014)

る地位協定本文は 1966 年に締結されものが、ごく一部（被疑者の起訴後の引き渡し条項）だけが改正されただけで今日まで生き延びているのである。格差が増大していった両国の総合国力を考えるなら、第 3 章で検証した不均衡な力関係理論ではこれを説明することができず、両国の地政学的位置に起因する脅威認識の差異が決定的な影響を及ぼしていると考えられる。それは、表 IV-3 からも容易に理解できよう。

1.　韓国地位協定の歴史：脅威認識の差異が如何に影響したか

　韓国の地理的位置と朝鮮戦争の歴史を想起するなら、韓国の北からの脅威認識がいかに差し迫った、かつ深刻なものであったかは多言を要さない。冷戦終了後も核やミサイルを使った瀬戸際外交を続ける北朝鮮との緊張はとけず、休戦ラインは今日でも最も軍事衝突の起こりやすいホットポイントの一つである。韓国にとって米軍の駐留と軍事援助は国防上かつ国家としての生存上欠くべからざる二本柱であったし、アメリカもまた同様の脅威認識を持ち、在韓米軍の重要性は十分に認識していた。しかし、脅威認識は近似でありながらも、米韓の安全保障戦略にはすでに占領終結の時点から少なからざる差異が存在していたのである。それは、朝鮮半島の統一を含め半島地域が

131

最大の関心事である韓国と、グローバルな冷戦戦略から北東アジアを俯瞰するアメリカとの間の齟齬とまとめてよいであろう。

アメリカは韓国占領時からすでに、韓国はアメリカの北太平洋対ソ防衛網の外側と考えていた。1948 年には「トルーマン大統領は、1947 年 9 月に提出された統合参謀本部の（この地域に関する）分析提言を支持した。その内容は、アメリカが "朝鮮半島に現在の規模の軍隊と基地を維持することについては戦略的利益がなく、" 占領軍は "他の地域でうまく活用することができる、" というものであった。これは、アジア大陸内での関与をやめ、太平洋の島々の連なりをもってアメリカの防衛外線とする、というアメリカの願望に完全に一致したものであった。」(Sandars 181)[130] 米国務長官アチソン (Dean Acheson) が 1950 年 1 月にナショナルプレスクラブで行った演説も完全にこの戦略に沿った内容であった。（後年、この演説が北朝鮮の侵攻を誘ったとして論争になる）

北からの突然の大規模侵攻はアメリカを一気に全面介入へと駆り立てていき、戦後数年は 30 万人を超える米軍が駐留を続けることになる。駐留米軍の重要性は米韓双方で再確認され、防衛外線はもはや太平洋の島々の繋がりではなく、韓国が重要な防衛前線として加えられることとなった。しかし、アメリカの基本的な立ち位置は、朝鮮半島の現状維持[131] を最低限のコストで実現することであり、韓国駐留軍の漸次縮小と、[132] 新たな事態の発生にはフレキシブルに対応していくという基本方針は大きく転換することはなかった。冷戦期間中、在韓米軍の現状維持を公言したのはレーガン政権だけで、他のすべての政権は在韓米軍規模の縮小を意図したか、実際にそうしたのである。[133] こうしたアメリカの長期的な方針は、韓国側から見るなら、アメリカの国内政治は短期的な利害や時々の国際情勢に大きく左右される捉

---

130) サンダース（C. T. Sandars）はマッカーサーが 1948 年のインタビューでのべた防衛線構想にも言及。それはフィリッピン、琉球諸島、沖縄、日本、アリューシャン列島、そしてアラスカへと続く島々で構成されるものであった。

131) アメリカの現状維持への固執は 1953 年に締結された相互防衛条約（Mutual Defense Treaty）に明らかである。その付帯文書（Understanding of the United States）の中でアメリカは条約が適用される地域と条件を「アメリカが合法的に大韓民国の施政権下に置かれたと認めた地域に対する武力攻撃」と限定して、李承晩が抱いた武力侵攻による南北統一を強く規制したのである。

第4章 要因仮説 I-B：脅威認識の差異

えどころないものとして映り、アメリカから見捨てられる恐怖をさらに煽ることになった。両国は共通の脅威認識を持ちながらも、その深刻度と具体的な政策において温度差があり、アメリカはその差異を交渉力の梃子として最大限利用することになる。

1950〜1966年　アメリカに拒否され続けた大田協定（Taejon Agreement）改正要求

李承晩政権（1947〜1960）は決して不平等な大田協定改定を放棄していたわけではない。野党の追及もあって、1957年には地位協定改正草稿を米大使館に提出するが、アメリカ側は一切それに応じることはなかった。アメリ

132）早くも1963 - 64年には、アメリカは60万人の強力な韓国軍に加えて二個師団の米軍駐留は、北の侵略を思いとどまらせるものとしては過剰な防衛体制であるとして在韓軍の撤退を考え始めたのである。こうした考えにそって1969年の所謂ニクソンドクトリンにおいて、米政権は「国家安全保障に関する決定書簡48」を出して在韓の一個攻撃師団の撤退を要求したのである。そしてそうした傾向はカーター政権の初期に最高潮に達する。1975年春のサイゴンの陥落を受けて、同政権は在韓米地上軍の全面撤退（1978年までに6,000人、1981/82年までに全部隊）を表明したのである。
（Cha *Alignment Despite Antagonism : The United States-Korea-Japan Security Triangle* 60-63, 144-45）

133）**表 IV-4**　在韓米軍人数の推移

年次	人数	年次	人数	年次	人数	年次	人数
1950	510	1966	47,076	1982	39,194	1998	36,890
1951	326,863	1967	55,057	1983	38,705	1999	35,913
1952	326,863	1968	62,263	1984	40,785	2000	36,565
1953	326,863	1969	66,531	1985	41,718	2001	37,605
1954	225,590	1970	52,197	1986	43,133	2002	37,743
1955	75,328	1971	40,740	1987	44,674	2003	41,145
1956	68,810	1972	41,600	1988	45,501	2004	40,840
1957	71,043	1973	41,864	1989	44,461	2005	30,983
1958	46,024	1974	40,387	1990	41,344	2006	28,500
1959	49,827	1975	40,204	1991	40,062	2007	28,500
1960	55,864	1976	39,133	1992	35,743	2008	28,500
1961	57,694	1977	40,705	1993	34,830	2009	28,500
1962	60,947	1978	41,565	1994	36,796	2010	28,500
1963	56,910	1979	39,018	1995	36,016	2011	28,500
1964	62,596	1980	38,780	1996	36,539	2012	28,500
1965	58,636	1981	38,254	1997	35,663	2013	28,500
						2014	29,300

出典：Christine Ahn; Hyun Lee (21 October 2011). "Number of US Troops in South Korea".
NZ-DPRK Society. Retrieved 3 April 2015.

133

カがこうした高圧的な態度を取ることができた背景には、1950年代半ば以降アメリカの北に対する脅威認識がかなり和らいだことがあげられよう。中国は1958年に大躍進運動を発動、金日成は自分の支配体制固めに忙しかった。米国務省次官ハーター（Christian Herter）と国防省の代表団は「実際問題として、武力衝突が現実に起こる可能性は極めて低い。」と強調した。[134]かくして1954年には22万5,590人いた米軍は、1959年には4万9,827人まで大幅縮小されるのである。[135]李承晩政権にはこうした脅威認識のズレから生じる交渉力の不均衡を変更させるだけの力はなかったのである。

1966年調印（現行の）韓国地位協定[136] タイプⅢ-C

大田協定を廃止し、NATO地位協定に準ずる総合性を持った韓国地位協定を締結したのは朴正熙政権であった。1960年代半ばになると、米韓の脅威認識を変化させ、アメリカの頑なな態度を和らげるような状況が発生する。韓国は着実な経済発展に加えて、その独自の軍事力を大きく強化することに成功、北朝鮮からの侵攻に対しての一定の軍事的抑止力を保有するに至る。アメリカの軍事力と援助に依存という基本構造に変化はなかったが、韓国の北に対する脅威度はその深刻さ軽減の兆しが見え始めたのである。[137]一方でアメリカは、世界的な規模で冷戦がエスカレートしていく中で、[138]所謂ドミノ理論に代表されるように共産圏に対する脅威認識は深刻さと切迫さを増していた。とりわけ、ベトナム情勢の切迫度は、従来のアメリカの地政学的認識に基づく基地戦略に変更を強いることとなった。即ち、在韓米軍基地が現状維持のために北と対峙するための前線基地という位置づけの他に、東アジア全域で活動する米軍を支援する後方基地としての重要性が認識され始めたのである。[139]即ち、在韓米軍基地の価値評価のズレが修正され

---

134) 出典："Memorandum of Korea Country Team," 11 July 1958, Roll 15, IAK.

135) 1950-2005の米軍軍人数 出典：NZ-DPRK Society. www.heritage.org/Research/NationalSecurity/troopsdb.cfm.（脚注133 表Ⅳ-4を参照）

136) 正式英文名：Agreement Under Article IV of the Mutual Defense Treaty between the United States of America and the Republic of Korea Regarding Facilities and Areas and the Status of United States Armed Forces in the Republic of Korea, Signed July 9th, 1966 and entered into force February 9th, 1967 UST 1677, TIAS 6127; 674

134

第4章　要因仮説I-B：脅威認識の差異

る状況が醸成され始めたのである。かくして1962年6月、アメリカケネディ
政権は、朴クーデター政権を正当な韓国政府として承認するとともに、地位
協定改正交渉に入ることを受諾する。

　しかしながら、このズレの修正は、北朝鮮への脅威認識という観点から見
るなら、大きな構造変化をもたらしたとは言えない。アメリカのベトナムを
含む東アジア全域での脅威認識は警報レベルにまで高められたが、対北朝鮮
に対しては南進の可能性は低く在韓米軍は漸減という従来路線に変更はな
かった。[140] 韓国も、北朝鮮への警戒を緩めることはできず、米軍とアメリ
カからの援助が国家生存の二本柱という基本構造に変化はなかった。朴の国

137) **表IV-5**　1960年代の韓国 – 北朝鮮　軍事・経済力比較（Kim 原資料を引用、編集）

		1965		1967	
		韓国	北朝鮮	韓国	北朝鮮
a)	人口（千人）	29,000	12,000	30,000	13,000
b)	軍事力（千人）	599	360	566	375
	陸	535	325	494	340
	海	44	13	47	15
	空	20	20	25	20
c)	軍事支出（米百万ドル）	232	350	335	460
d)	GNP（米百万ドル）	2,901	2,500	4,612	3,000

データの出典：
a) Economic Planning Board, National Bureau of Statistics Korea
Statistical Yearbook 1977, Vol. 24, 1977, pp. 35-38.
b) U.S. Department of Army, Communist North Korea: A Bibliography Survey,
DA PAM 550-11, U.S.G.P.O., 1971, p.75; I.I.S.S. Military Balance,
1964-1965, 1967-1968.
c) U.S. Department of Army, Japan: Analytical bibliography with supplementary
research aids and selected detail on Okinawa, Republic of China（Taiwan）and
Republic of Korea, DA PAM 550-13, U.S.G.P.O., 1972, p.196
注：(1)1965年の韓国地上軍数からは1万5,000人のベトナム派遣軍を除く
　　(2)1967年韓国地上軍数からは4万6,000人のベトナム派遣軍を除く
　　(3)両年の韓国海上軍数には3万人の海兵隊が含まれる

138) 1961年にベルリンの壁が構築され、翌年キューバ危機が発生して、世界は米ソ核
　　戦争の危機に晒される。北東アジアでは1961年に北朝鮮は中ソとの同盟を固め、中
　　国は1964年に最初の核実験に成功する。東南アジアではベトナム情勢がアメリカの
　　主要関心事となり、所謂トンキン湾事件以降のアメリカの直接軍事関与は本格的な戦
　　争へとエスカレートしていく。
139) キム（Kim Hyun-Dong）は1964年に大きく潮目が変わったと主張する。何故なら、
　　ジョンソン政権はベトナムでの悪化を続ける軍事情勢に直面して、在韓米軍基地は、
　　（より広い視野から見て）ソ連封じ込めの戦略的位置を占めているだけでなく、ベト
　　ナムにおける軍事作戦への増強・支援の発進拠点になりうると、その存在価値を根底
　　から再評価したのである。（Kim 137-39）

家改造計画が実を結ぶのはまだ後のことである。アメリカは交渉には応じたが、その交渉力は依然としてはるかに上手であり、交渉は完全なデッドロックに乗り上げていた。第5章で考察するように、韓国は、実戦部隊をベトナムに派兵する（1965年10月）という最大限の軍事的貢献を行うことでやっと決着に漕ぎつけることができたのである。しかし、韓国側はNATO地位協定よりはるかに不利な条件を受け入れざるを得なかったのである。

韓国地位協定は必要なすべての項目を網羅した総合的なものであり、条文字句は日本地位協定に極めて類似している。しかし、すでに詳細を分析した通り、それはタイプⅢ地位協定の中では受入国に最も不利と言える内容である。米韓の交渉時期までには、NATO地位協定、ドイツ補足協定、日本地位協定などの前例となりうる地位協定が締結されていたにも関わらず、韓国は後発の有利性を生かすことができなかった。主なポイントをまとめると：(1) 地位協定で保護される対象が広い、(2) 被疑者の韓国側への身柄引き渡しは全ての法手続きが完了後であり、[141] 戦時下や戒厳令下では自動的に米軍の専属的裁判権行使になる、[142] (3) 米軍活動の自由裁量度を制限する韓国側権限が極めて弱い、(4) 基地の再利用権を留保、[143] 等である。

---

140) **表Ⅳ-6**　韓国とフィリピンに米軍規模の推移［(Cooley 53) より引用、編集］

	1951	1960	1970	1980
South Korea	326,863	55,864	52,197	46,004
The Philippines	12,755	11,334	23,440	13,387

原資料: US Troop Deployment Data Set, compiled by Tim Kane, Heritage Foundation. http:// www.dior.whs.mil/mmid/military /history/309hist.htm.

141) 被疑者の拘束について: Art. XXII Para.5 (c) The custody of an accused MF, or MCC, or a DP, over whom the ROK is to exercise jurisdiction shall, if he is in the hands of the AFs remain with the AFs *pending the conclusion of all judicial proceedings* and until custody is requested by the ARs……. (被疑者が米軍の拘束下にある場合は全ての法手続きが完了するまで米軍の拘束下に止まる、とある。)

142) 戒厳令下での変更は添付の合意文書で次のように確認されている: [Summary of Agreed Minutes Re Art. XXII para.1-(b)] (In case of martial law) The provisions of this Art. shall be immediately suspended and the AFs shall have the right to exercise exclusive jurisdiction over MFs, or MCCs and their DPs.

第 4 章　要因仮説 I-B：脅威認識の差異

1991 年と 2001 年の改正 [144]

　1970 年代に入ると修正されかかった脅威認識の差異は再び拡大する。そ
れはアメリカの急激な在韓米軍の縮小の動きが直接的契機となる。先述のニ
クソンドクトリンに続く 1977 年のカーター政権による在韓米軍完全撤退発
表と朴政権に対する人権抑圧非難は韓国にアメリカから見捨てられる恐怖を
喚起し、朴政権は米軍駐留は韓国の生存に不可欠であるだけでなく、地域の
パワーバランスを大きく崩すことになるとアメリカに嘆願するに至るのであ
る。[145]

　しかし、1980 年代に入ると状況は徐々に変化する。国内的には、急激な
経済成長により北との物質的国力の差が誰の目にも明瞭となる。また、新憲
法を土台とした韓国の民主化が大きな前進を始める。（これは第 7 章で考察す
る）国際的には冷戦の終焉に向かう世界の動きである。韓国は 1988 年にソ
連との関係を正常化、中国との直接貿易は拡大を続けた。そして 1991 年に

143）英語正文：Art. II Para.1（b）：The facilities and areas of which the USAFs have
the use at the effective date of this Agreement together with those facilities and
areas which the USAFs have returned to the ROK with the reserved right of re-
entry, when these facilities and areas have been re-entered by the USAFs, shall be
considered as the facilities and areas agreed upon between the two Governments in
accordance with sub-para.（a）above. Records of facilities and areas of which the
USAFs have the use or the right of re-entry shall be maintained through the Joint
Committee after this Agreement comes into force.

144）改正の正式英文名：Agreement Between The United States of America and The
Republic of Korea Amending The Agreement　Under Article IV of The Mutual
Defense Treaty Between The United States of America and The Republic of Korea,
Regarding Facilities and Areas and The Status of United States Armed Forces in
The Republic of Korea of July 9, 1966, As Amended（TIAS 13138）

145）韓国外務省が公開した 1977 年 2 月 26 日付の朴大統領のアメリカ大統領あての書
簡は次のような内容であった（英文）：「貴殿の書簡に言及されておりました韓国から
のアメリカの戦闘部隊の縮小問題につきまして、わが政府は最大限の関心をもってそ
の成り行きを見守ってまいりました。言うまでもなく、在韓米軍は両国の安全保障同
盟の目に見える証明であると同時に、この地域のパワーバランス構造にとって不可欠
なものであります。そしてそれは、北東アジア全域の平和と安定を保証してきただけ
でなく、朝鮮半島に再び戦争が起こることがないように重要な役割を果たしてまいり
ました。……北朝鮮の共産主義者が半島全域を暴力や武力によって共産化しようとい
う不吉な悪だくみを放棄しない中で、韓国は未だ自力だけの防衛力では十分に対応で
きない今日の（現状）を鑑みるとき、わが政府は今日の駐留米軍規模からの如何なる
縮小も望ましいものではないと信じ、また、如何なる（基地政策の）変更も相当の長
期にわたって起こらないことを望むものであります。」

137

は北朝鮮とともに国連への加盟を果たす。確かに、北からの核の脅威や北の体制崩壊による混沌とした状況への恐れ、等の新たな脅威や懸念も生じてきたが、もはやそれは伝統的な北からの直接、間接の侵攻への恐怖とは次元の異なるものであった。アメリカもまた極端な在韓米軍縮小路線を修正、伝統的な基地政策である最低コストで現状維持という方向へと回帰する。リー（Chung Min Lee）は1980年代後半から1990年代半ばにかけて、米韓同盟はそれまでの偏狭なものから、意欲的な挑戦課題（アメリカ起案ではあるが）を数多く伴うより広範なフレームワークへと変化したと論じている。(C. M. Lee 165-67) 即ち、脅威認識の共有部分が拡大され、それはよりグローバルなものへと拡大されていくのである。

　韓国内で次々に発生する米兵犯罪が起爆剤となって、韓国民の地位協定改正要求が大きな高まりを見せる中でアメリカはそれに応じざるを得なくなる。まず1991年には、韓国側の第一次裁判権放棄の手続きに関する改正がなされ、2001年の改正ではついに条文本体の改正がなされたが、その範囲はわずか一条項だけが改正されたに過ぎなかった。それは、米軍拘束下の被疑者の韓国側への引き渡し時期に関するもので、旧条文の「全ての法手続きが完了」時から、NATO地位協定並みの「起訴時」へと変更されるに止まったのである。[146] また、基地の再利用権留保にも変更があったが、それはあくまでアメリカが韓国側の要求に対して"好意的考慮"を払うというもので、本条文を否定するものではなかった。[147] 他の核心部分はほぼ手付かずの状態で今日まで効力を保っている。また、国連軍（United Nations Command）指揮官の下にあった韓国軍の作戦行動への平時指揮権は1994年に韓国統合参謀本部（ROK JCS）に返還されたが、戦時の指揮権は2015年現在、未だ

---

146) 2001年改正の英語正文： ART. I: Article XXII Paragraph 5(c) shall be amended to read as follows: The custody of an accused member of the United States armed forces or civilian component, or of a dependent, over whom the Republic of Korea is to exercise jurisdiction shall remain with the military authorities of the United States until he is indicted by the Republic of Korea.

147) 英語正文： Understandings Re para.1-(b) of Art.II: (Summary) The ROK may request the AFs to waive the reserved right of re-entry on those facilities and areas that have been returned with the reserved right of re-entry, and the USAFs shall give sympathetic consideration to such request if such facilities and areas are not deemed to be re-entered in the foreseeable future.

第4章　要因仮説 I-B：脅威認識の差異

に国連軍指揮官にある。[148]

　韓国が二度の改正機会を持ちながらも、受入国にとってかくも不利な地位協定条文を転覆できなかった根本要因は、変わることのない駐留米軍への高い評価価値にあると言えよう。冷戦終了後も北への脅威認識は霧散することはなかったし、金大中政権下で対北朝鮮政策をめぐって米ブッシュ政権と対立が深まった最悪の時期にも国民の54.8％が米軍撤退に反対を表明しているのである。[149]（C. M. Lee 129,31 に引用）さらには北の核やミサイルの脅威が現実のものとなり始めると、それは軍事的にも、外交的にも韓国一国で対応可能なレベルを超越したものとなり、米軍の総合的な対応能力が再認識されることになった。多くの歴史的転換点を通過しながらも、在韓米軍は韓国防衛の最後の拠り所としてその価値を大きく減少させることはなかったのである。

　一方、アメリカは冒頭に述べたように、カーター政権時や冷戦終了直後に多少の紆余曲折があったものの、[150] 最小限の駐留規模での現状維持、長期的には在韓米軍の漸次縮小という基本政策を根底から変更することがなかったし、それは近未来も変化しないものと予測されるが、より悲観的な予測も根強い。スコベル（Andrew Scobell）はカーターショックのリバイバルすら予測する。「もし朝鮮半島の緊張が緩みつづけ、（そして／または）韓国の反米感情が高まってくれば、（アメリカ国内では）"兵士たちを帰国させよ"という感情が増大するであろう。……未来のアメリカ大統領が在韓米軍を撤退させる時が来たと決断する可能性は高い。特に国内政治でそのようなプレッ

148）2014年10月、アメリカは、韓国への戦時作戦行動指揮権譲渡を無期限に延長することに同意した。産経新聞報道によると、その理由は、アメリカが指揮権譲渡を高圧的に拒否したのではなく、むしろ韓国側が、北からの核の脅威に対して、現状の韓国軍の軍事能力はそれに適切に対応できる段階まで高められていないと主張したことが主要因であるとされる。（産経新聞2014年10月24日）

149）原資料：Gallup Korea Survey、2002年12月。1989年に実施されたKorea Gallup Organizationの調査では米軍基地存続賛成73.6％、反対16.2％という数字からはかなり減少しているが、韓国の対米感情が極めて悪化した時期であっても半数以上が基地存続を支持していることは注目に値する。

150）冷戦終了後、G.H.W. ブッシュ政権はアジア駐留（在韓軍も含む）の米軍規模を13万5,000人から12万人に縮小すると発表したが、クリントン大統領は1993年に韓国を訪問した際に韓国防衛についてのアメリカのコミットメントを続けると韓国側に保証し、1996年4月には在韓米軍3万6,000人を含む10万人規模の米軍をアジア地域に駐留させると約束したのである。（Sandars 193）

シャーがかかった時はなおさらそうなるであろう。」(Scobell 73) 以上、米韓両国の脅威認識の差異から生じる駐留軍に対する価値評価の差異が、両国の交渉力バランスを規定し続け、アメリカはつねに上手の交渉力を発揮し得たのである。

2．フィリピン地位協定の歴史：脅威認識の差異が如何に影響したか

　フィリピンは7,107の島々、無数の小島とサンゴ礁島から構成され、西太平洋に占めるその位置は旧ソ連国境からは遠く隔たっている。そしてその地理的条件がフィリピンの脅威認識形成に与えた影響は二つである。第一に共産圏からの直接攻撃の可能性は極めて低かったこと。第二に分散した島々からなる領土を保全し、中央集権的に統治することの困難さである。マニラから遠く離れた島々は近隣諸国からの侵略のターゲットになりやすいだけでなく、反政府武装勢力の温床としては恰好の場所であった。従って、歴代のフィリピン指導者がアメリカの冷戦構造に組み込まれることより、自国独自の安全保障により関心があったのは当然の帰結と言えよう。一方で、冷戦の最前線からは海を隔てて遠く離れているというフィリピンの地理的位置はアメリカの基地戦略もまた規定した。アメリカの世界戦略にとって、西太平洋の要に位置し、中東やアフリカにも開けた海路に位置するフィリピンは重要な場所であったし、何よりもソ連からの直接攻撃に晒される危険性が低かったからである。アメリカの基本戦略は植民地時代から引き継いだ特権を維持しつつ、この地に恒久的かつ巨大な後方基地を確立、拡充していくことでありそれは一貫したものであった。

　このように、米比の脅威認識はその根底においてズレがあり、そこから生じる安全保障上の優先事項もまた大きな差異が存在していた。フィリピンの対米関係にとって最大関心事は援助の額であって、アメリカの軍事力に依存して共産軍の侵略から身を守ることではなかった。即ち、米軍基地の存在価値は独自の安全保障という観点からは極めて低いものであった。一方、アメリカにとっては在フィリピン米軍基地は冷戦世界戦略にとって最重要なものの一つであった。何故なら、アメリカはこの恒久的基地群をほぼ何の制約も受けず最大の自由裁量度で使用することができ、かつその海空軍の活動

140

第 4 章　要因仮説 I–B：脅威認識の差異

範囲はフィリピン領土内に縛られるものではなかったからである。そもそも基地の存在理由は、それを要塞化してフィリピンを共産軍の侵攻から防衛するというものではなかったのである。この脅威認識の不一致と優先事項の差異が独立以降の米比安全保障関係の基軸を形成することになり、フィリピンがその経済的生存を大きくアメリカに依存していたにも関わらず、アメリカに対して強い交渉力を持ち得た源泉となるのである。

1947 年調印　軍事基地協定（MBA: Military Base Agreement）[151]、軍事援助協定（MAA: Military Assistance Agreement）[152]

　軍事基地協定（MBA）は、共通の脅威に対抗する安全保障条約を伴わず、アメリカが植民地時代から占有していた基地群の継続的使用についての法的根拠を設定したという意味でユニークであり、アメリカが第二次世界大戦後に最初に締結した二国間地位協定である。そしてそれは両国間に異常とも言える脅威認識の差異が存在する中で締結された。冷戦開始前のアメリカにとって、西太平洋は如何なる脅威も存在していない地域として認識されていた。一方の独立直後のフィリピンは、近隣諸国からの侵略や内なる治安不安、とりわけ日本からの再度の侵略に深刻な恐怖を抱いていたが、防衛力と呼びうるような軍隊はまだ存在しない新生国家であり、アメリカに依存する以外の選択肢は存在しなかった。こうした状況下で、アメリカは易々と植民地時代の基地と諸特権をそのまま引き継ぐことに成功し、フィリピン上院もこの不平等な協定を 18 対 0（欠席 3 人）という全会一致で承認するのである。[153] 軍事援助協定（MAA）はフィリピン軍養成のためのアメリカの総合的な援助を定めたものであり、武器、装備、軍事教育等の援助、及び合衆国統合軍事顧問団（JUSMAG: Joint US Military Advisory Group）の設立等がその主内容である。

151）正式英文名：Agreement Between the United States of America and the Republic of the Philippines Concerning Military Bases; March 14, 1947, TIAS 1775（1947-1948）

152）正式英文名：Military Assistance Agreement Between the United States of America and the Republic of the Philippines, TIAS 1662

153）出典：Meyer, Milton W. A Diplomatic History of the Philippine Republic, Manoa: University of Hawaii Press, 1965 op. cit. p. 47

141

軍事基地協定は典型的なタイプⅡ地位協定で、米軍は基地の設立、維持、管理について総合的な権利と権能を有し、[154]基地内では完全な裁判権を掌握し、戦時には自動的にタイプⅠ（全領土内での裁判管轄権）へ移行する。[155]しかもその適用範囲は基地内に止まらず基地周辺のかなり広範な地域を含み、米側の自由裁量の余地は大きい。さらに、米軍は、その移動、軍事演習、訓練等について、最大限の自由裁量度を保持したのである。また、協定

154) 第３条の英語正文：1. It is mutually agreed that the United States shall have the rights, power and authority within the bases which are necessary for the establishment, use, operation and defense thereof or appropriate for the control thereof and all the rights, power and authority within the limits of territorial waters and air space adjacent to, or in the vicinity of, the bases which are necessary to provide access to them, or appropriate for their control. 2. Such rights, power and authority shall include, inter alia, the right, power and authority: （その内容は省略するが基地とその周辺地域での建設、改築、管理等の全権) 3. In the exercise of the abovementioned rights, power and authority, the United States agrees that the powers granted to it will not be used unreasonably or, unless required by military necessity determined by the two Governments, so as to interfere with the necessary rights of navigation, aviation, communication, or land travel within the territories of the Philippines. In the practical application outside the bases of the rights, power and authority granted in this Article there shall be, as the occasion requires, consultation between the two Governments.

155) 裁判管轄について規定する第13条の英語正文抜粋：1. The Philippines consents that the United States shall have the right to exercise jurisdiction over the following offenses: a) Any offense committed by any person within any base except where the offender and offended parties are both Philippine citizens (not members of the armed forces of the United States on active duty) or the offense is against the security of the Philippines; b) Any offense committed outside the bases by any member of the armed forces of the United States in which the offended party is also a member of the armed forces of the United States; and c) Any offense committed outside the bases by any member of the armed forces of the United States against the security of the United States. 2. The Philippines shall have the right to exercise jurisdiction over all other offenses committed outside the bases by any member of the armed forces of the United States. （3、4 項は省略) 5. In all cases over which the Philippines exercises jurisdiction the custody of the accused, pending trial and final judgment, shall be entrusted without delay to the commanding officer of the nearest base, who shall acknowledge in writing that such accused has been delivered to him for custody pending trial in a competent court of the Philippines and that he will be held ready to appear and will be produced before said court when required by it. The commanding officer shall be furnished by the fiscal (prosecuting attorney) with a copy of the information against the accused upon the filing of the original in the competent court. 6. Notwithstanding the foregoing provisions, it is mutually agreed that in time of war the United States shall have the right to exercise exclusive jurisdiction over any offenses which may be committed by members of the armed forces of the United States in the Philippines. （7、8 項は省略)

第 4 章　要因仮説 I-B：脅威認識の差異

の実効期間が 99 年とこの種の合意としては異例の期間設定がなされた。（第
29 条）

1951 年調印（2015 年現在も実効）相互防衛条約（MDT: Mutual Defense Treaty）[156]

　冷戦の開始、中国共産党の内戦勝利、朝鮮戦争勃発は安穏であった西太平
洋地域にも緊張をもたらし、この地域におけるアメリカの脅威認識と在比米
軍基地の位置づけも大きく変化する。例えばクラーク米軍基地は "準戦時体
制下" に置かれ、朝鮮半島向けの補給センターであると同時にオーストラリ
アやシンガポールからの兵員輸送の中継基地としての機能を果たした。
（Berry 78）即ち、フィリピンの地理的位置は東アジアにおける米軍事活動
にとって不可欠なハブと認識され始めたのである。

　一方でフィリピン国内では、依然としてアメリカとは異なる脅威認識に
基づく独自の安全保障追求が根強い政治潮流としてあり、冷戦にひた走るア
メリカと米軍基地の存在が果たしてフィリピンの防衛に役立つのかという
懐疑が日増しに強くなっていった。こうした中でキリノ（Elpidio Quirino）
大統領が 1949 年 8 月にワシントンを訪問、このようなフィリピン人が抱
いているアメリカの安全保障政策への疑いの念を解消するためにも、より多
額の軍事援助が必要であると訴えるとともに、フィリピン防衛についての
アメリカの実質的な関与を強く要求したのである。（Berry 70 に引用）在比米
軍基地の重要性増大に鑑みアメリカはこれを受け入れることになる。そし
て、直接的かつ最終的にアメリカを相互防衛条約締結に動かしたのは、サン
フランシスコ平和条約調印に向けての根回しであった。アメリカは日本から
の脅威認識が未だ深刻で日本を敵対視する西、南太平洋諸国に対して何らか
の安全保障の傘をさしかける必要性に迫られたのである。そしてこれは、日
米安保と在日米軍駐留の継続、米豪ニュージーランド三国の安全保障同盟、
そして米比相互防衛条約という三つの互いに連結した同盟結成によって解決
されることになった。（Berry 80）相互防衛条約では、初めて武装攻撃という
用語が用いられ、そうした攻撃に対しては共同で対応することが合意された

　156）正式英文名：Mutual Defense Treaty Between the United States of America and
　　the Republic of the Philippines; August 30, 1951, TIAS 2529, 3 UST 3947-3952

143

が、NATO 並みの自動的かつ拘束義務を伴う軍事対応は条文化されること
はなかった。(第4条)

1965 年改正 [157] と 1966 年改正

　相互防衛条約は日本からの脅威認識の軽減等、一定程度の安堵感をフィ
リッピンにもたらすことになるが、それは同時にフィリッピンがアメリカの
冷戦構造に組み込まれることも意味し、戦後フィリッピンの国際的な立ち位
置を規定することになった。しかし、冷戦が深刻化し、在比米軍基地の役割
がフィリッピン防衛と直接関係のないアメリカの世界規模での冷戦戦略奉仕
を最優先するものであることが明らかになるにつれ、アメリカのフィリッピ
ン防衛の約束は単なるリップサービスであり、米軍基地が何らフィリッピン
の安全保障に貢献していないという論調が再び国内政治で力を得てくる。さ
らに、公開された NATO 地位協定の内容がフィリッピンの軍事基地協定と
は異次元の相互平等性を体現したものであり、敗戦国日本の地位協定までも
が NATO 並みの裁判管轄権を保証されていることが明らかになると国論は
沸騰する。また、次々に発生する米兵による犯罪も旧植民地フィリッピンの
反米ナショナリズムに火をつけることになる。こうした状況下で、地位協定
関連の多くの問題、中でも米軍基地に対するフィリッピンの主権行使が米比
関係の最大関心事となってゆき、如何なるフィリッピンの政治的リーダーも
軍事基地協定改正をそのスローガンから降ろすことはできなかったのであ
る。かくして、1954 年 3 月に最初の軍事基地協定改正交渉が始められて以
来、何回かの中断をはさみながらも、両国の政権交代に対応する形でほぼ絶
えることなく改正交渉が継続していくのである。

　余りにも煩雑であるため、交渉史の詳細をたどることはしないが、各交渉
は両国の主任交渉官の名前をとって命名・特定されることが通例となり、
フィリッピンは着実に自国有利に改正を進めていくのである。1957 年 5 月
にはペレーズ – ベンダーソン(Pelaez – Benderson)交渉の結果としてフィリッ

---

157) 正式英文名：Military Bases in the Philippines Criminal Jurisdiction Arrangements,
　　Agreement Between the United States of America and the Philippines Amending the
　　Agreement of March 14, 1947, as amended, 10 August 1965, UST 1090, TIAS 5851.

第 4 章　要因仮説 I-B：脅威認識の差異

ピン国旗が米軍基地に掲げられることになる。そして最重要な改正はブレアー－メネス（Blair－Menez）交渉で達成され、1965 年 8 月、軍事基地協定はタイプⅢの裁判権競合的両立の原則適用へと大改正される。そして 1966 年 9 月には協定の実効期間が 99 年から 25 年に大きく短縮された。[158]

　これらの諸改正で地位協定関連の懸案事項（条文解釈や基地関連事項[159]）がすべて解消されたわけではなかったが、フィリピンは比較的有利な状況下で交渉を進めていくことができたのである。その最大の要因はインドシナ情勢の深刻化とアメリカの関与強化である。在比米軍基地は朝鮮戦争時以上に、近隣に位置するフィリピンが必須の軍事的価値を持つとアメリカに認識されたのである。[160] しかし一方で「（アメリカにとって）大きな頭痛の種になってきたのが、在比米軍基地の増大する戦略的価値であった。（何故なら）フィリピンはそのことをよく知っていて、米軍基地に対するコントロール力をさらに強化すると決意したからである。」（Berry 114）アメリカにとって、過去に得られた諸特権に固執してフィリピンの要求に全く耳を貸さないという選択は、決して賢明な政策ではなくなってきたのである。

1979 年改正 [161]

　マルコス（Ferdinand E.E. Marcos）が 1965 年に大統領に就任する。後年の彼の政治姿勢からすると、援助と引き換えに対米従属を強めたと思われがちであるが、その対米基本路線は歴代の政権のそれから大きく外れるものではなかった。即ち、1970 年代前半の交渉においては、マルコス政権は司法と

158）交換外交文書の正式英文名は：：Exchange of Notes Amending Article XXIX of the 1947 Agreement between the United States of America and the Republic of the Philippines, 17 UST 1212, TIAS 6084

159）歴代のフィリピンリーダーは自国のアジア的国家アイデンティティの確立に努めたが、その中で米軍基地への主権行使力の強化はアメリカからの独立を象徴するための政策の一つと考えられたのである。

160）ベトナム戦争中、スービック海軍基地とクラーク空軍基地は、ベトナム直接攻撃の発進基地とはならなかったものの、同地への軍事行動の中継基地として機能していた。スービック海軍基地は第七艦隊の後方基地としての役割を果たし、ベトナム戦争の最激戦時の 1967 年には月間 215 艦の入港を受け入れ、1968 年 10 月には 47 艦が駐留していたのである。（Sandars 118）

161）正式英文名：Amendments to the Military Base Agreement between the United States of America and the Republic of the Philippines, UST 863, TIAS 9224, signed 7 January 1979

基地に対する主権行使力強化を頑なに主張するのである。1972 年から始まっ
た交渉は、司法権の問題で暗礁に乗り上げて 1974 年に決裂、1976 年 4 月に
再開された交渉も、継続する司法権問題、米軍基地の指揮権や管理手続き、
核兵器貯蔵、等に関する意見対立でまたも決裂となる。

　しかし、1975 年のアメリカのインドシナからの撤退、しかもそれがフィ
リッピンに何の事前根回しもなく実行されたことが米比関係に大きな影響を
与え始める。北の共産党政権による統一ベトナムの出現、ソ連海軍のカムラ
ン湾海軍基地の拡大（ソ連領域外で最大規模）は、仮にソ連海軍からの直接
攻撃の可能性は低いとしても、フィリッピンが戦後初めて経験する近隣から
の脅威の出現であった。そして、それはフィリッピンの安全保障環境を激変
させ、伝統的なフィリッピンの脅威認識に大きなな変化を与える。アメリカ
が東南アジアへの関与をやめ、フィリッピンもベトナムと同じような運命を
辿るのではないかという "見捨てられ" 恐怖が現実性を帯びる中で、親米の
保守派ですらアメリカの安全保障の盾に対して深刻な懐疑を持つに至る。即
ち米軍基地の存在価値は大きく上昇する。こうした環境変化の中でマルコス
は相互防衛条約のアメリカの防衛義務を NATO なみに引き上げることを要
求するに至る。それはアメリカに拒絶されるが、1979 年改正への交渉過程
の中で、アメリカが従来の外交交渉でマルコスに約束してきた安全保障供与
に関する確認文書を合意文書に添付することに何とか成功するのである。[162]
一方、アメリカにとってフィリッピン防衛への直接関与は忌避するという従
来からの政策に変更はなかったが、アジア同盟国に蔓延するアメリカに対す
る信頼の失墜は何としても堰止める必要があった。[163] また、カムラン湾の
ソ連海軍基地の拡大に直面して、在比米軍基地は後方補給・中継基地から前

---

162) 1979 年の改正交渉のアメリカ側交渉団の一員であった法律家ボブス（Rick De
　Bobes）は次のように回想する：交渉の最終段階においてマルコス大統領は過去に彼
　宛に送られてきた相互防衛条約に則ったアメリカの防衛関与義務に関する全ての外交
　文書を改正文書に添付することを執拗に主張した。そして、それらは「合衆国の条約
　と国際合意（U.S. Treaties and Other International Agreements）」に記載のとおり
　合意文書に添付されたのである。（De Bobes 86）

163) 　出　典："Foreign Assistance Legislation for Fiscal Year 1980-81" (Part 4),
　Hearings and Markup before the Subcommittee on Asian and Pacific Affairs of the
　House Committee on Foreign Affairs, 96th Congress, 1st Session, 27 February-12
　March 1979, p.68.

146

第 4 章　要因仮説 I-B：脅威認識の差異

線基地へとその性格を変え始め、その重要性は以前にも増して強く認識され
るに至る。[164]

　こうしたベトナム戦争直後の安全保障環境の激変により、両国がこれまで
抱いてきた異質の脅威認識は、冷戦という共通のフレームワークの中で同質
化され、遠地点から近地点に到達するのである。決裂を続けてきた地位協定
交渉はここに新局面を迎え、どちらの側にも妥協して新たな状況に対応する
必要性が生じてくる。特にアメリカはアジア・西太平洋における信頼失墜の
回復と在比米軍基地の拡充が急務であり、より妥協の余地が大きかったと言
えよう。新たな交渉はカーター政権下で 1977 年に始まり、[165] 1979 年に合
意に至る。両国は決裂の要因となってきた司法分野は手付かずにして、他の
多くの分野で現実的な妥協を図ったのである。まず基地問題では、アメリカ
は従来同様の軍事活動に関する自由裁量度と基地と軍人に対する実質的な指
揮、監督権を確保、フィリピンは各基地にフィリピン人司令官を配置し
て名目的な指揮権を掌握する。[166] さらに米軍の監督権が及んでいた基地周
辺地域の大幅な縮小と基地周辺の安全警備の義務と権限もフィリピンが管
轄することになった。そして、巨額の援助も同時に約束されたのである。[167]
しかし、何といってもこの後の両国関係にとって極めて重要であったのは、
軍事基地協定の期限が 5 年と大きく短縮されたことである。

---

164)「在比米軍基地は最早アジア大陸の沿海部に位置する前線支援基地ではなくなり、
　　西太平洋の前線基地となった。……　その存在は心理的にも戦略的にも、また（軍事
　　的に実在する）現実的な（力）としても、西太平洋全域にとって極めて重要である。」
　　出典：上記の議会資料と同じ。p.104-105
165)　両国政府は新交渉開始の声明を発表し、1976 年交渉で犯した過ちを避けるため、
　　新たに設立された合同タスクフォースの勧告にしたがって合意可能な解決がなされる
　　であろうとした。US-RP Press Release, 26 September 1977, Department of State
　　Bulletin Document #7
166)　米人指揮官は「フィリピンの主権を最大限尊重する」ことを行動規範とはするが、
　　ほぼ制限のない軍事行動と米軍人、軍属、その家族が専属的に使用している施設内に
　　ついては権能を有することが保証されたのである。フィリピン人指揮官の米軍諸活
　　動に対する制限的権限は弱く、名目的であった。
167)　カーター大統領は付帯の外交交換文書で 5 億ドルの援助パッケージ（1979 –
　　1983）を議会が承認することに最大限の努力をすることを約束した。出典：Letter
　　from President Carter to President Marcos dated January 4, 1979, TIAS 9224

147

1983 年改正 [168)

1983 年の改正はレーガン政権の下で行われた。同政権の人権問題等を棚上げにした冷戦戦略優先政策は両国間に協調的な関係をもたらすが、改正の実質的内容は乏しく、フィリピンの米軍諸活動についての主権行使力強化が化粧直し的に謳われたに止まった。[169) 唯一の実質的改正は、戦時における協定条文の適用を両国とも 60 日前に通告することで差し止めることができるようにしたことである。

[1986～1991] 体制転換、新憲法、そして軍事基地協定（MBA）の廃止

ピープルパワー革命（People Power Revolution）によるマルコス政権の終焉は、フィリピンの国内政治構造を激変させることになる。1987 年 2 月、アキノ（Corazón Aquino）大統領の新政権下で新憲法が国民投票で 80％という圧倒的高率で支持され、[170) フィリピンの安全保障認識と米軍基地の存在は根底から見直されることになった。新憲法では、フィリピンは「独立した外交政策」を追求することが謳われ（第 2 条 7 項）、軍事基地協定は 1991 年をもって廃止、その後の米軍基地の存続は全く新しい条約締結による以外にはあり得ない（第 18 条 25 項）ことが明言された。非核原則（第 2 条 8 項）もまた改めて確認されたのである。

政体転換要因が地位協定に与える影響については、第 7 章で詳細に考察するが、ここでは安全保障環境と脅威認識の変化が両国に与えた影響について考える。それは、何よりも冷戦終了の効果である。すでに 1988 年以来、ソ連の指導者はカムラン湾海軍基地の縮小に度々言及するようになり、実際に

---

168) 正式英文名：Memorandum of Agreement between the United States of America and the Republic of the Philippines, signed 1 June 1983 TIAS 10699

169) 米軍が相互防衛条約や東南アジア集団防衛条約に決められた以外の軍事行動目的に在比基地を使用する場合や、長距離ミサイルを在比基地に配備する場合は、フィリピン政府と協議（Consult）することが求められる。また、米軍の規模や軍事能力についてはその現状をフィリピン政府に報告（Inform）し、如何なる装備や兵器システムの変更もフィリピン政府に通知（Notify）するとされた。何れの場合も同意（Agree）という用語は使用されていない。

170) 出典：FEER, 19 February 1987, pp. 14-15 and New York Times, 8 February 1987, p.1

148

第 4 章　要因仮説 I-B：脅威認識の差異

全てのミグ 23 戦闘機と TU-16 中距離爆撃機を同基地から撤退させ、1990年 1 月までにアジア太平洋地域の全てのソ連軍の引き上げを声明するのである。ソ連の変化はフィリピンの国内問題にも及び、ソ連外相シュワルナゼ（Eduard Shevardnadze）はフィリピン内で活動を続ける反政府共産ゲリラへの支援を行わないと保証したのである。[171] かくして、ソ連軍との直接衝突の危機は 1990 年代初期にほぼ消滅し、アメリカ国防省もこの地域におけるソ連の軍事的脅威は劇的に減少したことを認めた。[172] これらの一連の変化により、フィリピンは、国内的にも国際的に冷戦構造の桎梏から解放され、アメリカによる安全保障の傘の必要性は激減するのである。そして、新憲法に明言されたようにフィリピン独自の安全保障観に基づく「独立した外交政策」を目指すに至るのである。

　一方で、先述のようにアメリカの世界基地戦略は冷戦の終了によって、縮小や引きこもりに向かうことはなかった。在比米軍基地は新たな世界戦略の中でも、西太平洋から中東、アフリカに繋がる最重要な補給・中継基地としての地位を占め続けていた。しかしながら冷戦期と違い、もはやその重要性は“必要不可欠”という範疇からは一段階低いものとなっていた。福田保は、在比米軍基地は他の代替地、軍事的価値、そしてコストを総合的に勘案して決定される選択肢の一つとなっており、もはやソ連封じ込めのために絶対的に必要なものではなくなっていたと論じ、フィリピンのあくなき援助金のつり上げに直面して、Subic 海軍基地維持はその支払う金額に値しないと自ら判断するに至ったと続ける。（福田保 116-17）米軍は一方的にフィリピンによって“追放”されたのではなく、アメリカ側にも在比米軍撤退の理由が

---

171) 出典："Soviet Hint at Leaving Cam Ranh Bay" By SETH MYDANS, Special to the New York Times December 23, 1988
172) 出典：US Department of Defense, *Soviet Military Power 1990*
173) 軍事基地協定の見直し交渉は 1988 年 4 月にスタートし、フィリピン側交渉団は新憲法の理想を実現しようと意欲に燃えていた。アキノ大統領に新たに任命された在比軍事基地委員会（The Philippines Base Panel）は 1991 年までの米軍撤退を要求した。（Cooley 81 に引用）しかし、交渉の最終段階に至ってアキノ大統領は、現実的な妥協策として安全保障、友好、協力条約（Treaty of Friendship, Cooperation and Security）を提案し、毎年 2 億ドルのアメリカ援助と引き換えに 10 年間の米軍基地存続と認めようとした。しかし正に軍事基地協定の期限が切れる 1991 年 9 月 19 日のその日、このアキノの提案した“条約”は 12 対 11（欠席 1）という僅差でフィリピン上院で否決されたのである

149

存在したのである。双方が米軍基地存続の絶対的必要性を消滅させていく中で軍事基地協定廃止は当然の帰結と言えよう。[173] かくして同基地は 1992 年 11 月 24 日に閉鎖されることになる。

1998 年調印　一時駐留軍協定（VFA: Visiting Forces Agreement）[174]

　しかし、1991 年の浮かれ気分は数年も続くことはなかった。1992 年に中国は、「領土とその近隣地域に関する特別法案」を立法し、Spratlys 諸島と Paracels 諸島への領有権主張を正当化することで、南シナ海の領土紛争は新たな局面に突入する。[175] また、国内の新人民軍等の反政府武装闘争も、旧共産圏や中東諸国からの支援が枯渇しても勢いが衰えず、中央政府はその鎮圧にほとんど有効な手を打つことができなかった。こうした内外の新たな脅威出現に追い打ちをかけたのが 1997 年のアジア通貨危機である。これによりフィリピンはおよそ 100 億ドルの被害を被ったと言われる。[176] これら一連の安全保障と経済における諸難題を、フィリピン単独で解決することは到底不可能であり、米軍撤退によるアメリカの軍事関与激減がフィリピン指導者の間で大きな不安の種となっていく。こうした状況変化の中で、1991 年の上院採決で米軍追放に歴史を変える一票を投じたエストラーダ（Joseph Estrada）大統領とメルカド（Orlando Mercado）国防相（両者とも当時上院議員）は、一転して米軍再招致へと 180 度舵を切るのである。

　こうして締結された一時駐留軍協定（2015 年現在実効）は、タイプⅢ B-β 地位協定であり、裁判権競合的両立を原則とはするものの、米軍の諸特権は広範な分野で認められることとなった。司法分野では、米軍は全ての法手続きが完了するまで被疑者の身柄を自施設内に拘束ができるし、フィリピン

---

174)　正式英文名：Agreement Between the Government of the Republic of the Philippines and the Government of the United States of America Regarding the Treatment of United States Armed Forces Visiting the Philippines, Signed 10 February 1998, entered into force 1 June 1999 TIAS 12931

175)　例えば、1995 年 2 月 9 日、フィリピン国家防衛大臣は、中国が違法にも Mischief 環礁上に構造物を建築したと写真を示しながら非難した。しかし、中国はそれらの構造物は軍事的なものではなく、中国漁民の避難施設であり、この地域を両国協同で開発していこうという合意の精神に何ら反するものではないと反論した。（浦野起央 130）

176)　出典：Development Indicators, World Bank

150

第 4 章　要因仮説 I-B：脅威認識の差異

の収監施設に対してクレームをつけることも可能である。さらに、フィリッ
ピン法務当局は全ての法手続きを一年以内に完了しなければならない。[177]
クレーム補償の分野ではアメリカ法が優先的に適用される。[178] 軍事分野で
は、米軍は撤退前と変わらない自由裁量度で諸軍事活動を展開できることが
保証された。さらに、1,900 万ドルの軍事援助がフィリピン軍の戦闘能力
向上のために支給されることになった。

2007 年調印　相互兵站支援協定（Mutual Logistic Support Agreement）[179]

　9/11 事件と中国の南シナ海での活動のさらなる活発化は、両国の脅威認
識を同一方向へと大きく押しやることになる。何故なら、中国とテロリズム
という、共同で対応することが必要な共通の "敵" が出現したからである。
テロとの戦争を掲げて中東やアフガニスタンでの軍事活動を続けるアメリカ
にとって、補給・中継ハブとしてのフィリピンの地理的重要性が改めて認
識されたのである。また、アメリカはフィリピン内で活動を続けるイスラ
ム分離主義者アブサヤフはアルカエダと連携していると考えていた。イスラ
ム武装勢力に悩まされ続けるフィリピンにとって、アメリカ介入を実現で

177）第 5 条の英語正文：[Criminal Jurisdiction] Para.6: The custody of any United
　　States personnel over whom the Philippines is to exercise jurisdiction shall
　　immediately reside with United States military authorities, if they so request, from
　　the commission of the offense until completion of all judicial proceedings……. In the
　　event Philippine judicial proceedings are not completed within one year, the United
　　States shall be relieved of any obligations under this paragraph……. Para.10: The
　　confinement or detention by Philippine authorities of United States personnel shall
　　be carried out in facilities agreed on by appropriate Philippine and United States
　　authorities. United States personnel serving sentences in the Philippines shall have
　　the right to visits and material assistance.

178）第 6 条の英語正文：[Claims] Para.2: For claims against the United States, other
　　than contractual claims and those to which para. 1 applies, the United States
　　Government, in accordance with United States law regarding foreign claims, will
　　pay just and reasonable compensation in settlement of meritorious claims for
　　damage, loss, personal injury or death, caused by acts or omissions of United States
　　personnel, or otherwise incident to the non-combat activities of the United States
　　forces.

179）正式英文名：Mutual Logistics Support Agreement Between the Department of
　　Defense of the United States of America and the Department of National Defense of
　　the Republic of the Philippine, with Annexes, signed 8 November 2007, entered into
　　force 14 January 2009

151

きるまたとない機会が到来したのである。南シナ海への中国進出に対しても、領土紛争には介入しないというアメリカの基本方針に変更はなかったものの、アメリカは何らかの対抗処置をとる必要が生じていた。これもまたフィリッピンにとって、アメリカを自らの領土主張の後見人に引き込む絶好の機会となった。

　単純化してまとめるなら、フィリッピンを取り巻く国内外の安全保障環境の変化は両国の脅威認識の共通部分を拡大させ、交渉の土台を構成したが、交渉グランドは水平ではなく安全保障の傘と経済の援助を提供するアメリカの方がそれを必要とするフィリッピンより高い位置を占めることになったのである。2002年に実施されたフィリッピン世論調査では全回答者中84%がアメリカの軍事援助と南部のイスラム過激グループ鎮圧への介入を支持したのである。(Cooley 88 に引用) [180] 相互兵站支援協定は、"相互" とは言えその内実は 9/11 以降のアメリカの軍事行動を円滑かつ効率的に遂行するための兵站活動に対するフィリッピンの協力保証がその核心である。フィリッピン政府は米軍機の領空通過権を承認しただけでなく、旧 Subic 米海軍基地はアフガニスタン侵攻の際は多国籍軍の補給・中継基地としての利用が認められたのである。

2014年調印　防衛協力強化協定（Enhanced Defense Cooperation Agreement）[181]

　この協定は名目上は二国間の防衛協力を強化していくために締結されたものである。しかし、その目的は全般的な地位協定である一時駐留軍協定の曖昧な部分を補足し、"一時的に駐留する" 米軍の諸活動に対して法的根拠を与えることにあった。前例から外れることなく Global Security Contingency Fund（世界中で発生する安全保障上の緊急事態に対応する基金）からの 4,000 万ドルの軍事援助がパッケージとなっていたことは言うまでもない。

　協定の基本ロジックは恒久的な外国軍駐留を禁止する憲法と、米軍の国内

180）原資料：Hookway, James. "U.S. Toops May Be Unpleasant, but the Abu Sayyaf Are Worse." *Far Eastern Economic Review*.February 7, 16（2002）. Print

181）正式英文名：Agreement Between the Government of the Republic of the Philippines and the Government of the United States of America On Enhanced Defense Cooperation, signed 28 April 2014

施設を使用しての軍事諸活動という現実、との辻褄を合わせるために、仮に諸施設は恒久的な建造物で構成されていても、人員が交代でローテーションしていればそれは一時駐留であり恒久的外国軍駐留とは見なさないということである。即ち、協定は実質的な基地設立・使用権と極めて制限の少ない軍事活動全般を承認したものである。[182] アメリカは"合意された場所"に施設を建設したり改修したりすることができ[183]、建設を含む資材や補給、装備、諸サービスの提供についてその業者を選定することができ、しかもそうした業者との契約にはアメリカ法が適用される。[184] フィリピンの非核原則は守られることになったが、米軍は事前に配備されていた軍事物資については全くの自由裁量でそれを移動することも可能であり[185]、米軍艦船や航

---

182) 第1条の英語正文：[Purpose and Scope] Para.1 (a) Supporting the Parties' shared goal of improving interoperability of the Parties' forces, and for the Armed Forces of the Philippines ("AFP"), addressing short-term capabilities gaps, promoting long-term modernization, and helping maintain and develop additional maritime security, maritime domain awareness, and humanitarian assistance and disaster relief capabilities; and (b) Authorizing access to Agreed Locations in the territory of the Philippines by United States forces on a rotational basis, as mutually determined by the Parties.

183) 第3条の英語正文：[Agreed Locations] Para.1: With consideration of the views of the Parties, the Philippines hereby authorizes and agrees that United States forces, United States contractors, and vehicles, vessels, and aircraft operated by or for United States forces may conduct the following activities with respect to Agreed Locations: training; transit; support and related activities; refueling of aircraft; bunkering of vessels; temporary maintenance of vehicles, vessels, and aircraft; temporary accommodation of personnel; communications; prepositioning of equipment, supplies, arid materiel; deploying forces and materiel; and such other activities as the Parties may agree. Para.2: When requested, the Designated Authority of the Philippines shall assist in facilitating transit or temporary access by United States forces to public land and facilities (including roads, ports, and airfields), including those owned or controlled by local governments, and to other land and facilities (including roads, ports, and airfields). Para.4: The Philippines hereby grants to the United States, through bilateral security mechanisms, such as the MDB and SEB, operational control of Agreed Locations for construction activities and authority to undertake such activities on, and make alterations and improvements to, Agreed Locations……

184) 第8条の英語正文：[Contracting Procedures] Para.1: United States forces may contract for any materiel, supplies, equipment, and services (including construction) to be furnished or undertaken in the territory of the Philippines without restriction as to choice of contractor, supplier, or person who provides such materiel, supplies, equipment, or services. Such contracts shall be solicited, awarded, and administered in accordance with the laws and regulations of the United States.

空機の中継や途中燃料補給の権利も認められた。これはほぼ完全な過去への回帰であり、人員さえ定期的に交代していれば、米軍は在フィリッピンの軍事施設を自由に使用してフィリッピンの安全保障に直接関係のない戦場での軍事活動に従事できるのである。

3．比較分析とまとめ

以上の歴史過程の追跡から、両国とも受入国にとって極めて不平等な地位協定から出発しながら、その後の変遷には大きな差異が存在し、フィリッピン地位協定の方が受入国側により有利な経過を辿ったことが明らかとなった。韓国の改正要求はアメリカに拒否され続け、大田協定を廃止し総合的な地位協定を締結するまでに16年の歳月（1950〜1966）を要したのみならず、その後の改正も被疑者引き渡しの時期に関する一条文がNATO地位協定なみに変更されたに過ぎない。韓国地位協定の歴史は長期にわたり静的、非変容的であり、韓国の経済力を含めた総合国力の拡大を考慮するなら、力の差異理論によってこれを説明することはできない。一方のフィリッピンは、1954年から軍事基地協定改正交渉が始められており、その交渉史だけで数冊の本ができるほどの度重なる改正交渉が政権の交代に関わりなく、決裂による短い中断をはさみながらも、途絶えることなく継続されてきた。そして、1991年には地位協定の破棄と米軍撤退に至るが、新たな脅威に直面すると、再び米軍を招致して今日に至っている。フィリッピン地位協定はその歴史的経過が著しく動的、変容的であり、何故にアメリカが冷戦早期から改正交渉に応じたのか、またその後もフィリッピン側の要求を次々と受け入れていったのかについても、力の差異理論は合理的な説明ができない。

地政学的な位置関係に起因する脅威認識差異が、両国の地位協定の形成に大きな要因として作用したと考えるのが最も合理的である。韓国は言うまで

185）第4条の英語正文：[Equipment, Supplies, and Materiel] Para.3: The prepositioned Materiel of United States forces shall be for the exclusive use of United States forces, and full title to all such equipment, supplies, and materiel remains with the United States. United States forces shall have control over the access to and disposition of such prepositioned materiel and shall have the unencumbered right to remove such prepositioned materiel at any time from the territory of the Philippines.

もなく冷戦の最前線であり、冷戦終了後も北朝鮮からの新たな脅威という桎梏に拘束され続け、その脅威認識と米軍事力への依存度、即ち米軍基地の存在価値はほぼ一貫して高かった。在韓米軍の縮小、最低コストでの現状維持というアメリカの長期戦略は、常に韓国側に「見捨てられ」の不安をかきたてることになった。かくして、交渉力バランスは、韓国の総合国力の躍進やベトナムへの実戦部隊の派遣といったアメリカへの軍事的貢献増によっても、大きく韓国側に傾くことはなかったのである。

　冷戦最前線からは遠く海を隔てた西太平洋に位置するフィリピンの場合、安全保障環境の変化に対応して、脅威認識と米軍基地の存在価値は大きな振幅で揺れ動く。冷戦期においては、ベトナム戦争直後の一時期を除き、米軍基地の存在とその冷戦優先主義はフィリピン独自の安全保障観と大きな隔たりがあり、米軍の存在価値の根幹が問われ続け、国内政治論争の主テーマとなり続けた。一方でアメリカにとって在比米軍基地は直接攻撃を受けにくい後方補給・中継基地としての価値は大きく、その長期基本戦略は恒久的施設としての拡充であり、冷戦後も大きな変更はなかった。[186]フィリピンはこうした一種の必要度の差を背景にその貧弱なハードパワーにも関わらず大きな交渉力を発揮し続けることができ、冷戦終了直後には、地位協定を破棄し米軍を撤退させることになる。しかし、中国の南シナ海進出や一向に弱体化しない反政府武装勢力に直面して、再び米軍の"来訪"を依頼する事態に立ち至り、新たな地位協定が締結される。フィリピンの地位協定史は、脅威認識の変遷が地位協定の形体に如何に大きな影響を与えるかの実験室的好例と言えるであろう。

第4章のまとめ

　アメリカは独自の脅威認識に基づき、全く単独主義的に地球上の必要と思われる地点に軍事拠点を構築することを構想し、それを実現できる能力を持

---

186)「その最盛期には、……クラーク空軍基地とスービック海軍基地はアメリカの軍事専門家の間では"おそらく世界で最も重要な軍事施設"と考えられていた。1970年代には約4万人のフィリピン人が雇用され、1980年代の終わりごろまでにはその数は7万人近くに達していた……」(Sandars 117に引用)

155

つスーパーパワーである。そして、そのような地政学上のキーポイントの価値は、変化を続ける世界安全保障環境をアメリカが如何に分析し、脅威の震源と強度を認識するかによって増減する。アメリカの視点に立つなら、その脅威認識が世界の安全保障政策と軍事的な枠組みを一義的に定義していると言えるであろう。イニシャティブは常にアメリカの手にあるため、同盟国との関係は能動的行為者と受動的行為者、または保護者と被保護者という非対称な関係として認識されがちである。しかし、その同盟国もまた独自の脅威認識を持ち、自らの生存をかけて独自の安全保障政策を追求するため、両者の関係は必ずしもこうした一方的不均衡、かつ単純な関係に収斂することはないのである。もし、受入国が米軍受け入れの価値が自国の安全保障にとって価値が低いと評価すれば、受入国側のリアクションはより強い反発力を伴うものになり、そこに基地を建設・維持したいと意図するアメリカは大きな譲歩を強いられることになる。反対に、受入国の脅威認識が深刻で差し迫ったものであり、アメリカのそれと共通部分が多い場合、米軍受け入れの価値は自国の安全保障にとって極めて価値が高いと評価され、受入国側は如何なる犠牲を払っても米軍の防衛力に依存しようという傾向を強める。当然アメリカはより有利な条件で基地を建設・維持することが可能となる。

　全ケースの経験則観察で明らかにされたように、冷戦終了後、何故にほぼ全ての受入国が自国有利に地位協定を改正することができたかは、この脅威認識の差異が拡大して受入国有利に働いたからであり、大きく脅威の減少した地域程その有利度はより高いものとなったのである。二つのケーススタディ（スペイン－ドイツ、フィリピン－韓国）においては、共産圏からの脅威認識が切迫したものではなく、アメリカの冷戦優先戦略と隔たりのあったスペインやフィリピンは、何れもより大きなハードパワーを保有するドイツ、韓国より有利な地位協定を歴史的に享受することができたのである。即ち、地位協定交渉のパワーバランスは、派遣国アメリカが評価・認識する「受入国の軍事的、地政学的重要度のレベル」と受入国が評価・認識する「米軍駐留の必要度のレベル」の差異によって規定されるのである。また、フィリピンのケース（諸改正→協定破棄・米軍撤退→米軍再招致）は、脅威認識の変化が如何に地位協定に大きな影響を与えるかの好例である。

156

第5章　要因仮説Ⅱ：国際規範としての相互主義原則

　第3、4章では、国際関係論リアリズム理論から引き出された仮説を検証し、力関係と脅威認識の差異が多様な地位協定を形成した要因であることを突き止めた。本章では国際関係論リベラリズム理論から演繹できる仮説を検証する。リベラリズムは、国際関係は必ずしも力（パワー）のみによって規定されるものではなく、国内政治、国際機関や国際規範、あるいは経済の相互依存などの諸要素の複雑な働きによって影響を受けるとし、国家生存を賭けた力による抗争というリアリズムとは異なった世界観を提起する。確かに、21世紀の今日に至っても米軍地位協定は治外法権的なタイプⅠからタイプⅢまで実に多様であり、アメリカの飽くなき権益追求が力や脅威認識といった諸要因によって影響された結果がこの多様性をもたらしたと言えよう。しかし、忘れてはならない事実は、米軍地位協定締結はアメリカの力の直接的反映や砲艦外交の結果ではなく、全て外交交渉の結果として締結されているということである。そこで本章は、地位協定交渉においては、国際規範としての相互主義原則が交渉国双方を拘束し、一方的な力関係の発現を制御するだけでなく、合意内容にも影響を与えているという外交交渉の原理に関わる仮説を提起し、それを検証する。

A．要因仮説Ⅱ：国際関係の拘束的規範としての相互主義原則の働き

　地位協定交渉は、他の外交交渉と同様に、相互主義原則が規範となる。もし一方の当事者が他の当事者に対して自ら進んで何等かの恩恵を与えるなら、その恩恵を受けた側は相応の対価返礼という規範に拘束されるため、これを前者は自らを利する梃子として利用することが可能である。即ち、受入国の総合的な貢献が派遣国から見て非常に重要であると認識されるならば、

157

地位協定は受入国にとってより有利なものに帰結すると想定される。

B. 理論的背景とアメリカの基本政策

1. 理論的背景

　国際政治学者ブル（Hedley Bull）はその古典的著作の中で次のように論じている。「主権国家からなる社会（あるいは国際社会）が存在すると言えるのは、一定の共通利益と共通価値を自覚した国家集団が、──その相互関係において、それらの国々自身が、共通の規則体系によって拘束されており、かつ、共通の諸制度を機能させることに対してともに責任をおっているとみなしているという意味で── 一個の社会を形成しているときである。もし、今日の国家が国際社会を形成しているとすれば、……それは、国家が、一定の共通利益と、おそらく、いくつかの共通価値を承認することによって、自らが、相互関係の処理において、一定の規則によって拘束されていると考えているからにほかならない。」そして「外交は、一つの国際システムの存在、すなわち、部分の集まりとして相互に影響を及ぼしあっている二カ国、またはそれ以上の国々の存在を前提としていることは明白である。世界がもしも互いに完全に孤立した政治共同体から成るとすれば、外交関係の生ずる余地はあり得ないであろう。……現に在る高度に制度化された形での外交は、国際システムの存在ばかりでなく国際社会の存在をも前提としていることも、また、明白である」（ブル 15, 206）米ソの冷戦を振り返るなら、両超大国はいかに敵対する関係にあっても国際社会の一員であり"共通の規則体系"に拘束されていたことは明らかである。その範囲をアメリカとその同盟国との関係に焦点を絞るなら、共有された価値観と規則体系に基づく共通の行動規範の存在はさらに明白となる。そして、アメリカこそ理念的にも実体的にもその体現者であり、リーダーであるため、この規範に最も強く拘束されると言ってよいであろう。

　山本吉宣は、アメリカとその同盟国との関係をさらに掘り下げ、それを契約に基づくインフォーマルな帝国システムと定義する。アメリカはそのシス

158

テムの中で非対称な影響力を行使するが、「それは基本的には交換・合意によって形成、維持されてきたものであり、(その範囲は)経済・安全保障・価値のすべての分野に及ぶものであった。……アメリカの軍事基地は、基本的に主権をもつ外国と契約によって保持されるものである。」と、アメリカの世界基地網形成の特質を明らかにする。(山本吉宣 150-61, 279)

　それでは交換・合意に至る規範としての相互主義の意味と概念を如何に理解したらよいのであろうか？コヘイン (Robert Keohane) は国際貿易の相互主義原則の研究から：相互主義とは、おおよそ等価なものの交換であり、一方の交渉主のそれまでの行動が、もう一方の交渉相手のその後の行動を左右するような相互関係である。そこでは、善行は善行で報いられ、悪行は悪行で仕返しされ、その根底には自己利益の追求だけでなく相互に共有された権利と義務に対する責務が存在する、と規定する。さらにこの相互主義原則を、特定型相互主義 (Specific　特定のものやサービスを定められた手順と等価で正確に交換する) と拡散型相互主義 (Diffuse　交換されるもの、交換の手順と等価は曖昧であるが、交換の内容は交渉相手に対する相互の貢献や尽力を含むより高次なものとなる) に分類し、外交関係では、前者の関係を長期に継続することに成功すると相互の信頼関係が深まり、やがて後者のより高次元の相互主義に達する条件を形成していくと指摘する。(Keohane 8, 20-21)

　相互主義原則の理論的正当性は現実の交渉を具体的に分析する学問分野からも検証されている。交渉分析学の専門家ザートマン(William Zartman)は：交渉官達は自らの目標を達成するために交渉するが、彼らはより大きな価値観に拘束されている。中でも、交渉進展の第一前提として相互主義原則があり、それは過程だけでなく結果にも大きな影響を与える。何故なら、交渉とは、自分の意思を実現するためには相手の同意が必要であるから行われるものであり、相手の同意なく自分の意思を実現できるのであれば、交渉などを行う必要がないのである。そして、交渉が相手の同意と相互交流から成り立っているとするなら、それは必然的に双方の相互補償努力を伴う、とする。(Zartman "Introduction: Negotiating Cultures" 5) 彼は、別の著書で、実際の交渉では、相互主義は公正さ (Justice) という価値基準を土台として機能しているとして、3タイプの基準を提起している。それは (1) 平等分配型

159

の公正（成果は平等に配分される：例えば同一労働同一賃金という基準）、(2) 不平等分配型の公正（成果は貢献度等によって不平等に分配される：例えば国連安保理常任国など、あるいは必要度に応じて不平等に分配される：最貧国には多くの援助が与えられる基準など）、(3) 優先順位分配型の公正（成果は勝者や到着順等の順位に応じて配分される：例えば最初に来た人からサービスが提供されるという基準など）。(Zartman "The Role of Justice in Global Security Negotiations " 895 - 96) 即ち、いかなる交渉も相互主義の原則が貫徹し、交渉参加者は "公正であること" という価値観を共有し、合意到達に最も適切かつ公正と思われる価値基準を設定して交渉に臨むのであり、それが欠如しては交渉が成り立たなくなるのである。

　これら先学の理論を統合して本章の主題に当てはめるなら：アメリカとその同盟国の同盟関係は相互が合意した契約により成り立っていて、契約交渉の土台となるものは公正な相互主義の原則であり、両国関係の特性はそれぞれの当事国が相手側から提供される貢献や恩恵をどのように評価するかという相互の認識によって規定される、とまとめることができよう。ここで言う公正とは、普遍的な正義や平等を意味するのではなく、ザートマンが提起する諸基準に基づく公正さであり、それぞれの交渉主体が相手方の貢献や、享受した恩恵をどのように解釈、評価して公正と認識するかに関わっている。貢献や恩恵の具体的な内容は、ここでは共通目標である相互の安全保障に向けての貢献度であり、(1) 同盟相手国への防衛義務をどれだけ負っているか、(2) 総合的な軍事任務分担度、(3) 軍事支出分担度、(4) 防衛技術移転への貢献度、(5) 非軍事分野での総合的貢献に分解することができる。その相互関係は、ビジネスにおける貸し手（債権者）－借り手（債務者）関係に置き換えて類推すると分かりやすくなるだろう。アメリカが受入国の貢献を重要かつ大きなものと評価し、自分が供与した以上の恩恵を享受しているという借り手的立場にある時は、その対価として他の分野での譲歩に寛容になるであろうし、その逆に、アメリカが自国の貢献度の方がはるかに重要であり、相手側に大きな恩恵を与えているという貸し手的立場にあると考えている時は、譲歩の余地がなくなるどころか相手側からの貢献の上積みを求めるに至るであろう。次節で詳細に考察するが、日独の受入国経費負担の差異を、日

第 5 章　要因仮説 II : 国際規範としての相互主義原則

独の集団防衛義務に対する貢献度の差異というレンズを通して見るなら、相
互主義原則の冷徹な具体例として浮かび上がってくるのである。

2. アメリカの基本原則と同盟国の貢献を評価する際の一般的傾向

アメリカが如何にその同盟国の貢献を重視し、かつ評価・認識するかは
1948 年のヴァンデンバーグ（Vandenberg）決議以降今日まで、ほぼ一貫し
た方針に貫かれており、その原則は二つに凝縮できる。まず第一は、同盟国
（ほとんどが米軍受入国）が経済、軍事力拡大に向けた「継続的かつ効率的な
自助（Self-help）」努力をしているか（これはアメリカの総合的な負担軽減につ
ながる）である。ヴァンデンバーグ決議では、こうした自助努力をしない（国
またはそうした国々で構成される）地域的もしくは集団安全保障同盟にはアメ
リカは関与を行わないと明言する。[187] そして、この原則は北大西洋条約第
3 条や日米安全保障条約第 3 条にも謳われ、共通の原則として同盟国に受け
入れさせることに成功している。第二が同盟国が共通の安全保障目標達成の
ために相応の負担を分担しているか、であり、アメリカの表現としては「平
等な負担分担」（Equal burden sharing）の原則である。

アメリカ政府も議会もこの二つの原則に沿った立法や政策を次々と打ち出
し、それは今日までアメリカの安全保障外交の基本方針であるとともに、議
会での主潮流となっている。[188] しかし、そうした原則に基づく評価基準設
定は第三者が介入して客観的に決定される類のものではない。アメリカの政
府も議会もその貢献度は如何なる同盟国の貢献度より勝っているとする、強
い "貸し手" 認識を共有しているため、評価表は常にアメリカ寄りに歪めら
れ、「非対称な影響力を行使」する基盤を構成する。その一つの好例が、国
民一人当たりの防衛予算負担の高低という指標であり、その高さをもってア
メリカの主張の根拠とするのである。一方で、アメリカ同盟国も自らの貢献

187）The Vandenberg Resolution（上院決議 239　Senate Resolution 239: July 11, 1948）
　　第三章の英語正文 : "Association of the United States, by constitutional process, with
　　such regional and other collective arrangements as are based on continuous and
　　effective self-help and mutual aid, and as affect its national security." 出典 : 政策研
　　究大学院大学　東京大学東洋文化研究所　データベース「世界と日本」（代表 : 田中
　　明彦）http://worldjpn.grips.ac.jp/index.html

161

度について独自の認識を持ち（多くの場合はアメリカからの恩恵供与に対して十分に見合っているという認識）、基準設定を有利に導こうとするが、最終的にはアメリカが設定した基準に近づくことを余儀なくされるのである。しかし、同盟国間でも自らの貢献についての自己評価に差異があり、アメリカが同盟国を評価、認識する基準も一様ではないため、交渉結果はそうした差異の大小に大きく影響される。次節では、そのような差異が日独の米軍駐留維持費の負担をめぐる交渉にどのような影響を与えたかを歴史的に比較することで、相互主義原則が現実の交渉の場で如何に作用するかを検証する。

188）アメリカ政府（アイゼンハワー大統領）は早くも 1960 年に財務長官アンダーソン（Robert Anderson）を西ドイツに派遣して、駐独米軍の維持コストの負担増大を要求させているし、歴代の大統領はその強弱に差はあるが一貫してこの政策を継続している。また、政府の中でも特に国防省は担当部署であることもあって、同盟国の貢献度を評価するための数々の指標も"発明"している。例えば、同盟国の貢献度を総合的に評価するための統計的指標として共通防衛目標に対する同盟国の貢献を示す統計的一覧表（Statistical Compendium on Allied Contributions to the Common Defense）があり、GDP、防衛支出総額やその対 GDP 比率、多国籍平和維持作戦への貢献度、戦闘部隊への貢献比率、軍隊の移動等に関わる分野への貢献比率、外国への援助、駐留米軍への軍事的／財政的貢献度、等々、米軍の諸活動へのあらゆる分野での貢献度が指標として表示され、同盟国の「自助努力」と「負担分担」の評価基準として活用されるのである。さらに、国防省の主要な世界情勢分析の一つである世界防衛態勢報告（Global Defense Posture Review）の重要セクションの一つは、同盟国の共通の安全保障目標への貢献度もしくは負担度をどのように評価するかである。また、連邦予算を管轄する米議会は、海外駐留米軍の経費軽減（受入国から見ると諸負担の増大）について強硬的な政策や立法を一貫して追求してきた。1960 年代後半から 70 年代前半には、海外に布陣している米軍の規模と経費を大胆に縮小することを目指したマンスフィールド旋風が議会を席捲する。多数の議員がこれを支持した背景は、アメリカの防衛貢献が同盟国の貢献をはるかに上回るという信念にも似た認識であったことは間違いない。これを受けて国防省は 1968 年に「在欧米軍規模と経費の縮小計画」（Reduction of Forces and Costs in Europe）を決定するに至る。1976 年には NATO 同盟国をターゲットにした、所謂 Jackson-Numn 修正法案が可決され、為替差損から生じた米軍駐留経費の損失を各受入国が補償しなければ米軍は撤退すると主張した。「（この法案の骨子は）もしある受入国の為替差損補償が 20% 足りなければ、駐留米軍の 20% を本国に撤退させるというものであった。確かにそれは脅しではあったが、マンスフィールドの主導してきた米軍の完全撤退を除外しない（超強硬な主張）を和らげ、かつその矛先を丸めることに最も成功したのである。」（Nelson *A History of U.S. Military Forces in Germany* p. 135）イラクとの緊張が高まった 1990 年にボニエー（David E. Bonier）の提案した修正法案は、370 対 53 という圧倒的多数で可決された。（出典："Congressional Quarterly Almanacs, 101st Congress, 2nd session, 1990" p. 682 Congressional Quarterly Inc., Washington D.C. 1991）その中では日本がターゲットにされ、もし日本が駐留米軍の全経費を負担しなければ、米軍は毎年 5,000 人の規模で撤退を開始するというものであった。さらに同じ会期で、米軍基地が雇用する地元労働者の大幅な賃金カットも可決されたのである。

162

C. 日独比較――受入国経費負担（Host Nation Support）の差異検証

　本節では、アメリカの最も重要な同盟国・米軍受入国であり、かつ戦後大きな経済復興を成し遂げた日本とドイツの受入国経費負担をめぐる対米交渉とその結果を追跡し本仮説の検証を行う。日独両国の対米関係には数多くの根本的な違いが存在し、それらの要因が地位協定の形態に与えた影響は大きい。例えば、ドイツの安全保障条約と地位協定は多国間合意であり、日本のそれは二国間合意である。そして、それが如何に決定的な影響を及ぼすかについてはすでに第3章で検証した。そこで、ここでは地位協定の条文比較ではなく、システムの重要分野である受入国経費負担（HNS: Host Nation Support）に焦点を絞ることで、他要因の影響を排除して比較考察を行う。何故なら、両国の受入国経費負担に関わる対米交渉は全て二国間で行われたからである。[189]

　そもそもNATO地位協定では、駐留外国軍の経費負担については、受入国は施設及び区域は提供するが、軍隊の維持費はすべて駐留軍の負担という原則が定められており、これに準じて日本地位協定にも同様の条文が踏襲されている。しかし、現実には駐留軍維持経費には膨大かつ多岐にわたる支出項目が存在する。先に見たように、自国の防衛負担が受入国の負担や貢献より圧倒的に大きいと自認するアメリカは、この原則とは異なる自らの基準を設定して、それこそが公正な負担分担であると主張し、受入国に対して駐留軍維持費の負担増を迫るのである。当然の帰結として、こうした主張は受入国の認識とはかけ離れたものであるため、論争は激化し、交渉は長期化する。双方は妥結のためには、交渉相手の総合的な貢献度を勘案して妥協点を見出さなければならない。従って、この論争・交渉、そして結果を追跡することは、相互主義原則が現実の場で如何に作用するかを検証するには絶好のケーススタディとなるはずである。

　表V-1は、日独の貢献度を表す主要指標を、2004年の米国防省「共通防衛目標に対する同盟国の貢献を示す統計的一覧表」（Statistical Compendium

---

189）唯一の例外は、1967年に合意されたOffset合意で、これは米・英・西独の3か国合意となった。

表Ⅴ-1 日独の貢献度主要指標比較

ドイツ	GDPに占める地上戦闘能力分担比率	27同盟国中16位
	GDPに占める海軍戦闘能力／海兵隊反撃能力（総トン数）分担比率	24位
	GDPに占める空軍戦闘能力分担比率	22位
	防衛総コストに対する受入国経費負担比率	32.6%

日本	GDPに占める地上戦闘能力分担比率	27同盟国中25位
	GDPに占める海軍戦闘能力／海兵隊反撃能力（総トン数）分担比率	21位
	GDPに占める空軍戦闘能力分担比率	26位
	防衛総コストに対する受入国経費負担比率	74.5%

on Allied Contributions to the Common Defense）から抜粋したものである。（各指標は同盟国の中の順位と％で表示）

　ここでの関心事は、軍事面での貢献度数値を平均して見る限りは大きな差異がないにも関わらず、何故日本の受入国経費負担比率がドイツの倍以上と高率であるかという点である。それは、こうした数字に直接的には反映されないドイツの安全保障上の貢献が日本のそれとは質的に異なる次元にあることが要因であると考えられる。まず第一に、アメリカの世界戦略におけるNATOの比類のない重要性である。そして、そのNATOにおけるドイツの存在は欠くべからざるものであり、もしドイツがNATOを脱退するような事態になれば、その影響は計り知れず、西側の安全保障体制全てが崩壊することを意味した。即ち「西ドイツはアメリカの安全保障がなければやっていけないのと同様に、アメリカも西ドイツ政府と国民の忠誠がなければやっていけない」(Nelson *Defenders or Intruders : The Dilemmas of U.S. Forces in Germany* 2) のである。第二に、安全保障同盟の集団的防衛義務が本質的に異なる。日本と異なり、ドイツはNATO同盟国に対する攻撃があった場合は自動的に集団的軍事行動に参加しなければならない義務を負っている。第三に、上記の指数には表れない絶対量としてのドイツのNATOに対する貢献の大きさである。ドイツ軍はその大部分をNATOの指揮下に委ねているし、経費負担も含めた他のあらゆる分野での貢献も他のヨーロッパNATO同盟国とは比較にならないレベルでの貢献を行っているのである。[190] そして第四に、ドイツは早くも1956年にその憲法である基本法（Basic Law）を改正して徴兵制を導入するなどの社会的コストを背負ってきたのである。その第87条a-(1) は「共和国はその防衛のために軍隊を設立する。その軍事

第5章 要因仮説Ⅱ：国際規範としての相互主義原則

力を数字的に表示したものと組織構成は予算において明示されなければならない」と規定されている。これらの4点を勘案するなら、米独の安全保障関係は日米のそれと本質的に異なり、総合軍事力に隔たりがあるにせよ、カテゴリーとしては平等な相互依存関係にあるといってよいであろう。アメリカは自らの貢献が圧倒的に大であると日独に圧力をかけるが、その反発能力においてはドイツの方が遥かに上で、それがどのように受入国経費負担の大小に反映されたかを検証していく。

1. ドイツのケース

NATOでは早くも1950年代から平等な負担分担（Equal burden sharing）についての議論が起こり、どのような配分での負担分担が公平であるのかが同盟国間、とりわけアメリカとヨーロッパ同盟国間、の論争の火種となった。[191] 西ドイツの経済復興が進むにつれ、その矛先が西ドイツに向くのは必然の流れであり、連続的な交渉が二国間で行われることになる。それは、オフセット合意（Offset Agreement）に向けての交渉と呼ばれ、1960年代から始まった交渉は、その後何と20年以上も継続的に行われたのである。"オ

190）西ドイツはNATO共通インフラ整備計画へのヨーロッパ最大の支出国（26.5％負担）であり、航空警戒管制システム（AWACS）ではアメリカに次いでほぼ31％の経費を負担している。また、アメリカ以外では他のNATO加盟国に軍事援助をしている唯一の国である。1964年以来、軍事援助の名目でトルコ、ギリシャ、ポルトガルに33億マルクが支払われたのである。さらにドイツ軍の軍事面での貢献もNATOにとって決定的である。中央ヨーロッパのNATO地上軍の50％はドイツ軍であるし、空軍戦闘機の30％もドイツ軍である。バルティック海では70％の海軍力と100％の海軍航空戦力を提供している。（そして何よりも）ドイツは他の同盟国とは比較にならない比率で自軍をNATO指揮下に委ねているのである。（Nelson *Defenders or Intruders : The Dilemmas of U.S. Forces in Germany* 250）

191）ハラムスとシュリア（Hallams and Schreer）は西欧同盟国とアメリカとの平等分担論争について次のようにまとめている。「総コストの分担論争は常にNATOの一部であり続けた。過去においては、その論争は分担の"公正さ"についての不一致と幾つかの同盟国の"ただ乗り"を巡って争われた。冷戦の最中には、ソ連に対するNATOの防衛（態勢）への、同盟国としての貢献度が主な論争点になっていった。早くも1951年に、当時在欧連合軍総司令官であったアイゼンハワー将軍は、ヨーロッパの同盟国に対して、アメリカだけが不均衡な規模でヨーロッパに軍隊を駐留させ続ける事は、長期的には継続不可能であると警告した。冷戦の全期間を通じて、アメリカは繰り返し、より平等な総コスト分担を要求し続け、それが実現されなければ同盟から手を引くと脅し続けたが、結局、同盟国から満足のいく回答が得られなくても、そのような脅しを実行することはなかったのである。」（Hallams）

165

フセット"の意味するところは、アメリカの貢献に匹敵し、それを相殺できるだけの西ドイツの負担・貢献提供ということである。

　早くも1960年にアイゼンハワー（Dwight D. Eisenhower）政権は悪化する連邦国際収支に悩まされ、西ドイツに毎年6億5,000万ドルの経費分担を要求したがこれは実現しなかった。最初のオフセット合意がなされたのは、その翌年の1961年ケネディ政権の下であった。合意内容は単純なもので、オフセットとしてドイツはアメリカから武器や軍事装備を購入するというものであった。これは発足後間もない西ドイツ軍にとって必要な補充であったし、他のNATO同盟国と諸装備を共通化することも必要であり、西ドイツにとってはむしろ歓迎すべきものでもあった。このウイン－ウインのオフセット合意は二回更新され、7年間（1961〜1967）継続した。（年間購入総額はおよそ13.5億ドル〜14.2憶ドルであった[192]）西ドイツの財務大臣であったストラウス（Franz Josef Strauss）は、この7年間における西ドイツの年間購入総額（オフセット）はアメリカの年間駐留経費にほぼ匹敵するものであったと言及している。[193]しかしながら、このウイン－ウイン関係は、西ドイツの経済不況やアメリカ製旧式武器の供給過剰によって長くは続かなかった。1967年から始まった交渉にはイギリスも参入し、小規模の外国駐留軍の撤退とドイツ中央銀行による5億ドルのアメリカ国債購入という交換条件で決着したが、西ドイツ（あるいは西側の全て）防衛のために本当に必要な駐留米軍の規模は如何なるものか、そしてそのような目標を達成するために真に公正な経費負担比率が如何なるものか、という冷戦期を通じて激論の火種となる二大テーマが初めて俎上に上がったのである。かくして、西ドイツの経済成長とアメリカの連邦予算バランスの悪化をそのまま反映するような形で、オフセット交渉は回を重ねるごとに難航の度合いを深め、論争は激しさを増していく。

　1971年に合意に至る第7回オフセット交渉は冒頭から両国の対立が明ら

192）出典：Gaerhard Baumann, "Devisenausgleich und Sicherheit." Wehrkunde, Vol. 17, No. 5 (1968), p. 245-251.

193）出　典：Horst Mendershausen, Troop Stationing in Germany: Value and Cost Memorandum RM-5881-PR (Santa Monica, Calif.: Rand Corporation for the U.S. Air Force, December, 1968), p. 76

第5章　要因仮説Ⅱ：国際規範としての相互主義原則

かとなった。「この頃までには、米独両国の交渉官とその背後に構える担当
官庁の見解は鋭く対立し、とても合意に達することはないと思われた。アメ
リカは従来以上にその鋭さを増して、NATO の（対ソ）防衛総コストの中で
ドイツ負担分が公正ではないと主張した。そして、西ドイツはアメリカの駐
留軍撤退の脅しと、それに輪をかけるようなマンスフィールド攻勢の非妥協
的な圧力に圧倒されて、大きな譲歩を迫られた。しかし、西ドイツも、さら
に強固になった決意をもって、ベトナムでの軍事的愚行や国内経済のミスマ
ネジメントで引き起こされたツケの、それは巨大なアメリカ財政の赤字に反
映されているが、補填を要求される筋合いはないと反論したのである。」
（Nelson *A History of U.S. Military Forces in Germany* 101）交渉は結局アメリ
カに有利な条件で決着、西ドイツは旧来の慣行であった軍事装備品購入と財
政上の貢献に加えて、初めて米軍の宿舎や施設の改修費用を負担したのであ
る。[194]

　第8回オフセット交渉（合意は 1973～75 年の間効力）では、両者の見解の
相違はさらに大きくなる。アメリカの駐独軍引き上げの脅しは、マンス
フィールド攻勢と、それに続く為替差損と米軍撤退数を相関させたジャクソ
ン－ナン（Jackson-Numn）改正法案（脚注 188 を参照）の議会通過によって、
現実的かつ具体的なものへとエスカレートしていった。しかし、西ドイツも
さらに強硬になっていた。当時財務大臣であったシュミット（Helmut
Schmidt）は「ただの 1 ペンヒ（100 分の 1 マルク）」も妥協しないと言ったと
伝えられた。「タイムマガジンは、シュミットが "異常に傲慢な雰囲気" に包
まれていたと報じた。それが交渉のテクニックであったにせよ、なかったに
せよ、彼は他の官僚達に次のように語った。駐独米軍縮小を目指すマンス
フィールド改正法案は問題ではない、何故ならニクソンはすでに駐ヨーロッ
パ米軍の駐留規模継続を約束しているし、仮に西ドイツが一銭も支払わなく
ても駐留を続行することは目に見えている、と。」（Nelson *A History of U.S.
Military Forces in Germany* 133）対立はブラント首相とニクソン大統領によ

194）原資料："Der höchste Devisenausgleich, den es je gab," Wehr und Wirtschaft, Jr.
16 Nr. 1,（1972），S. 15.
（Nelson *A History of U.S. Military Forces in Germany*）p.102 に引用

167

るトップ会談でも決着がつかず、最終的にはシュミット財務大臣とシュルツ（George Schultz）財務長官による困難な交渉の末に 1974 年 4 月に合意された。[195]

　第 9 回オフセット交渉はオイルショックと所謂ニクソンショックの後、アメリカの財務状態が若干改善した時期に開始されようとした。しかし、今回の西ドイツの立場は従来よりさらに強硬なものに変化していた。西ドイツ政府は、環境は変化し、新たなオフセット交渉は最早不要のものとなった。第二次大戦後 30 年を経た今日、わが政府が、国際社会への復帰や NATO の正規同盟国になるために金を支払うことを強要される時代は終わった、と宣言したのである。(Nelson *A History of U.S. Military Forces in Germany* 137) そして、1976 年 7 月のシュミット首相とフォード（Gerald Rudolph Ford, Jr.）大統領の共同声明で新たなオフセット交渉は行われないことが確認されたのである。しかし、これをもって西ドイツが、ヨーロッパ同盟国中最大の貢献を強いられることから完全に解放されたことにはならなかった。何故なら 1970 年代後半からは、主要テーマは最早二国間の経費負担交渉ではなく、全欧規模での新たな米軍再配置の移転コスト負担や NATO 全体への西ドイツのさらなる貢献へと転換・拡大されたのである。従来と同様のアメリカの駐独米軍引き上げの脅しと西ドイツの強固な抵抗という交渉劇が繰り広げられ、最終的に戦時受入国経費負担条約（The Wartime Host Nation Support Treaty[196]）が 1982 年 4 月に調印されることになったのである。

　以上、20 年以上にわたるオフセット交渉は、結果から見る限りアメリカが一定の勝利をおさめ、西ドイツは経費負担においてその都度譲歩を余儀なくされた。しかし、交渉過程を詳細に観察するなら、アメリカは西ドイツの強力な抵抗とその背景にある公正さに関わる論理に対して、それを明快に否定できる論拠を持ち合わせておらず、アメリカも多くの点で妥協を余儀なく

---

195) 合意が長引いたため、合意内容は 1973 年 7 月 1 日まで遡って適用されることとなった。合意されたオフセット総額は 22 億ドルで、米軍施設改修費用、ハイテク製品とサービスの民間ベースでの購入、そして慣習となったオフセット購入がその主な内容である。

196) 正式英文名：Agreement concerning host nation support during crisis or war, with annexes, signed at Bonn April 15, 1982, entered into force April 15, 1982 34 UST 557, TIAS 10376

第5章　要因仮説Ⅱ：国際規範としての相互主義原則

されているのである。西ドイツがこのように強固な抵抗を継続できたのは、
"平等" であると評価すべき基準の正当性、公平性についての強い確信があっ
たことは間違いない。西ドイツは、自らの西側安全保障への貢献は十分どこ
ろか、公正な負担分以上であると固く信じていたのである。先述の債権者－
債務者関係のアナロジーをするなら、借り手意識は毛頭なかったのである。
冷戦下においては、西ドイツの米軍戦闘力への依存という軍事的構造に変化
はなかったものの、1960 年代以降の西ドイツは西側共通の安全保障目標へ
の貢献を質、量ともに拡充し、対米関係は基本的には対等な同盟国と言える
レベルにまで高められていたということができる。

　また強硬な要求を次々にくり出した米政府高官や議会内にも、ドイツの貢
献を客観的に評価する影響力のあるグループが存在していた。カーター政権
の国防省次官であったコマー（Robert Komer）は中立的にかつ冷静に議会の
行き過ぎを次のように批判した。「議会が同盟国の防衛負担不足に不平を言
う時は、多くの場合議会そのものが問題の一部なんだ。不幸なことだが、議
会で同盟国の防衛負担不足についてあら捜しをする連中は事実を知らないん
だ。」[197] 議会においても、「1974 年春に合意されたオフセット合意は、ドイ
ツが米軍駐留を継続させるための経費を支払う気がないという議論の根底を
断つことになった。そしてニクソンは 5 月の議会において、西ドイツとの新
たなオフセット合意や目下交渉中の他のヨーロッパ同盟国との間の負担分担
取決めは、ジャクソン・ナン改正法案の要件を十分に満たしており、如何な
る在欧米軍の引き上げを考慮しなければならない理由は存在しないと言明し
た。……そしてその月の下院において在欧米軍（一部）撤退議案を 240 対
163 の大差で否決したのである。」また戦時受入国経費負担条約批准時には、
「議会内の批判的強硬派を除けば、大西洋をはさむ両国の指導的議員達は、
同条約締結に向けた複雑でかつ数次にわたる交渉が友好的に行われ、（アメリ
カの）前面防衛力強化戦略に対して西ドイツの実質的で意義深い貢献が新た
に付け加えられたことに満足したのである。」（Nelson *A History of U.S.*

197）原 資 料：Robert Komer, "How to Get Less from the Allies," Washington Post,
　　October 22, 1981, p. 21.　（Nelson *Defenders or Intruders : The Dilemmas of U.S.*
　　Forces in Germany）の p. 251 に引用。

Military Forces in Germany 146, 87)

2．日本のケース

日米関係に目を転ずるなら、両国関係を構成する諸要素は独米関係とは位相を異にする。第一に、1960年に締結された安全保障条約は片務的であり、日本は自国施政下地域以外ではアメリカを防衛する義務を負わない。[198] 第二に、日本の米軍に対する軍事的貢献は、ドイツとは質的に異なる。絶対的な軍事支出総額は低いだけでなく、[199] 日本は集団的な軍事活動に米軍とともに参加することができない。また、非核三原則と同盟国への武器輸出や軍事技術提供禁止も遵守されてきた。第三に、社会的な犠牲度もドイツより軽微である。1947年以来日本の平和憲法は改憲はされていないし、日本での徴兵制復活は想像できない。日本の保守指導者は、この平和憲法に拘束されたと同時に、多くの交渉においてこれを盾にアメリカの自衛力増強要求を逃れる口実にも利用したのである。即ち、日米関係を軍事同盟という視点から見る時、両国の関係は本質において保護者 – 被保護者という関係から脱却できず、それは本章のアナロジーである債権者 – 債務者という関係をより深い次元で規定している要素と言えよう。以下に見るように、経済復興を遂げた日本に対して、アメリカは西ドイツ同様、執拗かつ継続的に"公正で平等"な経費負担を要求してくるが、日本は西ドイツのような強い確信に裏打ちされた反論根拠を欠き、その抵抗力は弱かったのである。

日本の指導的位置にあった政治家や官僚はほぼ例外なく、こうした日本の

198）第五条の第一文：各締約国は、日本国の施政の下にある領域における、いずれか一方に対する武力攻撃が自国の平和及び安全を危うくするものであることを認め、自国の憲法上の規定及び手続に従つて共通の危険に対処するように行動することを宣言する。

199）**表 V-2**　日独防衛費支出と GDP

	1975		1980	
	防衛支出	DGP	防衛支出	GDP
日本	23,311	512,861	27,674	1,086,988
西ドイツ	63,357	474,795	67,092	919,609

出典：GDP Data from database: World Development Indicators
出典防衛支出：© SIPRI (Stockholm International Peace Research Institute)
2016 "Military expenditure by country, in constant (2014) US $ m., 1949-2015
＊数字は 2014 年の物価・為替レート基準による 100 万 US ドル

第5章　要因仮説Ⅱ：国際規範としての相互主義原則

安全保障全般に対する貢献レベルの不均衡を認識していて、対米交渉力を向上させる唯一の具体的方策はアメリカの利益や戦略に合致する形で総合的な貢献レベルを上げることであると信じてきた。我部政明は、アメリカの国立文書館の一次資料研究から、そのような認識は早くも1955年ころから始まっていると指摘する。この年の外相会談においてダレス国務長官は、日本の防衛力向上のための自助努力は、アメリカの期待値を大きく下回るものであり、そのような状態では安全保障条約改正など全く俎上に上げることができないと日本の改正意向に一顧だにしなかったのである。[200] そして、重光葵を含む日本の保守政治リーダーは、日本の防衛力向上以外に安保改正に向けた条件は整わないことを自覚させられたのである。さらに我部は、岸信介内閣時の安保改正に向けた初期の交渉[201] もアメリカの認識は同様であったという。マッカーサー大使は、日本がいくら米軍基地に対する国民感情を露わにしても、それは改正に何らつながるものではなく、日本の西側全体の安全保障体制内での負担増や自衛能力を向上させる自助努力なしには改正は端緒にもつかないと強調したのである。(我部政明 68-74, 141) 冷戦の初期の段階から、両国の交渉力バランスには債権者－債務者関係のメカニズムが強く働いていたことが分かる。また、1970年代、アメリカの議会を海外米軍経費縮小運動が席捲し、先述のジャクソン－ナン改正法案が可決された後の日本の衆議院でも、日本の借り手意識を強く印象づける議論が行われた。例えば、中川秀直議員はアメリカの同法案が日本をも標的にすることを恐れて、地位協定改正と米軍撤退を回避するためには日本の貢献増がさらに必要であるとして、米軍駐留経費の大幅負担増を支持したのである。[202]

　このような借り手意識は冷戦後の21世紀にまで持ち越されている。9/11事件後、アメリカは対テロ戦争により適合した米軍基地再編を日本側と交渉を進めていたが、時の防衛事務次官守屋武昌はこれを絶好の機会と捉えた。彼は外務省の一部移転案（スモールパッケージ）に反対し、より規模の大き

---

200)ワシントンにおけるダレス国務長官(John Foster Dulles)と重光葵外務大臣との外相会談は1955年の8月30日から9月1日にかけて開催された。

201)岸信介と駐日大使マッカーサー二世(Douglas MacArthur Ⅱ)との秘密会談は1957年4月に数回行われている。

202)第84回国会衆議院内閣委員会記録　昭和53(1978)年6月8日

171

な再編計画を提示することで、（即ち貢献度を増大することで）「在日米軍基地の不合理性と、日本国民の負担を見直す契機とすべきです。日本の戦後をここで終わらせるべきです。」と小泉純一郎首相に進言した。首相は幾つかの障害となりそうな諸問題について質問した後、「本当に日本の戦後を終わらせることが出来るんだな」と問い、次官は首相のリーダーシップがあれば可能であると即答したのである。(守屋武昌 19-20)

　こうした、官僚も含めた両国指導層間の基層心理構造を念頭におきながら、日米の経費負担をめぐる流れを追ってみよう。所謂「思いやり予算」は、地位協定条文に定められた以上の経費負担を日本が担うことからこのように呼ばれるに至るが、それは 1978 年から厚木基地と横田基地の軍人宿舎建設経費を日本が負担したことに端を発すると言われている。[203] そもそも地位協定では、日本は施設及び区域、路線権を提供するが、米軍維持の経費はアメリカ側の負担と明記されており、[204] 解釈上では雇用した労働者の人件費や施設の維持、改修、新設、移転に伴う経費、等は米側負担が原則である。しかし、我部はこうした日本の規程外支出はこの時が最初ではなく、それは沖縄返還時に遡るという。返還交渉時における米側の基本方針は (1) 基地とそれに関連する諸特権の継承、及び核を含む軍事活動の自由裁量度の維持、(2) 日本の軍事、経費負担の増加、の 2 点に要約できた。交渉の最終段階である 1971 年 6 月 9 日のパリ会談において米国務長官のロジャース（William P. Rogers）は日本の外務大臣愛知揆一に対して、「地位協定条文のリベラル（拡大裁量度の大きい）な解釈」をするように求めたのである。愛知はそれに対して、日本の随行員が反対したとしても、自分の裁量でそのようにすると返答したのである。結果は総額 5 億 1,000 万ドルの経費負担パッ

---

203) 第 84 国会において、当時の防衛庁長官金丸信は、日米関係は我国にとって欠くべからざるものであるため、アメリカの財政的困難に好意的考慮を払うのは当然のことであると言明したのである。(原資料：84 国会衆内閣 22 号 11 頁　昭和 53 (1978) 年 6 月 6 日) 彼は同月に行われたブラウン米国防相との会談において、米軍宿舎建設費を負担することは現地位協定の枠内においても、思いやりの原則に則ることで可能であると約束したのである。(櫻川明巧 16)

204) 第 24 条 (1) 日本国に合衆国軍隊を維持することに伴うすべての経費は、2 に規定することにより日本国が負担すべきものを除くほか、この協定の存続期間中日本国に負担をかけないで合衆国が負担することが合意される。(2 の規定とは、施設及び区域並びに路線権提供に関わる費用であり、それら所有者及び提供者への補償費も含む)

第5章　要因仮説Ⅱ：国際規範としての相互主義原則

ケージ[205]であり、それは後日、日本政府により別の説明が巧妙になされることになった。(我部政明 172-200)

　思いやり予算は、地位協定第 24 条を拡大解釈していく方式で正当化され増大の一途をたどる。そして、拡大解釈が不可能な場合は、日本政府は臨時新法を立法することでアメリカの要求に応えていくのである。1977 年 12 月 22 日の第 380 回日米合同委員会では、日本は福利厚生費と労務管理費を負担することが合意され、翌年には、語学研修費や退職金調整金等を含むさらなる人件費負担が合意された。1980 年 3 月、ブラウン (Harold Brown) 国防長官は大来佐武郎外務大臣に対して、地位協定の枠内において、米軍維持経費負担を増加させることを求めたのである。(櫻川明巧 22 に引用) 1981 年 5 月 8 日のレーガン米大統領と鈴木善幸日本首相の共同コミュニケでは、日本は自衛力向上と在日米軍の財政的負担の軽減のためにさらなる努力を続けることが謳われた。この方針に沿った形で、日本政府は 1987 年に地位協定を補足する特別合意をアメリカと結び、調整手当、家族手当、住宅手当、通信費、ボーナス、退職金等の 50％負担を決定したのである。

　しかし、中東情勢の悪化、とりわけ 1990 年のイラクのクウエート侵攻を受けて、アメリカの要求はさらに切迫したものへと変化する。日本が在日米軍の全ての維持経費を負担することを要求するボニエ修正法案が議会で可決され、さらに 1991 年度連邦会計年度における国防承認法案は次のように厳しく日本の貢献増を求めたのである。「国際的な安全保障と安定という恩恵を享受しているすべての国々は、それらの国の国家能力に見合った形で、そうした安全と安定を維持するための責任分担を担うべきである……日本の経済規模を前提とするなら、日本はその規模に応分の貢献をしなければならない……（そして）この法案の実効後速やかに、大統領は日本と合意に向けた交渉に入る。その中では、（米軍人、軍属の総人件費を除く）米軍人が駐留することによって発生する全ての直接的経費をオフセットできるような経費負担要求がなされるであろう。」[206] そして、日本はこのような交渉が始まる前

---

205)その内容は、1 億 7,500 万ドルの民間・共用資産の購入、2 億ドルの返還や基地再編に伴う経費負担、6,200 万ドルの増加した人件費負担、6,500 万ドルの施設改良経費負担、そして 5,800 万ドルの使途が公開されていない経費負担、等である。

173

に、まず50％であった前述の諸経費負担を100％に高め、1991年の「地位協定第24条に関する新特別協定」[207]によって、ついに本給や残業代を含むほぼ100％に近い人件費を負担しただけでなく、水道光熱費等の一部または全額の負担までも合意したのである。1995年の「新特別協定」[208]もほぼ同様の内容を踏襲した。負担総額に増減はあるものの、日本の受入国経費負担は高額を維持したまま今日まで継続しているのである。[209]

こうした日本側の貢献増に対して、米側も一定の"返礼"をする。それは何よりも安全保障の確証であり、次には不要となった沖縄の米軍施設及び区域や訓練場の返還であった。冷戦後初めての日米首脳会談（クリントン大統領と橋本龍太郎首相）後の1996年4月17日、「21世紀に向けた安全保障と同盟についての共同声明」（Japan-US Joint Declaration on Security, Alliance for the 21st Century）[210]が発表され、両国は冷戦後の新たな同盟関係を確認するとともに、「米大統領は、日本の貢献を高く評価し、在日米軍維持経費を

206）出典：National Defense Authorization Act for Fiscal Year 1991, PART　E- Matters relating to allies and other nations: SEC. 1455. Permanent ceiling on United States Armed Forces in Japan and contributions by Japan to the support of United States Forces in Japan

207）正式英文名：Agreement between Japan and the United States of America concerning New Special Measures relating to Article XXIV of The Agreement under Article VI of The Treaty of Mutual Cooperation and Security between Japan and the United States of America, regarding facilities and areas and the status of United States Armed Forces in Japan

208）正式英文名：Agreement Between Japan And The United States Of America Concerning New Special Measures Relating To Article XXIV Of The Agreement Under Article VI Of The Treaty Of Mutual Cooperation And Security Between Japan And The United State Of America, Regarding Facilities And Areas And The Status Of United States Armed Forces In Japan. September 27, 1995

209）防衛省の公表数字によると、1978年には62億円であった受入国経費負担は1999年に2,756億円と最高値を記録した。2015年は、1,899億円であり、この10年間は比較的安定して推移している。また、海兵隊の沖縄からグアムへの移転経費については、2009年に合意され、総経費86億ドルの内、日本負担は28億ドルとなった。（第三海兵機動展開部隊の要員及びその家族の沖縄からグアムへの移転の実施に関する日本国政府とアメリカ合衆国政府との間の協定を改正する議定書 Protocol amending the Agreement between the government of Japan and the government of the United States of America concerning the implementation of the relocation of III Marine Expeditionary Force personnel and their dependents from Okinawa to Guam October 3, 2013.）外務省 HP より

210）出典：政策研究大学院大学　東京大学東洋文化研究所　データベース「世界と日本」（代表：田中明彦）http://worldjpn.grips.ac.jp/index.html

174

第 5 章 要因仮説 II：国際規範としての相互主義原則

支援する新特別協定合意を歓迎した。」そして、「大統領は日本防衛とアジア太平洋地域の平和と安定に関するコミットメントを強調した。」（声明の 4-b, c）沖縄に関しては、両首脳は、（沖縄における施設及び区域に関する）特別行動委員会（SACO）を通じて「米軍が使用している施設及び区域を縮小、再編、統合のステップを実行していく」ことで合意した。（声明の 6）この年の 12 月、SACO はその最終報告書で「沖縄において、日米共同使用を除く、およそ 21％の米軍の施設及び区域が返還される予定である」と発表した。[211] 2016 年 12 月 12 日の毎日新聞報道によると、この時点までに、この発表より 17.7％減の 4,000 ヘクタールが日本側に返還されたいう。

　以上、日本の受入国経費負担や所謂自助努力をめぐる交渉史に明らかなのは、交渉のフレームワークの固定化と浅薄なレベルでの実務的交渉と決着である。相互主義原則を根底の部分で規定する関係は、極めて不均衡な貸し手－借り手関係に固定され、両国はその固定された構造の中で、"吹っ掛け" と "値切り" 交渉を繰り返してきたのである。極東の安全と安定を保持するための在日米軍の規模や公正な負担分担は如何にあるべきかという類の論争は交渉の俎上には上らないのである。即ち、根幹の部分の認識差異や利害の対立がないため、深部において相互主義原則が働かず、皮相な領域でしか作用しないのである。日本は外交交渉の戦術的レベルでは、アメリカの過大と思える要求に抵抗は試みるが、最終的にはアメリカからの安全保障の担保を失わないために、妥協を繰り返して今日に至っているのがその交渉史の本質である。

3．比較分析とまとめ

　日独の受入国経費負担をめぐる対米交渉は長期にわたり、今日でも対立の要因は消滅したわけではない。そして、基本構図は不変である。アメリカは自国の軍事的貢献が、両国の安全保障に欠くべからざるものであり、自国が与える貢献や恩恵が日独の提供する貢献や恩恵よりはるかに大きいものと自認して両国に現状以上の経費負担を迫り、両国はそれに抵抗するが最終的に

211）1996 年 12 月 2 日　SACO のファイナルレポート（外務省 HP より）http://www.mofa.go.jp/mofaj/area/usa/sfa/pdfs/rem_saco_en.pdf

175

はアメリカ有利な形で決着するという構図である。しかし、結果は日独間で大きな差異が生じた。ドイツの経費負担は日本と比べると比較的軽微であり、NATO地位協定の原則を大きく逸脱したものでない。一方、日本は米軍が雇用する労働者の人件費や水道光熱費、あるいは米軍再編に伴う経費まで負担し、その総額は大きく、項目も多岐にわたる。また、地位協定条文を逸脱する支出項目も多く、新たな二国間協定や合意で整合性を図ることもなされている。このような差異を生ぜしめた要因は、二国間交渉過程で相互主義原則が働いた領域、あるいは質的次元の差異であると考えられる。独米関係ではそれはより深部の本質的な領域で作用し、日米関係ではそれは、より皮相な実務的な領域で作用しているのである。そしてそれは、派遣国、受入国双方が如何に相手方からの恩恵や貢献を解釈、評価するかという認識の差異に起因する。

　派遣国の認識という視点で見るなら、アメリカは、ドイツの自助努力を含めた米軍やNATOへの総合貢献を西側全体の軍事体制にとって極めて重要なものであると認識するが故に、如何に米軍撤退の脅しで交渉を優位に運ぼうとしても、最終的には妥協のレベルを引き下げて相互のバランスを取らざるを得なかったのである。一方、日本に対しては、軍事分野も含めた総合的な貢献をドイツとは質的に異なるものと一段と低く評価、相互主義の代償として高額の経費負担という恩恵供与を要求し続けたのである。

　受入国の視点で見るなら、ドイツにおいては、政治指導者も官僚も自国の西側防衛体制に対する貢献を、十分なものであると確信していたし、交渉テーマもドイツの抵抗もアメリカの軍事戦略の是非や、何が真に"公正"な経費負担の原則なのかといった相互主義の基準設定にまで及ぶ根幹の部分でなされた。さらにドイツはベトナム戦争や国内経済政策などについて、アメリカを公開の場で批判することに躊躇いはなかったのである。日本の場合は、歴代の政治指導者も官僚も、自らの軍事面での貢献不足を他の領域で代償しなければならないというある種の"借り手劣等意識"に一貫して捉えられているため、アメリカが"公正"と考えるルールでの交渉に、ほぼ無抵抗で臨まざるを得なかったのである。従って、外交の舞台裏でどような激論と対立があったかは知る由もないが、公開されている限りにおいては、論争が

176

ドイツのように安全保障同盟の根幹やアメリカの政策への批判に及ぶことはなく、常に日米の基本認識のズレは最小値なのである。

D. 他のケースにおける再検証

次に、相互主義原則が如何に地位協定システム全体に作用したかを、他のケースを概観することで仮説の再検証を行う。

何よりもあからさまで、「典型」と形容してもよいケースは、韓国朴政権のベトナム派兵と引き換えに行われたアメリカの譲歩による地位協定交渉の妥結と大規模援助の実現であろう。すでに第3章で見たように、李承晩政権による極めて不平等な大田協定の改正要求は、アメリカに何ら顧みられることはなかったが、これを現在も実効である総合的なタイプⅢ地位協定に改正したのは朴政権であった。しかし、米韓関係の現実は対等な主権国家間のものとは呼び得ない不均衡なものであったし、改正への道のりには、極めて高い障壁が待ち受けていた。そもそも、クーデターで誕生した朴軍事政権を韓国の正当な政権として認めるかどうかはアメリカの議会、政権内で大きな論争点であったし、占領終了以降のアメリカの韓国に対する援助は単に軍事的、経済的なものに止まらず、農地改革、教育制度、官僚制度の近代化など広範に及び、所謂借り手 - 貸し手関係のアナロジーで言うなら、アメリカは圧倒的な力を持つ債権者の立場にあり、それを返済、補償すべき韓国側の手段はほぼ存在しない状況であった。

しかし、ベトナム戦争の泥沼化がそうした関係を変化させ、地位協定改正交渉は大転換を迎えることになる。アメリカのベトナムへの介入がエスカレートするにつれ、アメリカは韓国にさらなる軍事的貢献を求めるようになる。中でも韓国のベトナムへの派兵は焦眉の急であり、アメリカの最も欲するものであった。何故なら、それは単にベトナムでの実戦能力を高めるというだけでなく、アメリカの直接介入を多国籍化することで国際的正当性を得ることにもつながったからである。アメリカは「この課題を達成するために、朴政権支持を鮮明に打ち出すことで同政府をアシストしていく準備はできていたのである……」(Brazinsky 138)[212] 朴も、果断に韓国の実戦部隊を

177

ベトナムに派兵することでアメリカの要求に応えた。ここに至って、韓国の貢献に対するアメリカの認識は劇的に変化し、裁判管轄をめぐって完全に頓挫していた地位協定交渉は一気に加速し、アメリカからの高額の援助も日の目を見ることになるのである。

　この間の推移は、ボー・ラム・イがアメリカの第一次資料を駆使して研究した「GI と韓国人：最初の米韓地位協定締結、1945-1966」に詳しいので、以下それを引用する。「アメリカが（暗礁に乗り上げている）地位協定の諸問題に対して柔軟な姿勢をとれば、ジョンソン（大統領）は韓国を説得しやすくなり、相手からよりポジティブな反応を引き出せるだろう。ペンタゴンは、政権が韓国実戦部隊派遣を必要とし、（アメリカの）裁判管轄論争での妥協が朴にインパクトを与えるであろうことは理解していた。4月中旬、マクナマラ（国防長官）は、最終的にラスク（国務長官）の提案に賛成、在ソウル米大使館は裁判管轄に関する新草稿を交渉テーブルに乗せる許可を得たのである。この改訂されたアメリカの新草稿は（その後の）米韓交渉を大いに前進させることになる。……韓国政府も（新）地位協定の締結は、議会を説得し、ベトナム案件（戦闘部隊派遣）を議決させるために大いに助けになると信じていた。……　そして、1965年10月から始まった2万人に及ぶ虎部隊のベトナム派兵によって、韓国政府は地位協定交渉再開の要求が正当にできると考えたのである。1966年1月、まだこの部隊全体がベトナムに到着しきらない内に、アメリカは韓国に第二次の派兵を要求した。……4月1日、韓国国会はこの第二次派兵も承認する。ハンフリー（Hubert Humphrey）副大統領は、もしアメリカが以前に提案した地位協定（旧）草稿に執着するなら、そのようなものが韓国国会で批准されるという希望は全くないと報告した。さらに、韓国はベトナムへの第二次派兵以降、その対米交渉力についての確信を強めている、と付け加えた。」(Bo 183-84)

　同様の相互主義原則の作用は世界の他の地域でも普遍的に観察することができる。例えばイタリアである。イタリア政府は、1991年6月にスペインの Torrejón 空軍基地から撤退させられた第401戦術戦闘機部隊の受け入れ

212）原資料：Brown to U.S. Department of State, 28 January 1965, RG 59, CDF 1964-66, box oi5, NA.

第5章 要因仮説Ⅱ：国際規範としての相互主義原則

をいち早く実行したのである。詳細な経過追跡はしないが、そうしたイタリアの貢献が1995年に合意された現イタリア地位協定の交渉に如何に影響を与えたかは想像に余りある。イギリスの場合、地位協定はNATO地位協定と国内法で構成されているため、対米二国間交渉は見えにくいが、核をめぐる両国の関係にその典型を見出すことができる。即ち、イギリスの米戦略核空軍の受け入れと、英国への核技術移転を承諾した米英相互防衛協定（US-UK Mutual Defense Agreement 1958）締結は、相互にその恩恵と貢献を与えあった好例と言えるのである。(Duke *United States Military Forces and Installations in Europe* 292-313)

第5章のまとめ

　以上、アメリカの地位協定交渉には、国際関係の拘束的規範としての相互主義原則が貫かれていることを、日独の経費負担をめぐる対米交渉比較や他ケースの概観によって検証した。山本吉宣の論じるように、世界基地網で支えられるアメリカのインフォーマルな帝国システムは「交換・合意によって形成、維持されてきたものであり」、それらは「基本的に主権を持つ外国と契約によって保持され」ているのである。しかし、交換・合意に至るための交渉ルールとしての「公正な基準」に絶対的な定義は存在せず、普遍的な平等性もまた存在しない。それは、交渉当該国が相手方から与えられる恩恵や貢献をどのように認識するかで決定される相対的な基準に基づく相互主義である。アメリカは交渉に当たっては自国の利益を実現するために、可能な限りの手段を駆使するが、最終的には相手方の同意が必要であるため妥協点を設定しなければならない。そして、アメリカが受入国の提供する貢献や恩恵を高く評価すれば妥協点は低く設定され、低く評価すれば妥協の敷居は高くなる。この論理は受入国にも同様に働く。もし、受入国がその貢献を増大すれば、派遣国アメリカの妥協をより引き出しやすい環境を形成できると考えられる。そのような意味において、相互主義原則は、多様な地位協定を形成する要因の中では、調整的機能を担う要因と性格づけることができよう。

179

第6章 要因仮説Ⅲ：受入国諸制度のアメリカ との近似度

　本章は、国際関係論理論の中で、Constructivism（社会構成主義あるいは単純に構成主義と訳されている）理論から演繹されうる仮説を設定し、検証する。社会構成主義理論は、先の章で検証を試みたリアリズムやリベラリズム理論と違い、その原点を社会集団として共有された人間の認識や知識に置く。その基本概念は、国際関係は物質的な要素、例えば軍事力の均衡であるとか、経済の相互依存等、のみによって規定されるものではなく、むしろ、社会的に構成された集団的知識、共有されている文化、集団的独自性（Identity）などによって規定されるというものである。アドラー（Emanuel Adler）はこの理論の共通項を次のように要約する。「知識というものは社会的に構築されるものであり、それは社会の現実を構成する」のであり、「社会構成主義は個々人の間で共有される知識や理念は社会の現実や進化を形作っていくと考える。これを（社会構成員としての）個々人に適用するなら、物質的な対象を意味のあるものになさしめるための、判断基準や規範、そして因果関係の解釈（の仕方）が、人々の分別、利益、意図的な行動の源となるのである。そしてそれらが組織化されると国際的な慣行の源となるのである。」（Adler 95, 102）ノイマン（Iver B. Neumann）は、「国際関係の中の自己と他者」において、国際社会における国家や民族的共同体の集団的独自性は、（全く孤立したものではなく）「自己」と「他者」がお互いに相互交流することによって形成されてきたものであると主張する。（Neumann）カッツェンスタイン（Peter J. Katzenstein）は、自らが編じた論文集で、「国家が組み込まれている国際安全保障環境を（形作る）重要な部分は、単に物質的なものではなく、文化的、慣習的なものである。……（人の考え方に影響を与える）文化的環境は国家が独自の行動を取る際のインセンティブに影響を与えるだけでなく、我々が国家のアイデンティティーと呼んでいる国家の基本的性格

181

にも影響を与える。」と長い歴史過程の中で形成されてきた各国特有の文化
や慣習が国家の判断や行動に大きな影響力を持つことを指摘する。
(Katzenstein and Social Science Research Council (U.S.). Committee on
International Peace & Security. 33)

　本章のテーマという視点から社会構成主義の理論を簡潔に解釈するなら、
長期的に見るなら、文化的、慣習的な差異は相互交流の深化によって変革、
相克されていくものではあるが、短期的に見るならそうした差異は厳然とし
て存在し、国家行動を決定する主動機になるということである。軍隊派遣国
アメリカから見るなら、地位協定の主目的の一つは軍人、軍属やその家族
を、全く異なった文化や歴史的慣習を持つ他者である受入国から如何に保護
するかということであるから、自己と他者の差異の幅を測り、他者の特性を
研究して防御壁を構築するという国家行動が現実的にこの差異を短期的に克
服する唯一の手段となる。即ち、もしアメリカが受入国の文化や慣習を自己
のそれと大きく異なると認識した場合はその防御壁はより高いものとなるで
あろうし、その差が小さいと認識すればその防御壁は低いものとなるであろ
うという想定が、本仮説の出発点である。ここでは、「諸制度」
(Institutions) を法と慣習、法を施行する司法組織、政府と行政組織及び社
会・経済の発展水準を包摂する派遣国軍を取り巻く受入国の国家としての総
合環境であると定義して以下の仮説を提起する。

A. 要因仮説Ⅲ：受入国諸制度 (Institutions) のアメリカとの近似度

　司法に関する取り決めは派遣国駐留軍関係者の受入国の法からの免責範囲
を決定する地位協定の根幹部分である。受入国の諸制度が派遣国のそれによ
り近似する場合、近似性が低い受入国に比して地位協定はより平等で互恵的
なものになる。

　上記の諸制度の定義を具体的に分解すると次のようになる：(1) 法と慣
習、(2) 法と慣習の適用と執行手続き（ここでの関心事は、拷問、公正、信頼
性、効率、適用と執行に関する能力、中立性、腐敗、裁判や法執行過程の迅速
さ、等である）、(3) 政府組織の能力と成熟度（ここでの関心事は、憲政と民主

第6章　要因仮説Ⅲ：受入国諸制度のアメリカとの近似度

化の成熟度、政府機関の組織としての能力、司法の行政からの独立、等である）、
(4) 社会・経済の発展水準（ここでの関心事は、駐在する軍人、軍属の生活環境、
被疑者の収監施設や刑務所の環境水準、等である）。派遣国アメリカが、こうし
た受入国の諸制度を如何に解釈し、如何に行動したのかを歴史的に追跡する
ことで、諸制度の近似度が地位協定形体に与えた影響を明らかにする。

B.　アメリカの基本方針の一貫性

　調印された NATO 地位協定を批准する際、アメリカ上院は、余りの妥協
の大きさに愕然として、1953 年 7 月 15 日、以下のような決議をした。この
上院決議は米軍地位協定研究にとって最も重要なものであり、アメリカが受
入国の異なる諸制度に直面して如何に行動したかを如実に示す歴史的証左で
ある。

(1) (NATO 地位協定) 第 7 条に規定された裁判管轄についての条文は今後
の地位協定の先例としない。
(2) 米軍法に服する者が受入国当局によって裁判にかけられる場合、条約
に基き、駐留軍の司令官は、アメリカ憲法に定められている（被疑者保護
のための）法手続き上の保護手段（の有無）に特に注意を払いながら、そ
の受入国の法律を調査しなければならない。(Shall examine という最も強い
強制力を持つ言葉が使用されている)
(3) 当該事件を取り巻く全ての諸状況を勘案した後の駐留軍司令官の評価
により、米憲法に保障された被疑者保護の諸権利が否定されたり、もしく
は法文が不在である場合、駐留軍司令官は受入国司法当局に対して、裁判
権を放棄するように要求しなければならない。(ここでも Shall request とい
う強い表現が使用されている) これは、NATO 地位協定第 7 条 3 (c) (この
条文には「受入国はそのような要求に好意的考慮を払う」と規定されている)
に準拠するものである。そして、もし受入国司法当局が裁判権放棄要求を
拒むなら、その司令官は国務省に対して、外交チャンネルを通じてその要
求を押し通すように要求しなければならない。(ここでも Shall request) そ

183

して、行政府は上下両院の軍務委員会（Armed Services Committees）に正式通知をしなければならない。

(4) 省略

　簡潔に要約するなら、アメリカは自国憲法と同様の被疑者保護が、受入国において保障されているかどうかを徹底調査し、その保障が危うい場合は、まず現地軍司令官が受入国当局に裁判権放棄を要請し、それが受け入れられない場合は、外交ルートを通じて圧力をかけ、目的を達成することを躊躇わないというものである。最も近い親類と思われがちなNATOの創立メンバーに対してすら、差異を認識して防御壁を築こうとしたのである。そして、NATO地位協定と同等の譲歩は、以後の地位協定交渉では絶対にしないと宣言したのである。これ以降アメリカ議会では、関連する諸委員会を通じて地位協定交渉での妥協レベルが許容範囲内であるどうかを徹底チェックすることが慣習化する。

　そして、歴代行政府もこの決議を忠実に遵守、実行する。現実の交渉の最終局面では、妥協や婉曲な表現に落ち着くことが多いものの、その隠された究極の目標は海外駐留米軍人、軍属の実質的な治外法権レベルの法的保護である。例えば、米軍の基本方針と具体的行動規程を定めた［国防省命令第5525.1の3. POLICY（1979年8月7日発令）］は「海外の裁判所で刑事裁判にかけられ、海外刑務所に服役させられる可能性のある合衆国軍人の権利を可能な限り最大限保護することが国防省の方針である。」と明言する。国際法学者コンダーマン（Paul J. Conderman）は、「この方針は国防省の軍務局長達が（海外駐留米軍人に関する）命令を出す際に拡大されていくのである。その命令とは "合意された協定が許容する範囲内で、アメリカの裁判管轄範囲を最大限にするよう、受入国の諸当局と関係を築き実施方式（についての取決めができるよう）継続的な努力がなされるべきである" というものである」と指摘する。(Conderman 112) [213] 当然のことであるが、アメリカの関連各

---

213) 原資料：US Army Regulation（AR）27-50/Secretary of the Navy Instruction（SECNAVINST）5820.4G/US Air Force Joint Instruction（AFJI）51-706, 'Status of Forces Policies, Procedures, and Information', 15 December, 1989, para. 1-7a, p. 1-2.

第6章　要因仮説 III：受入国諸制度のアメリカとの近似度

省庁（国務省、国防省、海軍、陸軍、空軍等）は、それぞれ独自の専門チームを持ち、受入国の諸制度を徹底的に調査するのである。[214] ここで明らかなことは、受入国の諸制度はアメリカの最大関心事の一つであり、それに対するアメリカの方針は政府、議会とも一貫しているということである。

C. 経験上観察できる一般的傾向

1. 司法・裁判管轄の差異から見た各受入国のランキングと国家属性の相関

　アメリカの一貫した基本方針が司法・裁判管轄分野で自らの権限を最大限拡大することであるならば、受入国にとってもこの分野は主権に関わる国家の根幹部分であるため、その主権行使を最大限追求する。最終的な妥協点（合意された条文）はアメリカが認識する「自国と受入国の諸制度の差異」に影響されるというのが本仮説の要旨であるから、本節では、アメリカと受入国の間の諸制度の差異とアメリカの防御壁の高さ（司法・裁判管轄分野での権限の大小）との相関関係を全サンプル国について見ることにする。まず、司法・裁判管轄分野での権限の大小について、タイプ III 地位協定のこの分野に関する評点をもって測定する。（タイプ I と II についてはその特性が明らかであるから評点はない）評点は第 2 章表 II-4 における裁判と被疑者保護に関する条項：(1) 地位協定で保護される対象、(2) 優先裁判権の決定、(3)（逮捕、拘束、裁判等における）被疑者の権利の差異、の 3 項目の評点を合計したものである。点数が高いほど受入国に有利であると見なされる。（アメリカから見ると権限が小さい）表 VI-1 は、評点順に並べ替えたものである。

　次に、アメリカとの諸制度の近似度について、一般的経験則による以下の国家属性による分類と順列（アメリカとの距離を＞不等式で表示）が妥当であると考えられる。

---

214) 例えば、米軍地位協定交渉の第一次資料である「US Bases Overseas : negotiations with Spain, Greece, and the Philippines」の寄稿者（交渉時は交渉官）はほぼ全員がこうした各省庁の専門家達である。

185

表Ⅵ-1　裁判管轄評点から見た地位協定ランキング

	国	地域	基層となる法システム	タイプ	評点
N A T O	ドイツ	西欧	西欧成文法	Ⅲ A	9.0
	イタリア	西欧	西欧成文法	Ⅲ A	8.5
	イギリス	西欧	英国コモンロー	Ⅲ A	8.5
	トルコ	亜欧	西欧成文法とイスラム法	Ⅲ A	7.1
	スペイン	西欧	西欧成文法	Ⅲ A	6.8
	ギリシャ	西欧	西欧成文法	Ⅲ A	6.8
	オーストラリア	太平洋	英国コモンロー	Ⅲ A	7.5
	フィリッピン	アジア	アメリカ法	Ⅲ B	6.3
	日本	アジア	西欧成文法を移植、地域化	Ⅲ B	6.3
	韓国	アジア	西欧成文法を移植、地域化	Ⅲ C	3.5
	イラク	中東	イスラム法の強い影響	Ⅱ	
	ジブチ	北東アフリカ	イスラム法の強い影響	Ⅰ	

イギリス連邦諸国（Commonwealth of Nations）

［英語圏であり英国コモンローシステムの強い影響　→　アメリカの諸制
度に最も近いと考えられる］＞

ヨーロッパ大陸諸国

［西欧言語と西欧成文法の強い影響　→　アメリカの諸制度に比較的に近
いと考えられる］＞

アジア諸国

［アジア言語と西欧・米英の法を移植、地域化　→　アメリカの諸制度か
らは遠いと考えられる］＞

イスラム諸国

［アラビア語または他のアジア系言語とイスラム法と慣習の強い影響　→
アメリカの諸制度からは最も遠いと考えられる］

　近似度順列と表 VI-1 の裁判管轄評価点ランキング[215]を見比べるなら、
そこに見事な相関関係を見出すことができる。即ち、ギリシャ-ローマから
受け継ぐ諸制度とユダヤ-キリスト教的倫理観の伝統を持つヨーロッパ大陸
諸国とイギリス連邦諸国では、受入国の裁判管轄評点は高く、即ちアメリカ
の防御壁は低く、次にアジア諸国ではアメリカの防御壁は高くなり、イスラ
ム諸国ではさらに高くなって裁判管轄の競合的両立を認めないタイプⅠとⅡ
となっているのである。ドイツの評点がイギリスより高い理由は、ドイツ補

186

第 6 章　要因仮説 III：受入国諸制度のアメリカとの近似度

足協定が細目に渡って条文が存在するため高評価につながるのに対し、イギリスの場合は国内法であるため、基本部分のみが条文化され、国内法で対応している細目部分を完全に評価しきれていないことも影響していると考えられる。またトルコの評点の高さは、NATO 地位協定加盟国としての有利度、かつケマル・パシャ（Mustafa Kemal Ataturk 1881-1938）による改革以来の西欧化と世俗化（非イスラム化）の結果から説明が可能であろう。

2．受入国の第一次裁判権放棄（Waiver ウエイバー）率の比較

ここで我々の目を、地位協定条文が現実に米兵や軍属による犯罪が発生した現場でどのように適用、運用されているかに向けて見るなら、受入国諸制度の対米近似度が如何に大きな影響を与えているかがさらに明瞭になる。まず、タイプ III 地位協定の原則である裁判権の競合的両立とはどのようなことなのか、その基本的な概念図が図 VI-1 である。

ウエイバー率：受入国の第一次裁判権放棄率とは、条文に特段の規定がない C、D（グレーゾーン）の領域における裁判権を受入国が放棄し、米軍の裁判に委ねる率を言うことが多い。この部分に関する具体的な運用細則は地位協定条文には明記されず、多くの場合別個の合意に基づきしかも秘密にされることが多い。しかし、この比率こそアメリカの異なる諸制度に対する防御壁の高さを表す格好の指標となるのである。何故なら、先述の国防省命令を想起すれば明らかなように、アメリカの交渉官や現地司令官はこのグレー

215）裁判管轄評点から見た地位協定ランキングについて、他要素の影響が完全に除去されていないという批判も成り立とう。受入国に有利になる多国籍交渉の結果として合意された NATO 地位協定の影響は大きく、例えば NATO 加盟国トルコはその恩恵を最も受けている国と言えよう。また、第 3 章仮説 I-A で検証した力関係の影響も無視することはできない。例えば、ジブチのケースがその典型である。しかし、裁判管轄評点は以下の点から、こうした他要因の影響は、完全に均等であるとは言えないまでも、評価を無意味にするレベルの影響は与えていないと考えられる根拠を持つ。(1)NATO 地位協定の影響はほぼ均等であると考えられる：多国間交渉による成果である裁判権の競合的両立の原則は、NATO 加盟国だけでなく、他の二国間地位協定にも引き継がれている。即ち、サンプル国全ての地位協定交渉はこの同一原則を前提もしくは先例として、対米二国間交渉で補足または合意されたものであり、多国間交渉の優位性の影響は許容範囲内の差異である、(2)司法・裁判管轄は近代主権国家の根幹部分であり、他要因の影響を比較的に受けにくい領域である：受入国は対米力関係の如何に関わらず、主権国家としての権限を主張する。例えば、フィリッピンの歴代政権は 100％の裁判管轄を主張し続け、交渉は何度も中断された。

187

図Ⅵ-1　裁判権の競合的両立の概念図

米軍の専属的裁判権行使の領域	裁判権の競合的両立の領域				受入国の専属的裁判権行使の領域
	米軍が第一次裁判権を行使できる領域		受入国が第一次裁判権を行使できる領域		
	条文で規定	条文に規定がない	条文に規定がない	条文で規定	
		どちら側も裁判権を行使できるグレーゾーン			
		←　　→			
A	B	C	D	E	F

ゾーンを100％アメリカの第一次裁判権にすることをその目的とするし、受入国政府や担当当局は自国による裁判権を主張するため、ウエイバー率はその妥協点、あるいはアメリカ人被疑者の保護度を、分かりやすく示すからである。

　しかし、ウエイバー率を統計学的に正確に比較することには困難な課題が幾つか存在する。第一は、全受入国の同一期間のデータを得ることが極めて困難なことである。アメリカ、受入国双方ともデータを公表することは基本的に消極的である。多くの場合は、議会等での野党の追及により渋々公表することが多い。第二は、統一基準が不明瞭であることである。何件が米軍の裁判管轄に移されたかは絶対数で比較できても、率となると総分母をどれにするのか、即ちすべての犯罪とするのか、B、C、D、Eにするのか、C、Dにするのか明示されていない場合も散見できるのである。第三は、受入国が第一次裁判権を放棄するには三つの方式が存在するが、[216]どの方式がどのような結果を生むのか統計学的な事後検証は筆者の調べた限りでは公表されていないことである。本書では、これらの課題を考慮しつつ、種々の出所か

---

216)(1)ドイツ方式と呼ばれている手続き：受入国当局は原則として米軍当局に対して第一次裁判権を放棄する。しかし、受入国当局が必要と認めたケースについてはこれを撤回することができる。(2)NATO-オランダ方式と呼ばれている手続き：米軍当局が第一次裁判権を行使したい場合は、どのケースにおいても受入国当局に要請しなければならない。しかし、受入国当局が第一次裁判権を行使することが必須であると考えられる特に重要な犯罪以外は、米軍当局の要請を受諾する。(3)パキスタン方式と呼ばれている手続き：手順はNATO-オランダ方式と同一であるが、すべてのケースで要請手続きを求められるわけではなく、受入国当局が第一次裁判権を行使することが必須であると決定した特に重要な犯罪以外は、受入国の第一次裁判権放棄は当然の前提として扱われる。

第 6 章　要因仮説 III：受入国諸制度のアメリカとの近似度

ら蒐集したウエイバー率データを各所で比較考察の資料として使用するが、
本節ではやや時代は遡るが、主にスタムバク（George Stambuk）をはじめと
する諸先行研究に依拠して論考を進める。

　まず、NATO 加盟国と非 NATO 国の差異を見てみよう。

表VI-2　［1954-1958］NATO 加盟国と非 NATO 国におけるウエイバー率の比較（Stambuk 115）[217]

	ウエイバー率	受入国による裁判権行使比率	受入国の第一次裁判権に属する 総犯罪数の 5 年間集計
NATO	61%	39%	32,082
非 NATO	79%	18%	27,607

　NATO 加盟国は 39％を自国法廷で裁判権を行使したのに対し、非 NATO
諸国平均は 18％と半分以下の比率となっている。即ち、NATO 加盟国では、
米軍当局が米兵・軍属による犯罪の裁判を受入国に委ねる比率が、非 NATO
諸国より圧倒的に高いことを示している。(Stambuk 116)

　次に各国別のデータ（表 VI-3）を比較するとさらに興味深い事実が明らか
になる。何故なら、NATO 加盟国内ですら、大きな差異が存在するからで
ある。

表VI-3　［1954-1958］各国別ウエイバー率の比較（Stambuk 115）[218]

国	ウエイバー率		受入国の第一次裁判権に属する 総犯罪数の 5 年間集計
	1958	1954-58	
アイスランド	0	11%	1,065
カナダ	8%	17%	2,316
イギリス	19%	19%	9,655
イタリア	68%	69%	1,046
フランス	88%	88%	18,172
日本	97%	97%	20,653

＊イタリアのみ 2 年間集計

　アイスランド、カナダ、イギリスの 3 か国では、ウエイバー率は著しく低
く、イタリア、フランスはかなり高いことが分かる。日本のそれは最高値を

217）原資料：Charts E and F, Operation Hearings V, p. 20, 及び米国防省発表の比率か
　　ら計算
218）原資料：次の資料より Stambuk が計算したものである。Charts E and F, Operation
　　Hearings V, p. 20 and additional information released in country-by-country
　　discussions in the Senate Subcommittee, idem I-V。1958 年の日本、フランスの比率
　　は米国防省の公表資料による。

189

記録する。先のNATO加盟国全体の平均数値は、平均値近辺に各国が位置するというノーマル型分布図ではなく、実は両極端に分かれた２グループが存在していたことが明らかとなる。例えば、イギリスでは米軍当局がイギリス当局に対して第一次裁判権放棄を要請することは「特別に重要な例外的なケース」[219]の場合のみ行われ、米国防省のスポークスマンもそうした関係を「好ましい関係」[220]であると述べているのである。

　同時期に対応するオーストラリアのデータは入手できなかったが、永野秀雄はオーストラリア地位協定研究の中で、オーストラリア国立大学の教授とのインタビューに言及し、「米軍人や軍属はオーストラリアの第一次裁判権行使について従順であり、それが論争の火種となったことは一度もない。何故なら、両国の法はイギリス法を土台に発達したものであり、両当局とも相手の法を熟知しているからである。」と報告している。（永野秀雄 170）カルダー（Kent E. Calder）は、オーストラリアに米軍の秘密情報収集基地群が建設されたことに言及して、「簡潔にいうなら、太平洋地域において如何なる国もこうした戦略的に重要かつ微妙な任務を、粛々と担った国はない。……両国の関係はインフォーマルで条文での合意のないものも多いが、何故そんなことがこの両国の間で可能かといえば、それは共通の伝統から生じる深い好意を共有しているからである。」と共通の基層アイデンティティーの存在を指摘している。（Calder 159-60）

　表VI-3を評して、スタムバクは次のように結論付ける。「アメリカは、イギリスに比べると大きな諸特権を日本から引き出している。それは、アメリカの日本に対する信頼度がイギリスより低かったか、或いは、イギリスの法体系が日本のそれより公正であり米兵に適用しやすいと考えたからである。……そうした認識は、まずアメリカに一定程度の特権を（合意条文上）確保するための強固な決意を形成し、次に受入国に対して硬軟織り交ぜた種々の圧力をかけることで、このような結果（高いウエイバー率）を達成したの

219）出典：American Bar Association, Section on International and Comparative Law, Proceedings (Chicago: American Bar Center, 1957), p. 57.

220）出典：Operation Hearings V, p. 12. さらに the report to the ABA Section, *supra*, n. 84, では（両国関係には）困難な問題はほとんんど見当たらず、外交的な介入が起こったことがないと補強されている。

第 6 章　要因仮説 III：受入国諸制度のアメリカとの近似度

である。」(Stambuk 118)

　当該時期（1950 年代）に日本以外の国では、韓国地位協定はタイプ I であ
り、フィリピンはタイプ II（対応するウエイバー率データは存在し、詳細は次
節で検証）であり、いずれも受入国の裁判管轄そのものが別次元の不平等状
態にあった。これらを考慮すると、地位協定の司法分野条文が現実に適用さ
れる現場においても、国家属性、あるいはアメリカの諸制度との近似度は極
めて大きな影響を与えていることが見て取れる。即ち、ウエイバー率は、ア
メリカとの近似度が最も高いイギリス連邦諸国（英語圏であり英国コモンロー
システムの強い影響）において最も低く、次にアメリカの諸制度に比較的近
いと考えられるヨーロッパ大陸諸国（西欧言語と西欧成文法の強い影響）では
やや高くなり、アメリカの諸制度からは遠いと考えられるアジア諸国（アジ
ア言語と西欧・米英の法を移植、地域化）で最も高くなるのである。

D.　東アジア 3 か国　（日韓比）の比較考察

　本節では、詳細なケーススタディを行うことで、受入国特有の諸制度とア
メリカのそれとの差異 [要因] が、如何に地位協定条文とウエイバー率 [結
果] に影響を与えたのかを検証する。比較考察の対象は東アジア 3 か国（日
韓比）を選択し、期間は 1960 年代とした。理由は以下の通りである。

(1) 3 か国は非 NATO 加盟国であり、安全保障関連の交渉と合意は全て二
国間で行われた。
(2) 日韓比の最初の地位協定はそれぞれ、タイプ I、タイプ I、タイプ II
であり、主要な改正は 1960 年代に行われた。
(3) 東アジア 3 カ国の諸制度は一様ではないが、アメリカのそれからは隔
たりが大きいと想定される。

　1960 年代の地位協定をめぐる時代背景を簡潔にまとめると次のようにな
る。まず、1960 年に日本において新たな安全保障条約と地位協定が締結さ
れた。それは NATO 地位協定を先例としたタイプ III であり、東アジア諸国

191

に大きな衝撃を与えるとともに、その後の各国交渉の先例となり、"NATO並み"や"日本以上"が各国の目標ともなるのである。しかし、各国は"受入国連合"のような協力体制を築くことができず、分断された二国間交渉での決着となった。フィリピンにおいては、1947年軍事基地協定が1965年に改正され（今日のフィリピン地位協定とは異なる）、韓国では1950年大田協定に代わって1966年に総合的地位協定が締結され、何れもタイプⅢへと"格上げ"され、不平等性が一定程度是正されたのである。

　従って、この3か国の新たに締結された地位協定中の司法関連条項を仔細に比較することは、諸制度の対米近似度が、一体どのような影響を与え得るのかを同時代的に検証するための恰好の調査対象となるのである。比較考察は、総合的な観点からなされるが、第2章で試みたと同様に、司法領域条項の数値化を図り［結果］の可視化を行う。さらに、抽象的概念である「諸制度のアメリカとの近似度」についても、一定の数値化を試みることで［要因］比較のための具体的データを作成する。そして、このようにして得られた［要因］と［結果］を歴史過程も含めて比較考察することで本章の仮説の普遍妥当性を立証する。

1. アメリカは東アジア3か国の社会・政治・法体系をいかに評価したか？

日本

　第二次世界大戦後、占領軍が主導した革命的とも言える日本改造諸政策の中でも、最重要なものは日本国憲法の制定であろう。戦後のアメリカで高揚していたリベラリズムの影響を色濃く受けた新憲法は三権分立や基本的人権の尊重などの基本理念を謳い、それに沿った形で全般的な法改正がなされた。また、戦前の国民抑圧の元凶と見なされた内務省は解体され、1948年の警察法によって警察は各地方自治体の管轄となった。いわば、諸制度のアメリカ化が図られたのである。1960年代に至ると、本間浩が論じるように「アメリカの交渉官達は、……日本は儒教思想による国家統治から法治国家へと変貌を遂げたと信じていた。従ってアメリカは、受入国の司法システムにおいて米軍人が不公正な扱いを受けるのではないかという懸念を（過去の

第 6 章　要因仮説 III：受入国諸制度のアメリカとの近似度

日本や、あるいは他の世界の国々に対して抱いている）ほどには、日本に対しては抱いていなかった。」(Honma 384) という状態に至っていたと言えよう。

　しかし、占領行政は日本の官僚組織の行政力に依存せざるを得なかったため、政府機関とそれを取り巻く諸法の多くは、新憲法準拠の一部手直しだけでこのアメリカ化の波を逃れて生き延びたのである。本章の主題である刑事裁判に直接関連する、刑法と監獄法は明治 41 年（1908 年）に制定され、刑法は手直しを経ながらも今日まで実効、監獄法は 2007 年に廃止されるまで実効であった。従って、受入国による刑事司法手順、即ち逮捕、立件、裁判、服役を規定する法と慣習はアメリカのそれとは著しい差異が存在するのである。第一に、刑事事件に対する裁判所の権限が大きいアメリカと異なり、日本では警察と検察が大きな権限を持ち、自由裁量権も大きい。日本の刑法を研究したノーマン（Adam B. Norman）は、日本においては個人の自由や特権という概念は、社会が必要とする大衆の安全とか社会的制御に比べると二義的であり、警察や検察は尋問を行う際に肉体的な力を使うこともあり、被疑者を 23 日間弁護士や家族と面会させず社会から孤絶させることもできる。また、被疑者への尋問は一日 10 時間以上行うことも可能であり、その間に "食事や水、あるいは風呂" といった "特典" 供与と引き換えに（自白を迫るのである）。日本の裁判所もまた、こうした尋問中の被疑者の外部へのアクセス遮断を是認している、とアメリカから見た日本の異質性を指摘する。(Norman 717-40)

　第二が自白の重視である。日本では自白は、立件の重要証拠としてだけでなく、拘束や服役を教育・矯正の一環と考えるため、自白による改悛の念の吐露は重要となるのである。しかし、これは裁判所が主導して物証を最優先するアメリカの司法手順とは大きく異なる。第三が、日本では 1943 年に中断されて以来、陪審員裁判が存在しなかったことである。こうした諸点はアメリカ人にとっては全く馴染のないものである。日本の司法制度を理解し、中立的な立場をとるジョンソン（D. T. Johnson）ですら、「日本の刑事裁判はいくつかの問題点を抱えている。尋問官は強制的であり、時には威圧的である。最も根源的な制度上の問題は、外部からの監視の目から遮断されているため、一体何が本質的な問題なのかを観察したり、意見を述べたりすること

193

ができないことである。」と評する。(D. T. Johnson 279) 以上、アメリカの目から見るなら、日米間の諸制度の差異は戦後の諸改革を経て大きく縮小したとは言え、今日においても異質と認識され得るレベルの差異は依然として存在するのである。

フィリピン

　フィリピンの法と法制度は、スペイン統治時代の残滓を若干残すものの、その大部分はアメリカが作ったものか、それを踏襲して制定されたものであり、英語がフィリピン語とともに公用語である。例えば、1932年に制定された「改正刑法」(Revised Penal Code) はアメリカの植民地時代に作られたものである。また、フィリピン憲法は刑事裁判における被疑者の基本的人権保護を次のように謳っている：刑事訴訟被疑者は如何なる罪状が課せられているのかを知らされる権利があり、弁護士を立てて自らを代理させることができ、裁判は公開で迅速かつ公正でなければならない。被告は、無罪という前提で裁判に臨むことができ、証人と対面したり、証拠を提出することもでき、上訴することもできる。さらに、こうしたアメリカと同様の憲法上の諸権利だけでなく、フィリピン法曹界はアメリカの大学で学んだ人材が多数存在して主導的役割を演じており、実際に法の施行を担う人材もまたアメリカとの近似性が極めて高いのである。

　しかし、アメリカのフィリピンの諸制度に対する信頼度は高いとは言えない。その理由は、問題点はこうした憲法や法律に定められた条文ではなく、そうした条文を実際に適用して法を執行する現場に存在するからである。1965年の地位協定改正から40年以上経過した21世紀においてもなお、アメリカの連邦調査局は以下のように議会に報告している。「フィリピンの法の基幹はスペイン法と米英法である。……しかし、司法官達は非効率で汚職がはびこり、時には法に定められた手続きや公正さを無視する。……収監施設の状況は過酷で、法的手順の進行が遅いだけでなく、腐敗した警察、検察、裁判官が法定手順だけでなく法のルールそのものも台無しにしているのである。」[221] また、法の執行の最末端現場であるフィリピン警察は、被疑者の取り扱いについて名だたる悪評の主である。アムネスティ・インター

194

第 6 章　要因仮説 III：受入国諸制度のアメリカとの近似度

ナショナル報告［2014/15］は「拷問と虐待は未だに多く、幾つかの警察署では尋問中におけるそうした行為は慣習化されているように見えた。」と非難している。数多くの NGO や国連が人権擁護の監視の目を光らせている 21 世紀においてすら、指摘されたような事象が観察されているフィリピンにおいて、本節の考察期間である 1960 年代においてはその現実がどのようなものであったかは想像に難くない。

　まとめるなら、フィリピンの法と法体系そのものについては、アメリカは一貫して自らに近似であると認識していたことは紛れもないが、その具体的な執行のされ方については極めて懐疑的であり、強い懸念を抱いていたということである。政府機関、司法のあらゆるレベルにはびこる汚職、非効率、遅速な法手続き、司法への政治的バイアス、逮捕者あるいは被疑者に対する虐待等々、アメリカ政府とその交渉官が抱いたであろう懸念は枚挙にいとまがない。例えば、1979 年の米比地位協定交渉の交渉官の一人であったノートン（Patrick M. Norton）は当時を「フィリピンの裁判所問題を扱わねばならなかったほとんどのアメリカ側担当者は、政治的な注視の的であるような案件に対して、果たしてこれら裁判所が、我々が望むような中立性とプロフェッショナリズムを持って、処理できる能力があだろうかと懐疑的であった。」と回想している。(Norton 80)

韓国

　第二次世界大戦終戦直後の最初の韓国占領軍司令官ホッジ（John R. Hodge）は、当時の韓国の現状に直面して「世界の自由主義諸国が知るような政治的生活という概念のかけらもない堕落した国」と評したと伝えらえる。(Brazinsky 15) この種の拭い去りがたい偏見は、占領米軍、その後の駐韓米軍の間で一般的であっただけでなく、アメリカの対韓認識の底流として存在し、政策決定レベルにおいても影響力を保ち続けたと考えられる。

　米軍占領下の韓国には独自の法や官僚組織というものが存在しなかったため、占領軍は日本統治時代の法と官僚組織に依拠して占領政治を進めていか

221）出典：Library of Congress – Federal Research Division Country Profile: Philippines, March 2006

ざるを得なかった。しかし、このことはその後の韓国の新法制定や官僚機構に日本統治時代の少なからぬ残滓を残すことに繋がる。統治機構の悪しき伝統の最たるものが、強権的な警察システムであった。また、1948 年に制定された国家保安法は、日本の治安維持法（1941 年）を土台として韓国化されたものである。国家保安法の基本精神は、国民の価値観の統一を土台とした国家の安全保障優先であった。言葉を変えるなら、集団的利益や目標を個人の自由や人権の上位に置くことで、中央集権的な国家統治を強化しようとしたことである。西欧型民主主義、とりわけアメリカにとって、こうした個人の自由と集団的利益の倒置した関係は極めて異質のものであったことは疑いを入れない。当然ながら、国家保安法は内外の学者、法律家、人権擁護団体から、全体主義の残滓であり、民主主義の時代に全く逆行するものとして、批判の的とされるのである。(Horigan 147) 刑法については、先述の日本の刑法（1908 年制定）が、1953 年に韓国刑法が釜山で制定されるまで実効であった。しかし、この新刑法も日本刑法の影響を色濃く残したものとなった。呉英根（O Yong-un）は「日韓両国の第二次世界大戦前に（制定、改正された）刑法は、ドイツとイタリアのファシズム思想の影響を受けている。それは、国家の利益を個人の諸権利の上位に置くものであり、法で定められた刑罰基準は過酷である。」（呉英根 35）と評する。そして、この刑法の基本部分は幾多の劇的な政変や民主化を経ても今日まで実効である。例えば、不倫は刑事犯罪の対象になるのである。

　法を執行すべき裁判所をはじめとする司法機構と司法慣習もまたアメリカの深刻な懸念の対象であった。ボ（Bo Ram Yi）は、交渉当時のアメリカの対韓認識を次のように伝える：米韓地位協定交渉で米側草稿の重要根拠となったのが 1961 年に提出された国防省の韓国法研究であった。その結論は、韓国は司法の独立という伝統を持たず、司法当局はその見解を変えることが多く、かつ政治的な影響を受けやすい、というものであった。アメリカの韓国観察者達は、韓国の裁判官が、法廷に至る事前立件過程をそのまま鵜呑みにして、被告は最初から有罪であると決めつけて裁判が行われるのを頻繁に目撃するにつけ、韓国の裁判所の（事実に対する）誠実さに深刻な疑いを抱いたのであった。(Bo 166)

第 6 章　要因仮説 III：受入国諸制度のアメリカとの近似度

　さらに、米韓地位協定交渉は朴政権下で行われたことが、こうしたアメリカの認識を最悪と呼べるレベルにまで悪化させた。周知のように、1960 年代の朴政権下では、政情不安によって戒厳令発布が繰り返され、警察や検察の拷問を伴う強圧的な尋問は衆知の事実であった。このような状況下で、逮捕された米兵が警察署で如何なる取り扱いを受けるかは米軍当局の主要関心事であったことは疑う余地はない。即ち、アメリカの韓国諸制度に対する認識は、差異が大きいという次元ではなく、むしろ敵対的といってよい次元にあったのである。

2．1960 年代の東アジア 3 か国の諸制度の対米近似度を数値化する

　アメリカが東アジア 3 カ国の諸制度を如何に認識していたかを数値化することは、ほぼ不可能に思える。同一時期、同一基準に基づく客観的比較を可能にする一次資料が存在しないからである。しかし、該当時期に対応する世界的に認められている諸指標に依拠して数値化を図ることで、アメリカ政府やアメリカの交渉団の立ち位置を推測することは不可能ではないと考えられる。何故なら、こうした諸指標は欧米による創造であり、欧米の諸制度や民主主義の成熟度を暗黙の前提として観察、評価を試みているため、その数値が指し示す各国の差異は、アメリカ政府が評価したであろう差異を概ね指し示すものと考えてよいからである。そこで、本節では以下の指標に依拠して 3 か国の諸制度の対米近似度の数値化を試みる。

(1)　法と法慣習：これについては、前節で概観した各国の法と法慣習、及びその歴史的脈絡を考察することで数値化を図る。即ち、フィリピンのそれは、アメリカの創造もしくはそれに模して制定されたものであるから、最もアメリカに近く、日本のそれは第二次世界大戦後の新憲法と諸改革によって相当程度アメリカ化されているため、次にアメリカに近く、韓国のそれは未だに日本統治時代の残滓を引きずり、かつ強権的な朴政権下であったことを考慮してアメリカから最も遠いものと評価した。
(2)　政府諸機関の成熟度と民主化度：これについては、ブルースら（Bruce M. Russett, et al）による 1965 年度の民主化度指標（Democracy Index）[222]

197

を使用した。民主化度指標は、概念の幅が大きすぎて、本項の目的と完全に合致するものではないが、三権分立や司法過程の透明性等は民主化のレベルとの関連性が高いと考えらる。アメリカ政府は一貫して、民主化の進展は政府諸機関の公明性、とりわけ司法の独立性と基本的人権の保護と大きな相関があると考えており、[223] この指標は本節の検証に妥当であると考えられる。当時の韓国が朴独裁政権下にあったのと対照的に、日本は安保政争後の政治的安定期にあり、フィリッピンでは多数政党による民主主義が比較的スムーズに機能していたという歴史的背景を考えるなら、この指標の数値は我々の経験則とも合致しよう。

(3) 法の適用と執行：法に定められた条文を適切、公正、かつ速やかに執行しうる能力を司法当局や警察が保持しているかはアメリカにとって大きな関心事である。これについては、1995 年度の TI（Transparency International）腐敗度指標を採用した。[224]（残念ながら 1965 年度の指標は存在しないので最も古いデータを採用した）この指標は、国際ビジネスマンと金融ジャーナリストが 41 か国の政府機関の腐敗度を実体験に基づいて評価したものの集計で、刑事分野の状態を直接的に評価したものではないが、政府諸機関の腐敗度の実態を客観的に示す指標と言える。

(4) 社会・経済の発展段階：アメリカの生活水準と受入国の生活水準の差異は、国民一人当たり GDP の差異によって概ね指し示すことが可能で、それは、米軍の懸念の対象である収監施設や刑務所の衣食住環境と大いに関連していると言える。何故なら、収監施設の生活環境は社会一般の生活環境や水準の反映と考えられるからである。指標としては、1965 年国民一人当たり GDP（米ドル表示）を採用した。[225]

---

222) 引用元："Issues in the comparative measurement of political democracy" by Kenneth A. Bollen American Sociological Review 1980, Vol. 45（June:370-390)
　　原資料："National political units in the twentieth century: a standard list" by Russett, Bruce M., J. David Singer, and Melvin Small American Political Science Review 62-932-51http://www.odum.unc.edu/content/pdf/Bollen_1980_ASR.pdf
223) 例えば、米韓地位協定交渉でアメリカの交渉官が最も深刻な懸念を抱いたのが、米軍人被疑者が朴のコントロール下にある戒厳令法廷で裁判にかけられる事態であり、アメリカは朴政権に対して民主化の進展を図るよう強い圧力をかけ続けるのである。
224) 引用元：Transparency International http://www.transparency.org/research/cpi/cpi_early/0/

第 6 章　要因仮説 III：受入国諸制度のアメリカとの近似度

表VI-4　東アジア 3 カ国の諸制度の対米近似度評価

			日本		フィリッピン		韓国	
			指標	評点	指標	評点	指標	評点
1	法と法慣習			2		3		1
2	政府諸機関の成熟度と民主化度	民主化度指標　1965	99.8	4	92.6	4	53.0	2
3	法の適用と執行	TI 腐敗度指標　1995	6.72	4	2.77	2	4.29	3
4	社会・経済の発展段階	1 人当たり GDP　1965	919.78	4	187.12	2	105.13	1
		計		14		11		7

　これらの指標数値と筆者の 4 点法（1-4）による評価数値をまとめたものが表 VI-4 である。

3．東アジア 3 か国の地位協定（司法関連条項）の違い

　3 か国は 1960 年代に何れも地位協定改正に成功する。司法関連条項に絞ってその差異を一覧としたものが表 VI-5 である。評価法は第 2 章［表 II-4］と同様の受入国視点の評価基準に基づく 4 点評価で行い、最も平等と思われるものに 4 点、最も受入国に不利であると思われるものを 1 点とした。

　合計点は、日本 27 点、フィリッピン 27 点、韓国 16 点である。条文の差異については表中の記述以上の説明を要しないであろうが、以下に、その背景説明や細部の解説が必要と思われる項目を取り上げて簡潔に要点に触れる。

表中の条項（1）戦時状態または戒厳令下における裁判管轄

　通常、地位協定に戒厳令下の条項が存在することは極めて稀であるため、何故韓国の場合に戒厳令下条項が挿入されたのかは、背景説明が必要であろう。繰り返される学生デモを弾圧するため、朴政権は 1964 年に戒厳令を発布、1971 年に国家非常事態を宣言した。このような状況下で、政治的敵対者の逮捕や法的手順を経ない恣意的な逮捕、拷問、被疑者の人権無視、過酷な刑の執行は、韓国市民の日常と化していたのである。（康宗憲 カン・ジョンホン 56-120）司法の面から見るなら「戒厳令下では、裁判所はその機能を停

225）出典：World Development Indicators by World Bank　今日の我々の常識では韓国の一人当たり GDP 規模はフィリッピンのそれより大きいと考えがちだが、韓国が大きく経済発展を遂げるのは 1970 年代以降であり、1960 年代においては、フィリッピンの一人当たり GDP の方が韓国より大きいのである。

表Ⅵ-5　司法関連条項の日韓比比較

条項	日本	フィリピン	韓国
(1) 戦時状態または戒厳令下における裁判管轄	予め定められた条件はない。	米軍当局は米軍人の如何なる犯罪についても専属的裁判権を行使する。	戒厳令下においては、合意された条項はすべて効力を失い、米軍当局はその軍人、軍属、それらの家族に対し専属的裁判権を行使する。外部からの武力侵攻があった場合は、米軍当局はその軍人、軍属、それらの家族に専属的裁判権を行使する。
評点	3	2	1
(2) 受入国が第一次裁判権を持つ被疑者の逮捕と拘束	軍人と軍属は受入国による起訴まで米軍当局により拘束。	日本と同様。	軍人、軍属、それらの家族は受入国による全ての裁判が終了するまで米軍当局により拘束。
評点	4	4	2
(3) 服役	基本的にNATO地位協定と同一。受入国は服役者に対し、米から援助したい旨の要請があった場合は好意的考慮を払う。	基本的にNATO地位協定と同一。米は服役者に対して、食料、就寝設備、医療、歯科等の補助的なケアと補給を行うことができる。	フィリピンと同様であるが、さらに、「米は、服役者の引き渡しを受けた場合は、自国の施設において責任をもって刑を執行する」という文言が加わる。
評点	4	3	2
(4) 収監施設	特定の条文はない。	収監施設が適切であるか双方で合意する。	収監施設はアメリカの基準に適合するものでなければならず、それについて双方が合意する。
評点	4	2	2
(5) 逮捕者や被疑者に対するアメリカ側の保護	基本的にNATO地位協定と同一であるが、米国代表の日本法廷への出席が保証されている。	基本的に日本と同様である。しかし、米国代表の公開された比法廷出席は保証されているが、比法廷は別の判断をする権利を持つ。	7項目については日本と同一であるが、米側は被疑者逮捕の瞬間から弁護士を同席させることができ、韓国側が適切かつ十分な逮捕理由を提示できない場合は米側は直ちに身柄を引き取ることができる。
評点	3	4	2
(6) 「公務執行中」の定義と具体的手続き	比のように「公務執行中」の定義がなく、両国の合意メモの中で、指揮官の証明書があれば、如何なる法的手続きにおいても十分な（Sufficient）証明であると、手続き上の原則のみが示される。	「公務を執行している期間中になされた全ての行為を意味するのではなく、正式に（軍当局から）当該公務の職務として命じられたものか、公認された行為のみに適用される」と日本より狭義である。	比のように「公務執行中」の定義がなく、指揮官の証明書について、（韓国から異議のある場合は好意的考慮がはらわれるが）原則としてそれは最終的（Conclusive）という強い表現が使用されている。
評点	3	4	2
(7) 米軍当局の専属的裁判権行使の範囲	軍人、軍属、それらの家族で米軍基地内に適法に居住する者。（US Code of Military Justice Art.3, 4）	軍人のみ（NATO地位協定と同一）	軍人、軍属、それらの家族で日本と同様。
評点	3	4	3
(8) 裁判権競合的両立下で米軍当局が第一次裁判権をを行使し得る範囲	軍人と軍属	軍人	軍人、軍属、およびそれらの家族
評点	3	4	2
合計	27	27	16

第6章　要因仮説 III：受入国諸制度のアメリカとの近似度

止させられ、軍法会議がその任に当たった。アメリカは、そうした外国の軍事法廷で自国の軍人や軍属が裁かれることに同意することには、極めて強い抵抗感を持ったのである」(Timm 464) そして、アメリカはこの件については絶対に妥協しなかったのである。

表中の条項 (3)服役

　収監・服役施設の生活環境や被疑者、服役者への取り扱いは、アメリカの最大関心事の一つである。そして、この条項における差異は、受入国の社会・経済水準をアメリカが如何に認識しているかを指し示す格好の指標となる。日本の場合は、米側から被疑者への援助受け入れの原則は認められているが、詳細な取り決めが存在しないのに対し、フィリピンの場合は、アメリカ当局は被疑者や服役者を実際に訪問、面会して衣食住への物質的支援や医療、歯科のケアーまで提供ができるのである。韓国の場合は、こうした生活環境的援助に止まらず、服役の場所にまで言及が及ぶのである。アメリカは、もし服役者の身柄が引き渡されたなら、「刑が定めた服役期間が完了するまで、アメリカの適切な服役施設において当該服役者の刑期を完了させる義務を負う」と規定されている。引き渡しについては、当然両国で交渉が行われるであろうが、こうした条項が存在するということはアメリカが重要と考えるケースについては、強硬に引き渡しを要求することが想定され、[226](2) にあるようにアメリカは韓国側裁判終了まで被疑者の身柄を自軍施設に拘束できることと合わせて考えるなら、逮捕から服役に至る全過程でアメリカは被疑者、服役者を韓国側収監施設から隔離できる潜在的権限を保有しているとも言えるのである。

表中の条項 (4)収監施設

　収監・服役施設の設備水準及びそこでの生活環境に対する認識は、日本に対しては比較的に寛容で、韓比には大いなる懸念を抱いていたことが分かる

---

226)これからおよそ40年後の韓国地位協定改正交渉においても、アメリカは「受入国当局は、特別なケースにおける刑の執行について、米軍当局から表明された特に重要な見解について最大限の考慮を払う」ことを頑強に固執し続けたのである。

201

が、韓国の場合は国防省の第一次資料も存在するので、それを引用すれば、時代背景として当時のアメリカがどのような認識を抱いていたかを窺い知ることができよう。韓国の収監施設は「決定的に水準以下である。……それは韓国の平均的市民生活のレベルをも下回っている。刑務所の宿坊は過密状態が常態であり、暖房は貧弱、すべてが旧式、衛生設備はよくても貧弱である。(こうした設備は)韓国人にとってはかなり進歩したもので、十分使用に耐えうるもであっても、アメリカ人には到底耐えられないものである。」[227] こうした、アメリカの懸念の背景にあるのは、単なる設備の貧弱さと老朽化だけでなく、韓国や日本の刑法の特色でもある服役中における教育的、懲罰的な要素に対する不信感であろう。

表中の条項 (6)「公務執行中」の定義と具体的手続き

　公務執行中と称する行為中に犯罪行為が起こった場合、何をもって公務執行中と定義し、それをどのような形で証明し、受入国に異議がある場合はどのような手続きが定められているかはすでに第2章で検討したように裁判管轄を定める重要な部分であり、地位協定交渉では最も見解の対立する分野である。比→日→韓の英文正文を比較すると、その差異がより明瞭となるので、ここに補足解説をする。フィリッピンのみが、[Agreed Official Minutes sec.2] において公務の定義を次のように明確化している。それは「公務を執行している期間中になされた全ての行為を意味するのではなく、正式に(軍当局から)当該公務の職務として命じられたものか、公認された行為のみに適用される。」日韓の場合はこのような定義は存在しない。また、「公務執行中」であることを証明するため現地指揮官が発行する証明書の法的な実効性とその後の手続きに、微妙ではあるが重要な差異が存在するのである。フィリッピンでは、そうした証明書は「Honored」、即ち敬意をもって受けとられるがそれは法的な最終承認を意味しない。しかも、それは両国の関係当局による議論の上で最終判断される対象となるのである。日本の場合は、

---

227)出典：Appendix, C1 of the Pentagon's Country Law Study of Korea of 1961. 1961年3月にソウルにある二つの収監施設を視察した米軍人によって提出された「韓国における収監施設に関する報告」

「Sufficient」、即ち要件を満たす証拠として扱われ、日本側に異議がある場合は日米合同委員会を通じて異議を申し立てなければならない。韓国の場合は、「Conclusive」、即ち最終的な法的実効性を持つとされ、韓国検察庁長官が異議を申し立てた場合にのみ、アメリカは然るべき考慮をするとされる。このように、使用されている用語の強さ、その後の手続きの違いを考えるなら3か国の差異は明らかである。

　以上、前節で評価した3か国の諸制度の対米近似度は、日本14、フィリッピン11、韓国7であり、本節で検討した3か国地位協定の司法関連条項の受入国有利度評価は、日本27、フィリッピン27、韓国16であり、諸制度の対米近似度は概ね司法関連条項の評価に対応していることが分かる。フィリッピンが日本と同等の有利度を達成している背景には、その法と法慣習がアメリカ起源であることが大きな要因であると考えられる。日本は、裁判管轄等の条文上は必ずしもフィリッピンより有利とは言えないが、社会・経済的要素と政府諸機関の諸能力と成熟度が他の2か国より進んでおり、それが総合評価に大きく貢献したと言える。韓国の場合は、何れの要素もアメリカとの近似度が最も低く、さらに地位協定交渉が戒厳令が日常であった朴独裁政権下で行われたこともアメリカの認識をさらに悪化させたことは間違いない。即ち、受入国諸制度のアメリカとの近似度は合意された司法条項条文に大きな影響を与えており、アメリカの妥協ポイントに対してその差異が大きな要因として作用していることが見て取れる。

4．受入国第一次裁判権放棄率の違い

　次に、実際に地位協定司法関連条項が適用される現場での差異を、受入国の第一次裁判権放棄（Waiver ウエイバー）率という視点から3か国の比較を試みる。筆者が調査した限りでは、各国の改正時期に対応する1960年代後半のデータを入手することはできなかったため、各国の調査時点は異なる。また、母集団も異なる。フィリッピンの場合は、刑事裁判の対象となる全犯罪件数（図 VI-1 概念図では ABCDEF）であり、日韓の場合は受入国が第一次もしくは専属的裁判権を保有する犯罪（DEF）の内、どれだけの部分が放棄されてアメリカに委譲されたかを示すデータである。しかしながら、各国の

203

表Ⅵ-6 フィリピン（スービック、クラーク米軍基地）のウエイバー率[228]

	1973	1974	1975	1976	1977	1978
改正軍事基地協定で刑事裁判の対象となる犯罪数	940	825	937	1,029	1,100	1,051
受入国裁判所による裁判件数	902	784	897	973	1,062	1,032
公務執行中による米軍事法廷裁判件数	15	21	25	26	14	19
米軍人間の犯罪による米軍事法廷裁判件数	23	20	15	23	16	13
ウエイバーされた件数	不明	不明	不明	7	8	0
ウエイバー率				0.68%	0.73%	0.00%

表Ⅵ-7 日韓のウエイバー率[229]

韓国のウエイバー率	1991	1992	1993	1994	1995	計
受入国の裁判管轄に属する犯罪数	1,034	754	802	896	903	4,389
受入国裁判所による裁判件数	116	122	191	204	250	883
ウエイバー率	88.8%	83.8%	76.2%	77.2%	72.3%	79.9%

日本のウエイバー率	2001	2002	2003	2004	2005	2006	2007	2008	計
受入国の裁判管轄に属する犯罪数	370	490	571	589	525	471	402	409	3,827
受入国裁判所による裁判件数	53	76	99	116	77	132	53	39	645
ウエイバー率	85.7%	84.5%	82.7%	80.3%	85.3%	72.0%	86.8%	90.5%	83.1%

基本的な趨勢を表示するものとしては妥当なものであると考える。

　表Ⅵ-6、Ⅵ-7 が示すように、フィリピンにおけるウエイバー率は極めて低率であり、米軍の第一次裁判権行使の対象である公務執行中や米軍人間の犯罪を除き、ほぼ全ての犯罪がフィリピン法廷において裁かれている。一方、日韓のそれは極めて高く、いずれも 80％前後であり、仮に米軍の第一次裁判権行使領域である公務執行中等を付け加えるなら、その数値はさらに高くなるであろう。この３か国の比較から分かることは、アメリカは受入国の諸制度を綿密に調査、認識した上で、極めてフレキシブルに対応策を定めて妥協地点を設定しているということである。フィリピンのウエイバー率が低いという事実は、その法と司法手順がアメリカのそれとほぼ同様であることに起因していると考えられる。フィリピンの政府、司法機関の腐敗、汚職、不公正、非効率あるいは収監施設の水準といったマイナス面は、裁判の迅速性や被疑者、服役者への各種援助条項を付帯させることによって、一定のオフセットがなされているのである。即ち、そうした重大懸念に一定の付保ができれば、フィリピンの法そのものへの違和感は僅少なのである。日韓の場合は、法と司法手順そのものに対する、アメリカ側の違和感あるいは大きな差異認識が存在していることを示している。

第 6 章　要因仮説 III：受入国諸制度のアメリカとの近似度

　確かに、本間浩が論評するように、日本の司法の公平性は認識されている
かも知れないが、その法と司法手順に対してアメリカが抱く異質感を完全に
払拭するには至らず、日本の分厚い官僚、司法機構の壁を考慮するなら、最
も確実に米兵や軍属を保護する政策は、可能な限り高いウエイバー率を維持
することなのである。韓国の場合は、朴政権下の異常な圧政下ではなく、民
主化が本格的に進展し始めた時期の集計数字であるが、ウエイバー率に大き
な変化がない。韓国地位協定の数次にわたる改正が微小に留まったことも考
慮するなら、アメリカの韓国諸制度に対する懸念は、依然として大きく改善
されていないことが読み取れる。

228）出典：ベリー（William E. Berry, Jr.）"U.S. Bases in The Philippines-The Evolution
　　of the Special Relationship" Westview Press, 1989　原資料：1979 年 8 月 16 日に在マ
　　ニラ米大使館によって収集され、アービング（Lt. Colonel Bruce Irving, Thirteenth
　　Air Force Assistant Staff Judge Advocate）によってベリーに提供されたものであ
　　る。ベリーは 1978 年の数字の不整合が原資料において何故発生したのかは不明であ
　　るとしている。フィリッピンのウエイバー率は大きな変動を経てきているため、若干
　　の説明が必要であろう。フィリッピン地位協定は 1965 年まではタイプ II であり、基
　　地内と基地周辺のかなり広い領域で米軍の裁判権行使、それ以外の地域ではフィリッ
　　ピンの裁判権行使という明確な区分であり、かつ米軍憲兵の活動範囲も広く認められ
　　ていたため、そもそもフィリッピンの裁判管轄に属する犯罪件数自体が少数であっ
　　た。しかし、こうした状況であってもなおウエイバー率は 1956 年までは比較的高率
　　であったが、1956 年 8 月から始まった Pelaez-Bendetsen 改正交渉において、フィリッ
　　ピン側が発生場所を問わず 100％のフィリッピン裁判管轄を要求した結果、米側の妥
　　協としてウエイバー率の激減が図られたのである。（Berry 127）表 VI-8 のフィリッピ
　　ンのウエイバー率の 1950 年代の推移で 1957 年からウエイバー率が激減しているのは
　　そのためである。

表VI-8　フィリッピンのウエイバー率	1954	1955	1956	1957	1958	1959	1960	1961	1962	1963	1964
受入国の裁判管轄に属する犯罪数	156	99	47	49	182	82	72	60	85	67	132
受入国裁判所による裁判件数	33	58	25	48	181	81	71	58	85	65	132
ウエイバー率	78.8%	41.4%	46.8%	2.0%	0.5%	1.2%	1.4%	3.3%	0.0%	3.0%	0.0%

　　出典：William E. Berry, Jr. " U.S. Bases in The Philippines – The Evolution of the
　　Special Relationship" Westview Press 1989　原 資 料：Joseph W. Dodd "Criminal
　　Jurisdiction Under the United States – Philippine Military Bases Agreement" p. 52
　　The Hague: Martinus Nijhoff, 1968

　　1965 年に地位協定がタイプ III（地域に関わらず裁判権競合的両立）に改正され、フィ
　　リッピンの裁判管轄に属する案件は大きく増加したが、フィリッピンは歴史的に達成
　　されてきた高い自国裁判管轄率継続に固執しそれを実現したと考えられる
229）出典：［韓国］：徐勝、広瀬貴子「在韓米軍犯罪白書」（韓国語文広瀬貴子訳）1999 年
　　東京　青木書店　原資料：韓国法務省　［日本］：（吉田敏浩）原資料：日本法務省

205

第6章のまとめ

　以上、本章で試みた何れの検証も、受入国諸制度の対米近似度は、地位協定の形体、とりわけその司法分野の交渉・合意に大きな影響を与えていることを示した。経験上観察できる一般的傾向においては、各国の司法・裁判管轄分野の評価は、我々が経験則的に認識している国家的属性と強い相関性を示した。さらに受入国の第一次裁判権放棄（Waiver ウエイバー）率の比較においても、NATO 加盟国と日本との間に大きな乖離が見られただけでなく、NATO 加盟国間においてもイギリスやカナダと欧州大陸諸国の間には差異が存在することを確認した。また、1950 年代後半から 60 年代にかけて、二国間交渉により改正された東アジア 3 か国（日韓比）の司法関連条項の詳細な比較分析においても、全く同様の傾向を検証することができた。即ち、広く受け入れられている国際的指標を使用して評価した各国の諸制度の対米近似度と司法関連条項の受入国にとっての有利度は強い相関性を指し示したのである。さらに、比韓の司法関連条項には、収監施設の水準について米側から多くの付帯条件が付けられている事実を見るなら、受入国の社会・経済的な発展段階も見過ごすことができない要因としてアメリカ側に認識されていたことが分かる。フィリッピンの司法関連条項の評価が日本と同等であったことについては、他要素、例えば第 4 章で検証した「脅威認識の差異」（冷戦の前線からは海を隔てて遠く離れていたため、より強い交渉力を発揮できた）による影響を指摘することも可能であろう。しかし、交渉力の優劣だけでは、何故にフィリッピンの司法関連条文の重要部分が日韓より有利であり、かつ低いウエイバー率を維持しているのかを合理的に説明することはできない。

　アメリカの基本スタンスは、1953 年の上院決議以来一貫しており、それを一文でまとめるなら、海外駐在の軍関係者を駐在国の諸制度から保護することである。しかし、NATO 地位協定発効以降、裁判権競合的両立が地位協定の主流になるにつれ、何れかの地点を受入国との妥協ポイントに設定せざるを得なくなるのである。そのためにアメリカは、関連する政府諸機関の専門チームが、受入国の諸制度を徹底的に研究して、所謂「落としどころ」

第6章　要因仮説 III：受入国諸制度のアメリカとの近似度

を探ったのである。そして、受入国の諸制度が自国のそれにより近似する場合、近似度が低い受入国に比してより妥協的なものに設定し、そうでない場合は、より非妥協的な設定をして交渉に臨んだのである。

第7章 要因仮説 IV：米軍受入国の政体転換

　前章までは、国際関係論の主要理論から導き出され得る仮説を設定し、そ
れを検証してきたが、本章では受入国の国内政治が、対米関係と地位協定の
形体に与える影響について考察する。国際関係と国内政治は密接に絡み合
い、相互に作用、反作用を繰り返すため、どちらか一つを完全に独立した変
数と見なすことはできない。例えば、世界構造の中での国家としての位置が
その国の国内政治を規定すると論じるワルツ（Kenneth Neal Waltz）の世界
構造決定論的考え方に賛同を示す学者の中にも、国内政治が国際関係に及ぼ
す影響は無視できないとする者も少なくはないのである。(Knutsen 272) 内
外二要素の因果関係を本書の問題意識から経験則的、かつ時系列的に単純化
するなら、同盟の締結や外国軍駐留に至る初期段階においては、国際関係が
国内政治に与える影響が大きく、一定の期間を経過した中期段階以降では逆
に国内政治が国際関係に影響を与える比率が高くなるとまとめることができ
る。即ち、国際的な脅威に晒されている弱小な国は、強大な国に安全保障上
の庇護を頼んで同盟関係樹立に至るが、時間の経過とともに外国軍受入国の
国民はその同盟の意味、価値、あるいは負の側面等について多様な解釈と行
動をとるに至るのである。かくして、外国軍の駐留を受入れるという国家の
安全保障政策の根幹が国内政治の主争点となる。さらに、駐留外国軍の存在
とその諸活動は、受入国及び駐留軍基地を取り巻く地域コミュニティーと日
常的に接触を繰り返すものであり、そうした諸活動を規定する地位協定は常
に国内政治の焦点の一つであり続けるのである。

　典型的な例をあげるなら、米兵による婦女暴行事件等は多くの受入国で反
米軍基地闘争を劇化させ、地位協定改正の導火線となっているのである。こ
のように、安全保障同盟の中期以降の局面では、国内政治が国際関係に強い
作用を及ぼしているのであり、国際関係という外的要因だけでは、地位協定

209

の多様性とダイナミズムを十分に説明することはできない。国内政治が及ぼす影響の中で、最も劇的な作用をもたらすものは、受入国の政体転換であろう。中でも、独裁的な政権から民主的な政権へと政体転換がなされた国では、前政権とアメリカとの関係が、腐敗的共生関係にあり国家利益を大きく損ねたと、対米外交や安全保障政策が根本から問い直されることが多いのである。

　カルダー（Kent E. Calder）は、米軍が受入国とうまくやっていくための基地政治（Base Politics）という視点から次のように論ずる。「駐留外国軍を撤退に追い込む政治的な力は、軍隊派遣国ではなく受入国の国内政治に根差すのである。……特に（受入国の）政体転換は、強大国が世界中に展開する海外派兵軍の駐留規模を全体として縮小させる大きな要因となっているのである。仮に、アメリカが新体制やリーダーの交代によって駐留軍撤退に追い込まれることを免れたとしても、そうした国では、基地保持のためにより高い代償を払わせられることになるのである。……さらに、新体制によって、軍の移動・配備に必要な重要軍事行動への制限や……より制約的な地位協定を受け入れることを余儀なくされるのである。」（Calder 45-46）

　政体転換が駐留米軍に与える影響を世界規模で研究したクーリー（Alexander Cooley）は、新体制の一般的傾向を次のように総括する。「すべてのケースにおいて、新政権は、非民主的前政権が結んだ基地提供協定について、安全保障同盟締結に至る手続き上の正当性を問題視するのである。それには二つのやり方があり、その一つは、スペイン、マルコス後のフィリピン、韓国、トルコ、キルギスタン、さらにはギリシャ、タイ、パナマといった他のケースにおいてもそうであるが、民主化を成し遂げたエリート達は、前政権が結んだ基地提供協定は独裁的な統治者によってサインされた後、民主的手順を踏んで批准されていないと非難しながら、協定の合法性そのものを公然と疑問視するのである。」（Cooley 251）

　そこで、本章では最初の地位協定が調印されて以降の推移に焦点を当てながら、以下の仮説を提起しその検証を試みる。

210

A. 要因仮説Ⅳ：米軍受入国の政体転換

*独裁政権の後を継いだ民主政権は前政権が締結した地位協定を、締結過程
が正当な手続きを経ない非合法なものであり、内容が不平等かつ自国の安全
保障に何ら貢献しないとして政治問題化し、それを根底から崩そうとする普
遍的傾向がある。*

具体的検証に入る前に、独裁的な政権の基本的特徴をおさらいしておこ
う。その例外なき普遍的傾向は、自らの体制延命を最優先とすることであ
る。これにより、外交も内政も大きく歪められていく。とりわけ対米外交
は、権力の基盤として利用され、自らの体制強化や延命につながると判断す
れば妥協も辞さない。そしてアメリカはこうした"弱み"を最大限利用して、
その軍事的、外交的目的を達成しようとするのである。アメリカは安全保障
や経済援助を与えることができるだけでなく、時にはスペインのフランコ政
権にしたように、国際社会復帰への外交的な後押しもするのである。その見
返りは、有利な条件下での米軍駐留や制限のない軍事活動である。このよう
にしてアメリカと独裁政権は、互いを利用しあう共生関係を築き上げていく
ことになる。似たような共生関係は、内政でも複製されていく。独裁者はア
メリカからの援助や、それからもたらされる経済的恩恵を権力の基盤として
利用し、取り巻き支持者や利害関係者との間に共生関係を築き、支配構造の
強化を図るのである。こうして強化された支持基盤を梃子に、立法府では強
権的な運営を行い、外交条約批准時には憲法上の手続きを無視したり、時に
は改憲すらためらわない。一方で行政府への権力集中が進められ、司法の独
立が保障されないケースもしばしばである。そして、街頭行動やマスコミへ
の弾圧が日常的な現象となるのは言うまでもない。

こうした独裁政権の普遍的傾向は、独裁政権が徹頭徹尾対米従属的外交を
取り続けることを意味しない。何故なら、強い国益の守護者という役割を演
じ続けなければ、国民的支持を得難くなるからである。例えば、フィリッピ
ンの初期マルコス政権がそうであったように、時には対米関係で強硬、非妥
協的になり、交渉決裂の場合もあるのである。しかし、完全に共生関係を断

つことは、自らの権力基盤を断つことに直結するため、自ずと"落としどころ"を探ることになり、独裁政権はアメリカの交渉官達にとっては与しやすい交渉相手となるのである。

　次に、こうした独裁政権の後に誕生する民主的政権の特色をカルダーやクーリー等の先行研究の成果からまとめるなら以下のようになる。(1) 前政権の対米関係は腐敗した共生関係であると問題視し、政治化する。結果として前政権が締結した地位協定は、平等性、互恵性、手続きの正当性を欠くものとして政治的非難の対象となる、(2) 権力基盤が国民（の投票）に移る。そのため、前政権を支えた権力基盤（旧来の支持者やアメリカからの経済援助で恩恵を受けてきた利害関係者、等）と絶縁することに躊躇がない、(3) ナショナリズムの高揚と独自の安全保障観の台頭。そして、それは反米主義に向かうことが多い、(4) 民主化効果の浸透により、メディアや社会運動が解放、活性化される。こうした一連の変化は、結果として受入国側の対米交渉力を著しく強めることになる。何故なら、ナショナリズムが高揚し、マスコミが注視する中での安易な妥協は次の選挙での敗北につながるし、何よりもアメリカと腐敗的な関係を続けてきた前政権からの決別こそが、新政権の正当性を証明するものであるからである。交渉官達はより強硬にならざるを得ない。アメリカから見るなら、最終的に一人を相手とすることができた独裁政権下と比べて、民主化された政権は強い議会の存在などもあって捉えどころがなく、阿吽の呼吸で"落としどころ"を見つけるのはほぼ不可能となり、交渉はより困難なものとなる。

　本書で取り上げた米軍受入国の中で、所謂政体転換をした国は、ギリシャ、韓国、フィリピン、スペイン、トルコであり、次節ではこれらの国々の国内政治と地位協定の変化を追うことで、提起した仮説を検証していく。

212

第 7 章　要因仮説 IV：米軍受入国の政体転換

B.　各国のケーススタディ

1. ギリシャ

　ギリシャの国内政治と政体の推移を大きく分類するなら、立憲君主期 (1949-1967)、軍事政権期（1967-1974）、民主政権期（1974- 今日）の三期に分類することができる。安全保障面から見た国際関係の主軸は対トルコと対米関係であり、これをめぐって国内政治はドラスティックな歴史をたどる。表 VII-1 はそれを簡潔にまとめたものである。

立憲君主制下でのギリシャ地位協定システムの初期形体

　すでに第 3 章 -E で見たように、ギリシャ保守派の内戦勝利はアメリカの全面的な援助抜きには考えられないことであった。当然の帰結として、1940 年代後半のアメリカ派遣団（American Mission）は外交官レベルの法的保護を満喫した。

　その後の 1953 年アメリカによる防衛施設使用協定（US Use of Defense Facilities Agreement）、1956 年米軍地位協定(US Forces Status Agreement)も、1954 年にギリシャの NATO 地位協定加盟が認められたにも関わらず、アメリカに極めて有利な内容であった。そして、この三協定を柱とするギリシャ地位協定システムの初期形体は、安定的であったとはいえ反対政党が弱小であった立憲君主政体下で締結されたものである。

　クーデターが繰り返された軍事政権時のギリシャの主関心事はトルコとキプロスであり、対米関係はそれとの関連で展開する。1967 年のキプロス侵攻によるアメリカの武器禁輸制裁や、第四次中東戦争時のイスラエル支援のための米軍基地使用拒否など幾つかの利害対立があったものの、軍事政権はトルコとの力関係が不均衡にならないためにはアメリカとの関係維持は重要であり、米軍基地の存在そのものに立ち入ることはなかったのである。

民主化の初期段階

　1974 年の軍事政権によるキプロス介入失敗は、軍事政権崩壊と反米ナ

213

表Ⅶ-1　ギリシャの政体変化と地位協定関連事項の推移

政体	年次	国内政治	地位協定関連事項の変化
立憲君主制	1946-1949	内戦	
	1952	民主的選挙により、Papagos に率いられた保守政党 Greek Rally が勝利	2 月 18 日 NATO 加盟
	1953		10 月 12 日米軍による防衛施設使用協定（Defense Facilities Agreement）
	1954		8 月 25 日 NATO 地位協定加盟
	1956		米軍地位協定締結（US Forces Status Agreement）
	1964	民主的選挙	
	1965	国王 Constanine2 世が、George Papandreou の中道政府を解任→政治的不安定化の始まり	
独裁的政体	1967	4 月 21 日　「Regime of the Colonels」によるクーデター	アメリカによる武器輸出凍結（1967-70）しかし、それは数か月で骨抜きとなる
	1973	11 月 17 日　アテネポリテクニック大学蜂起の残忍な弾圧	第四次中東戦争において、米がイスラエルを支援するためにギリシャ国内の基地を使用することを拒否
	1974	Brigadier Dimitorios Ioannidis が反クーデターにより独裁的権力掌握	
		キプロス島侵攻→　Ioannidis 政権の崩壊	
民主的政体		多数政党による民主的選挙→ Constantinos Karamanlis 率いる新民主党（New Democracy）が勝利。共産党も合法化。	8 月 14 日　NATO がトルコの行動を規制しなかったことに抗議して NATO 指揮下から離脱。地位協定改正を米に要求
	1975	王政を廃止し、新たな民主共和国憲法が制定	地位協定改正交渉開始。米軍基地数を 7 か所から主要 4 か所に縮小することに合意
	1977		4 年期限の新防衛協定が合意。すべての米軍基地はギリシャの指揮下と監督下におかれ、7 千万ドルの軍事支援供与が合意されたが、調印されなかった
	1980		NATO 指揮下へ復帰
	1981	1 月 1 日　EU に 10 番目の国として加入	1 月に地位協定交渉が再開されたが合意に至らず
		10 月 18 日　議会選挙→ Andreas Papandreou が率いる PASOK: The Pan Hellenic Socialist movement が、米軍撤退と NATO 脱退を訴えて勝利	
	1982		Papandreou 政権との地位協定交渉開始
	1983		防衛経済協力協定（Defense and Economic Coorperation Agreement）調印
	1986		リビア攻撃のために在ギリシャ米軍基地使用拒否
	1988		7 月 13 日　Papandreou 政権より防衛経済協力協定の 5 年間規定にそった全米軍基地の閉鎖に関する最後通告がなされる
	1989	連立政権が Papandreou から政権奪取	
	1990		防衛経済協力協定にそった形で、相互防衛協力協定（Mutual Defense Cooperation Agreement）が調印
	1993	Papandreou が選挙に勝利し再び政権に。彼は 1996 年に健康上の理由で引退	

214

第7章　要因仮説IV：米軍受入国の政体転換

ショナリズムの高揚を招く結果となった。[230] こうした中でフランスに亡命中であったカラマンリス（Constantinos Karamanlis）が帰国して政権を奪還、国民投票の末、正式に君主制廃止、政体転換を宣言するのである。カラマンリス政権は、復帰後直ちに、キプロス紛争でのNATOの行動に抗議して、NATOとその統合軍事機構からの脱退を宣言するとともに、アメリカに対しては立憲君主制下で合意された地位協定の改正交渉開始を要求した。カラマンリスは、1974年11月の総選挙でさらに政権の地盤を強固にし、地位協定改正交渉に臨む決意を「私は議会に対して、これらの（米軍）基地はギリシャの国家統制下にあるものだと言明している。外国人が（以前に締結された）地位協定によって、決定的な特権を保有している。改正交渉はこうした諸特権を最小限にすることを目的としている。政府はさらにその上に、ギリシャの国防上の利益に貢献しない全ての基地を閉鎖することを期待している。」と語ったのである。[231]（Duke *United States Military Forces and Installations in Europe* 164 に引用）改正交渉は1975年に合意に至ったが[232]、最終的に調印されなかった。

　次の改定交渉は1978年から1981年にかけて行われたが、やはり流産に終わった。この交渉は以前にもまして熱狂的なナショナリズムの嵐が吹きすさぶ中で行われ、当時の状況を前駐アテネ米大使館派遣アメリカ使節団副団長で実際に交渉の任に当たったコヴナー（Milton Kovner）は次のように回想している。「交渉はギリシャの国民的トラウマの表象であったとともに、国民的気晴らしでもあることが分かった。長かった軍事独裁政権から解放されてまだ数年であったこの時期の（交渉は）大々的に政治問題化され、ギリシャ

---

230) 大多数のギリシャ人はキプロス介入失敗の元凶はアメリカとNATOであると考えていた。「（トルコが介入してギリシャの介入を失敗させた）ことはギリシャを大きな怒りの渦に包んだ。（何故なら）NATO同盟国はトルコのキプロスへの軍事介入を制止させるためにほとんど何もしなかったと見られていたからである」（Duke *United States Military Forces and Installations in Europe* 163）

231) 原資料：The Christian Science Monitor, 26 Dec. 1974, p. 1.

232) 報道された合意内容によると：(1)米軍基地は7か所から4か所に集中、縮小、(2)これら4基地の使用継続と引き換えにアメリカはギリシャに4年間にわたり総額7億ドルの軍事援助を行う、(3)アテネにある米空軍基地とギリシャ空軍基地の統合、(4)4か所の米軍基地とその支援施設はギリシャの指揮下と統制下に置かれる。原資料：The Times, 14 Feb. 1976, p.6; New York Times, 13 Apr. 1976, p.13; Washington Post, 16 Apr. 1976, p.24.

215

交渉官達は大多数の人々から、（国民感情への）貞節度テストを受けているかのように見られていた。それは、ギリシャ－アメリカ関係のアレゴリーであり、ギリシャがアメリカからどれだけ独立しているかを測定するリトマス試験紙でもあったのである。……1981年の一年間、一般大衆向けの報道において、その人気度はサッカーに匹敵した。」そして、ギリシャ人は今までアメリカの冷戦戦略に貢献し続けてきたのだから、今度はアメリカが妥協する番であると信じ切っていた。（Kovner 140-45）こうした中で、ギリシャは前回の交渉と同様に全ての米軍基地はギリシャ人指揮官の指揮下に入り、その使用目的は北大西洋条約に定められた範囲内に限ると主張、さらにはトルコからの侵攻に対してのギリシャ防衛をアメリカが保障するか、またはトルコと均等な軍事力保持のための軍事援助を迫ったのである。ギリシャは交渉ではいくつかの成功を収めたものの、結局最終調印はまたも延期されることとなった。

社会主義政権の誕生と防衛経済協力協定（DECA: Defense and Economic Cooperation Agreement）[233]

　民主化されたギリシャは1981年10月に大きく左転回する。パパンドレウ（Andreas Papandreou）に率いられた汎ヘレニック社会主義運動党（PASOK: Pan-Hellenic Socialist Movement Party）が、まさに国民的トラウマを代弁する形で勝利したのである。選挙期間中、彼はアメリカがギリシャの支配を続けることの危険性を訴え、冷戦の対決構造そのものに反対し、ギリシャの敵はトルコであり、NATOから脱退して米軍基地は撤退すべきであると主張した。いわば、偏狭なナショナリズムが左翼レトリックで理論武装され、巨大な政治的な力を得たのである。これにより、米－ギリシャの交渉力バランスは実体的な転換点を迎える。再開された改正交渉では、アメリカは妥協を余儀なくされ、流産に終わった1977-1981年交渉の合意事項を出発点とすることになった。かくして1983年9月、防衛経済協力協定（DECA: Defense

---

　233）正式英文名：Defense and Economic Cooperation Agreement between the U.S. Government and the Government of Hellenic Republic, Signed September 8, 1983 and entered into force December 20,1983, 35 UST 2641, TIAS 10814

第 7 章　要因仮説 IV：米軍受入国の政体転換

and Economic Cooperation Agreement）の調印に至るのである。[234)] この協定では、ギリシャの NATO 脱退や米軍撤退には至らなかったものの、ギリシャは駐留米軍に対する主権行使力を著しく高めただけでなく、[235)] 安全保障上の土台としての北大西洋条約への言及が一切ない[236)] というユニークなものとなった。さらに、パパンドレウはトルコと対抗できる軍事力維持のためのアメリカの援助継続にも成功したのである。

　1989 年の二回の選挙を経て、1990 年 4 月にはミトソタキス（Konstantinos Mitsotakis）率いる新民主主義党（New Democracy）が勝利し、この政権が今日まで効力を有する相互防衛協力協定（MDCA: Mutual Defense Cooperation Agreement）[237)] を締結する。新民主主義党は中道で、NATO やアメリカとの協調を重視する政治的立場であったが、それは必ずしもアメリカにより妥協的になることを意味しなかった。議会での社会主義運動党との議席数差はわずかであったし、国内では依然として反米軍基地感情が強かったからである。そうした国内政治状況を反映して、新民主主義党は NATO への協調の方向を明確にすると同時に、一方で米軍基地の縮小という折衷型の政策で対

---

234) デューク（Simon Duke）は、この協定のギリシャ語テキストでは、そのタイトルは「（米軍）基地撤退のための合意」とされ、それは社会主義運動の（勝利の）紛れもない証明であるとされたと論じている。（Duke *United States Military Forces and Installations in Europe* 166, 70）

235) 主要点をまとめると次の通り：(1)アメリカは、防衛目的にのみ基地を使用するという考えにコミットする、(2)ギリシャの軍高官は、各基地で働くギリシャ職員に対する指揮権と統制権を行使し、対外的な連絡や協力関係維持の任にあたる。米軍指揮官は配下のアメリカ軍人や軍属に対する指揮権と統制権を行使する、(3)裁判管轄については、ギリシャは NATO 地位協定に定められた精神と方法に準拠した適用がなされているかについてコミットしていく、(4)Joint Commission を設立して両者の問題解決を図る、(5)（アメリカ議会の承認を前提として）アメリカはギリシャの防衛能力の維持と近代化に対する援助を継続する、(6)協定は、実効期間終了の 5 か月以上前に、どちらか一方が終了を文書で通知した場合、5 年後に失効する。

236) その理由は、主に社会主義運動党の NATO 脱退選挙キャンペーンと最終的にギリシャが NATO 残留を決めたこととの矛盾の辻褄合わせであったと考えれれる。また、「北大西洋条約が効力を有する限り実効である」と規定さていた 1953 年の防衛施設使用協定から新協定を切り離す必要性もあったのである。

237) 正式英文名：Mutual Defense and Cooperation Agreement, with Annex, between the United States and Greece, signed at Athens July 8, 1990, entered into force November 6, 1990 TIAS 12321
　この協定は定められた有効期限であった 8 年後には自動的に延長され、今日に至っている。2001 年に締結された「包括的な専門分野での合意」（Comprehensive Technical Agreement）では米軍の法的地位についての更新を行うとともに、ギリシャ軍人がアメリカに駐在する際の互恵的な地位に関する条文も合意された。

217

米、対国内双方に対応し、一定の成功を収める。[238] 1993 年から 2004 年には社会主義運動党が再び与党に返り咲くが、もはや米軍基地問題は国内政治の中心的争点になることはなかった。

ギリシャのケースのまとめ

　ギリシャの地位協定改正史から分かる簡明で紛れもない事実は、具体的な交渉が行われ、改正がなされたのはすべて 1974 年の民主化以降であるということである。軍事独裁政権は、キプロス介入によってアメリカと対立し結果的に武器禁輸制裁を受けたり、第四次中東戦争においてイスラエル支援のための米軍基地使用拒否をしたり、と対米関係は必ずしも順風なものではなかったが、米軍基地や地位協定そのものが根底から否定されることはなかった。何故なら、軍事独裁政権にとってアメリカからの総合的な援助はその体制維持と対トルコ政策実行に不可欠であったし、アメリカにとっても在ギリシャ基地群維持は冷戦対決構造の中では戦略的重要性を持ち、双方のニーズは根底では妥協せざるを得ない関係にあったからである。しかし、民主化後は、抑圧から解放されたメディアがナショナリズムを煽り、ギリシャ独自の安全保障上の関心を大きな政治問題として取り上げたこともあって、中道、左派、中道と推移した何れの政権も立憲君主制下で締結された地位協定と米軍基地の問題に真正面から取り組まざるを得ない状況が現出する。1950 年代に締結された最初の地位協定は、不平等なものであり、手続き上も正当性を欠き、何よりもギリシャ独自の安全保障に何ら貢献していないとして、国内政治の中心的アジェンダに設定したのである。さらに、左派政権はNATOとアメリカが主導する西側安全保障体制や米軍基地の存在そのものにまで疑問を投げかけ、地位協定の抜本的改正に成功する。ギリシャのケースは、独裁的政体後に誕生する民主的政体が前政権によって合意された地位協定に如

---

238)その前文では、「北大西洋条約を含む多国間、二国間の条約の定めるところにそって行動するという両国の決意」を再確認するとある。また、米軍基地については、NeaMakri 海軍複合通信基地、Hellenikon 空軍基地（それは現在 アテネの空の玄関、Ellinikon 国際空港になっている）、Nodal 通信基地が閉鎖され、駐留する米軍人数も大きく縮小された。また、軍事援助については 3 億 4500 万ドルが米議会に要求されることになった。

第 7 章　要因仮説 IV：米軍受入国の政体転換

何に対応するかという諸特色を見事に体現しているとまとめることができよう。

2．韓国

韓国地位協定の歴史ほど外的諸要因の影響を受けたケースはないといってよいであろう。すでに検証した、力関係、脅威認識の差異、国際規範としての相互主義原則など、何れの外的要因も韓国地位協定が、何故にかくも受入国にとって不利なものとなったのかを明快に説明し得る。しかも、その改正の過程はスローであり、改正の範囲も微小といってよいレベルに止まった。しかしながら、そのような韓国にとって極めて不利な外的環境の中で、一文とはいえ条文本体の改正を成し遂げ、多くの付帯文書によって極めて特権的なアメリカの諸権限に一定の制限を加えることに成功した事実は重要な変化であり、それを冷戦の終結といった外的要因だけに帰することはできない。何故なら、ヨーロッパでは冷戦対立構造は終結しても朝鮮半島には大きな脅威の源が存続し、北東アジアの対立構造は完全に消滅したわけではなかったからである。表 VII-2 に明らかなように、改正の進展は韓国の経済発展と民主化の進展と見事に対応しており、政体転換の影響を無視することはできない。

光州事件の余波と民主化の序章

比較人権保護法と現代韓国政治の専門家徐勝（Suh Sung）は、1980 年 5 月に起きた光州事件 [240] は韓国民主化に向けた大きな転換点であったと主張する。何故なら、全斗煥（当時保安司令官兼中央情報部長、8 月 7 日に大統領に就任）による血の弾圧は、韓国における軍部のステイタスを政治的にも倫理的にも一気に喪失させる結果となったからである。これ以降、軍部はクーデターによる権力掌握や力の威圧で目的を達成するといった手段を用いることは不可能となり、韓国の主要政治勢力としての役割は終焉するのである。かくして光州事件はその後の 1980 年代の韓国民主化運動の突破口を切り開き、1987 年の「6 月民主抗争」へと繋がるのである。（徐勝ほか 13-16）

光州事件は韓国人の在韓米軍に対する認識にも大きな影響を与える。多く

219

表Ⅶ-2 韓国の政体変化と地位協定関連事項の推移 [239]

政体	年次	国内政治	地位協定関連事項の変化
独裁的政体	1948	米占領統治の終了	
		李承晩政権	
	1950	朝鮮戦争	所謂大田協定（タイプⅠ）
	1954		相互防衛条約
	1960	李承晩政権の終了	
	1961	朴正熙軍事独裁政権	
	1963	選挙による朴大統領体制	
	1966		大田協定を廃止、新地位協定締結(タイプⅢ)
	1979	朴大統領体制の終了	
	1980	全斗煥大統領体制	
		5月　光州事件	
	1987	第9次憲法改正。（大統領直接選挙と国会の権限拡大→民主化への第一歩）	地位協定改正への要求高まる
民主的政体	1988	2月　盧泰愚大統領体制（保守党と軍部の支持）ソウルオリンピック	地位協定改正要求
	1991	国連加盟	地位協定改正交渉妥結。本文条文に変更はなく韓国の第一次裁判権放棄についての取り扱い細目の変更
	1993	金泳三大統領体制（朴以降で最初の文民出身大統領）	
	1998	金大中大統領体制（野党支持による最初の文民出身大統領）	
	2001		地位協定改正。本文条文の裁判管轄関連条項が改正

の韓国人は、アメリカが全斗煥の血の弾圧に関与したか、少なくとも暗黙の了解を与えたものと疑ったのである。[241] この事件以前は、米軍は日本の植民地支配を終焉させた解放者であり、北の共産軍侵略から韓国を防衛した保

---

239)李承晩を独裁的政権に分類することには異論もあろう。何故なら、かれは文民出身であるし、選挙も行われていたからである。しかし、李体制は戒厳令発布で選挙を有利にしようとしたり、社会運動やデモをあらゆる手段で弾圧したり、独裁政権特有の諸特徴を有するため独裁的政体に分類した。

240)軍政反対、公正な選挙に基づく民主主義を求めて1万人以上の学生や活動家が光州の街頭を埋め尽くした。それに対して、5月18日全斗煥は、これらの街頭抗議行動は北朝鮮の侵攻のための準備の一環であると主張し戒厳令を発布し、金大中をはじめとする野党政治家を逮捕したのである。これに対して反対運動はさらに激化し武装闘争に発展する。5月27日までには、韓国特殊部隊と第20師団が出動、数百人の犠牲者(正確には不明。政府発表は240人)と5千人以上の負傷者を出した後に全羅南道庁舎を奪回し、事件は一応の終息を見る。

241)これは、統合軍(実質的には韓国軍と米軍)への指揮権(Combined Forces Command)系統と思い起こせば容易に理解が可能である。韓国軍は米軍司令官の指揮下にあり、5月16日の血の弾圧に関わった韓国第20師団の一部は、米軍司令官の命令、少なくとも認可がなければ出動が不可能だからである。

220

第7章　要因仮説Ⅳ：米軍受入国の政体転換

護者であるというのが韓国人の駐留米軍に対する主流的な認識であったが、これに大きな変化が生じる。軍事独裁政権に対して、公然、非公然に支援を継続する米軍の存在は、韓国民主化の障害物であるという認識が力を得てくるのである。「（光州事件における）1980年5月の野蛮な弾圧ほど、在韓米軍への評価を批判的なものへ変化させ、韓国の国内政治に影響を与えた事件はない。1990年代や2000年代の民主化の過程で光州事件は、反米軍基地闘争や反アメリカ抗議運動へ大衆を（説得）動員するための重要な語り口であり、強力なシンボルとなったのである。」（Cooley 111）即ち、1980年代に、民主化運動と反米認識が結合を始めた、とまとめてよいであろう。

新憲法と最初の地位協定改正

　1987年は韓国民主化にとって記念すべき年となる。全斗煥大統領による多数政党参加による憲法改正協議の中止と、ソウル大生朴鍾哲の拷問死に端を発した巨大な6月民主抗争の波は全大統領をレームダック化に追い込み、代わって彼の同僚でもあった盧泰愚（次の大統領となる）が、民主主義の原則に則った公正な選挙や基本的人権の尊重などを謳った6・29民主化宣言を発するに至る。これに沿って8月に新憲法が発布、大統領の再選が禁止され、その職務期限が5年と定められた。この憲法下での最初の大統領選挙では、金大中と金泳三の選挙協力の失敗によって、軍出身の保守派である盧泰愚が当選するが、1988年の議会選挙では野党が与党提出案件に拒否権を行使でき得る議席数を確保したのである。こうした民主化による野党の躍進、前政権の大衆運動弾圧に対する強い国民的反感の中で、盧にとって過去の軍出身大統領のように強権的に振る舞うことは全く不可能となっていた。

　1988年、米兵による韓国民を激高させる犯罪が発生する。これが直接的な引き金となって、反米軍基地運動が異常な高まりを見せる中、盧政権はアメリカに地位協定改正交渉の開始を要求する。これに対してアメリカは、頑なに拒否し続けてきた従来の態度を一変させ、交渉に応じるのである。これには、韓国の国内情勢の変化がアメリカの判断に大きく影響したと考えられる。何故ならアメリカは、新憲法によって民主的に選出された最初の大統領を過去の軍事独裁政権と同様に扱うことはできなかったし、米軍が光州事件

221

の血の弾圧に関わっていたとする韓国民の疑惑を解消するためには、新たに誕生した民主的政体と民主化への動きにより協力的なスタンスを取ることで、民主化を支援し、信頼される安全保障のパートナーというイメージを回復する必要があったのである。（徐勝ほか 54）そして、何よりも高まる反米軍基地運動に対して、適切かつ迅速な対応も迫られていたのである。

地位協定改正は、本体条文に及ぶことはなく、付帯文書（Agreed Understandings）で受入国の第一次裁判権放棄の手続きが、個々の事件ごとにアメリカ側が韓国当局に要求するという形態に改められたに止まった。しかしながら、地位協定改正が四半世紀ぶりに、しかも軍出身の保守系大統領によって成し遂げられたということの意味は重大である。何故なら、大統領の出身母体や支持基盤が直截的にその集団的利益を追求するという現象は影を潜め、議会や民衆の声が時の政権に一定の影響を与え得るという民主主義本来の特色をそこに見ることができるからである。

金大中政権による第二回目の改正

韓国地位協定を現在の形に総合的に改正したのは、金大中政権（1998-2003）である。金大中は野党出身の文民で大統領になった最初の人物である。この頃までには韓国の民主化進展に伴なって社会運動も活性化する。中でも駐留米軍と地位協定への関心は高く、不公正地位協定改正に向けた大衆行動ネットワーク：People's Action for Reform of the Unjust SOFA や経済の公正を求める市民連合：The Citizens Alliance for Economic Justice といった団体やネットワーク組織が設立され活動を活発化していた。特に、後者は最も行動的な草の根運動として知られ、韓国憲法裁判所に地位協定に関する訴訟を起こしたのである。「訴訟は、韓国地位協定は、韓国憲法が定める人間としての尊厳、平等な権利、犯罪被害者が法廷で証言できる権利、環境を守る権利、幸福を追求する権利に反している疑いがあるというものである。……金（大統領）は、もし国民感情を激高させるような問題が、早急に解消されなければ反米主義が噴出するだろうと警告を発した。もし、我々が日本と同レベルの地位協定を獲得することができないなら、（そして）過去の歴史から韓国民が日本に対して抱く複雑な感情を考慮するなら、（そのような地位

協定を）韓国民が受け入れることは困難である。」とアメリカを牽制したのである。[242]

　高まる反米軍基地感情と運動に直面して、アメリカは地位協定改正交渉開始を受諾、2001年1月に合意に至る。結果的に本条文改正は僅かに第22条の一文、米軍拘束下にある被疑者の韓国側への引き渡し時期をNATO地位協定なみにするものに限られ、抜本的な改正にはほど遠かった。しかし、韓国側交渉団は膨大な付帯文書に細目の運用規則や解釈をつけることで、現実の運用場面での韓国の主権と司法権行使の範囲拡大に一定程度成功したのである。[243]

韓国のケースのまとめ

　確かに、二度にわたる韓国の地位協定改正は、微小で司法分野が中心であり、米軍基地や米軍の諸活動を制御すべき韓国の権限拡大はなされることはなかった。しかしながら、日本が未だなし得ていない地位協定改正を二度にわたって行い、一定の成果をあげたという事実は重要である。これは、韓国の政体転換、および並行的に進行した社会・経済的発展ぬきには考えられないことである。第一に、新憲法制定によって諸制度が改革され民主化の道が切り開かれ、韓国の政治活動の在り方は大きく変貌した。軍部を出身母体とした盧泰愚保守政権ですら、野党の要求に応えざるを得ない政治情勢が創出され、光州事件の徹底調査や地位協定改正を約束する。第二に、民主化によって社会運動への弾圧がなくなり、反米軍基地運動を含む多くの運動や市民団体活動が活性化された。しかも、IT技術の発展によってそうした運動

242）出典：Los Angeles Times（2000年7月23日）"Anger Over U.S. Forces' Presence, Conduct Grows in S. Korea"（駐留米軍への怒り。広がる行動）Asia: Seoul, long rankled by misbehavior among the troops posted in the nation, also sees the American military legal system as discriminatory.（長らく駐留米軍人の不正行為に苦しめられてきたソウルは、アメリカの軍法システム［地位協定を指すもの］もまた差別的なものであると見なしている）記者：Sonni Efron（Times staff writer）

243）おもな付帯文書は次のようなものである："Amendment to the agreed Minutes of July 9, 1966……"，"Understandings to the Agreement……"，"Agreed views pertaining to facilities and areas……"，"Memorandum of Understanding preferential hiring of Korean employees……."，そして"Memorandum of Special Understandings on Environmental Protection"

223

の多くはグローバルなネットワークと情報源を手にしたのである。保守本流の伝統的な信念であった、如何なる犠牲を払っても安全保障最優先、という考え方は、野党や社会運動活動家達から問い直され始める。1966年に朴軍事独裁政権下で締結された地位協定は著しく不平等で公正さを欠き韓国に不利であると、大きく政治問題化され、対米関係や米軍基地の存在といった根源的な部分にまで批判の矢が向けられた。第三に、民主化の進展は明らかにアメリカの対韓認識と対韓政策に変化を及ぼし、頑なな改正拒否というアメリカの態度を軟化させたのである。例えば、新憲法下での韓国法廷は、軍事独裁政権下の法廷や軍事法廷とは異なるレベルの公正さを期待できたし、アメリカが最も恐れた戒厳令発布と軍事法廷での裁判という異常事態が民主政体下で起こる可能性は限りなくゼロに近づいたのである。

3．フィリピン

フィリピンの地位協定とその改正の推移はすで第4章-Cで詳細に追跡した。その概略をまとめたものが表VII-3である。フィリピンの地位協定改正史の特徴は、その政体変化を問わず地位協定改正交渉が繰り返され、新たな合意に至るケースも多かったということである。従って、本節では、主にマルコス政権とその後の民主政権の改正交渉の差異や対米関係の変化に焦点をあて、その背景にある本質を究明することで政体転換が地位協定に与えた影響を検証する。

今日、マルコス大統領に対して抱かれている一般的常識は、対米追随政策でアメリカの援助を獲得し、それで体制維持を図るとともに私腹を肥やした独裁者というものであろう。しかし、地位協定改正という視点から見ると、こうした見方はやや一面的であると言える。アメリカからの援助を享受した他国の独裁者と異なり、彼は数多くの地位協定改正交渉に、時には直接関わり、実際に改正に成功することもあれば、その強硬な態度を軟化させず交渉が物別れに終わったこともある。当時の国民の目には、フィリピンの主権を守るタフな愛国者と映ったに違いない。フィリピンの国内政治は植民地時代から存在する巨大な米軍基地との関連をぬきには語れない。何故なら米軍基地は植民地支配の象徴として見られていたし、米軍及び米軍人に対する

第7章　要因仮説Ⅳ：米軍受入国の政体転換

フィリッピンの主権行使力の拡大は、政治的立場に関わりなく、フィリッピンの政治リーダーに課せられた宿命的課題であったからである。例えば、裁判管轄について、NATO地位協定の基幹である裁判権競合的両立の原則を否定して如何なる米兵犯罪もすべて受入国に裁判権があるとNATO以上の完全裁判管轄を主張し続けたのは、全アメリカ同盟国の中でフィリッピンだけである。マルコスも例外ではない。さらに、改正交渉が両国の政権交代の度に、繰り返し行われてきたのもフィリッピンだけである。[244]

　しかし、マルコス政権は1972年の戒厳令発布の頃から、世界中どこでも見られる典型的なアメリカ依存型独裁政権へと変貌していく。主原因の一つはフィリッピンの経済発展の停滞である。マルコス政権は、保守的な農場主、アメリカに依拠する企業群や権力癒着企業、軍部といった旧来の権力基盤を政権の礎として共生関係を維持していくことでしか権力維持を図る道がなくなっていくのである。こうした腐敗的共生関係を維持するためには、アメリカからの援助継続が必須の条件であったことは言うまでもない。従って、表面上は、マルコス政権は強面に行動し何度も地位協定改正に成功はするが、舞台裏は、双方が落としどころを予測しあうことが可能な一種の出来レースであったのである。即ち、アメリカが受け入れ可能な条件下での米軍基地存続と巨大な援助額のバーターである。しかし、アキノ（Corazon Aquino）政権になって事態は一変する。

新憲法（The Constitution of the Philippines）制定

　マルコス政権崩壊後の画期的な変化の象徴は新憲法の制定である。1935年に制定されたフィリッピン憲法は、マルコス政権によって改憲され（1973年）、マルコス政権存続の法的根拠を提供するものとなっていた。(例えば、アメリカ同様二期に制限されていた大統領任期が撤廃されていた）当然のことながら、アキノ新政権の最初の挑戦はこの"マルコス憲法"を廃止し、新憲法を制定することであった。国民投票によって圧倒的に支持された1987年新憲法は、対米関係を強く意識したもので、1）新条約による以外は米軍基地

244）スペインの場合も1953年以来、地位協定改正交渉が繰り返されるが、これは協定で合意された定期的な見直し期間、あるいは効力を有する期間によるものである。

225

表Ⅶ-3　フィリッピンの政体変化と地位協定関連事項の推移

政体	年次	国内政治	地位協定関連事項の変化
民主的政体	1946	7月4日　アメリカから独立	マニラ条約：独立後の米軍駐留継続を合意
	1947		軍事基地協定（MBA: Military Base Agreement）→　タイプⅡ
	1951		相互防衛条約（Mutual Defense Treaty）
	1954	Garcia-Spruance 交渉開始。しかし成果を生み出せず	
	1956	Pelaez-Bendetsen 交渉開始。しかし成果を生み出せず	
	1957	Carlos Garcia が大統領に就任	5月　米軍基地にアメリカ国旗と並んでフィリッピン国旗が掲揚
	1958	Bohlen-Serrano 交渉、MBA 改正に成功	MBA 改正：その効力継続期間を25年に短縮することで合意、（実行されたのは1966年）
	1965	8月 Blair-Menez 交渉、MBA 改正に成功	MBA 改正：裁判権競合的両立のタイプⅢになる
独裁的政体	1965	12月マルコス（Ferdinand Marcos）政権発足	
	1966	ベトナムへ工兵部隊派遣	MBA 効力継続期間を99年から25年に短縮：1958合意の実行
	1969	マルコス大統領の第二期発足	
	1972	9月21日　戒厳令	
			1972年米軍基地交渉、しかし成果を生み出せず
	1976		1976年米軍基地交渉、しかし基地存続とアメリカの援助が合意されただけで、対立問題は合意に至らず
	1979	1979年米軍基地交渉で MBA 改正に成功。米議会の大物議員も登場	1979 MBA 改正：フィリッピンの主権行使力強化　→　米軍基地にフィリッピン人司令官を任命、5年ごとの MBA 見直しと再交渉
	1981	1月　戒厳令解除	
	1983		1983 MBA 改正：フィリッピンの主権行使力さらに強化　→　相互防衛条約に定められた以外の米軍事行動は事前にフィリッピンと協議する等
		8月　Benigno Aquino の暗殺	
民主的政体	1986	2月　マルコス体制終焉 Corazon Aquino 大統領	
	1987	2月　新憲法制定	新憲法は米軍基地と核兵器について基本原則を設定
	1991	アキノ大統領が提案した米軍基地存続と米援助継続の妥協案が上院で否決	MBA の廃止と米軍基地閉鎖
	1999		一時駐留軍協定（VFA:Visiting Forces Agreement）米軍の復帰
	2014		防衛協力強化協定（Enhanced Defense Cooperation Agreement）タイプⅢ-B

第7章　要因仮説Ⅳ：米軍受入国の政体転換

存続は、すでに定められた期限をもって終了する、(2) 独立した外交政策の
追求、(3) 非核政策、等の具体的な基本綱領を表明するなど、国内統治の理
念的かつ原則的規定を主内容とする他国の憲法と大きく異なる特徴を持って
いた。これは、新政権とアメリカとの新たな関係の在り方を宣言したもので
あり、地位協定改正のための法的根拠を構成するものともなったのである。

パラダイム転換

　政体転換は、地位協定交渉の枠組みそのものも劇的に転換させてしまう。
フィリッピン人の主関心事は、軍事基地協定（MBA）を改正して如何にフィ
リッピンの主権行使力の拡大を図っていくかという伝統的な地平から決別し
て、米軍基地の存在理由そのものが根底から問い直され始めたのである。
1990年9月17日のテレビ放送で、アキノ大統領は次のように語った。「今
や、米比が協力して米軍の秩序ある撤退を成し遂げなければならない時であ
る。両国が、より平等で、より互恵的で、お互いの主権を尊重しあう、新し
い関係を作り上げなければならない時が来た。冷戦が終焉した世界において
……数十年にわたって古い米比関係を決めてきた要因は最早存在しなくなっ
た。"古い過去" は最早存続不能である。"新しい（未来)" こそが生まれるべ
きである。」(Bengzon 4　に引用)

　アキノ政権下で、フィリッピン（米軍）基地交渉理事会の副理事長と大統
領の基地問題諮問委員会理事（1989年11月—1991年7月）を務めたベングゾ
ン（Alfredo R. A. Bengzon）によると、地位協定改正交渉に当たっての基本
原則は次の2点：(1) アメリカの大局的展望は、米軍基地は二国間関係の核
心部分であるというものであり、フィリッピンの大局的展望は、不平等な基
地協定はフィリッピンに対するアメリカ支配が広範に行きわたった不健全な
症状であるというものであった。(2) 交渉に臨んでのフィリッピンの目的
は、まず不平等な対米関係を、より平等で互恵的な新関係に鋳なおし、それ
をもってフィリッピンの政治、経済、社会の変革の起動力として活用するこ
と、であった。(Bengzon 24) パラダイム転換は明らかであり、最早地位協定
の部分的改正は主たるアジェンダであることを止めている。

227

ナショナリズムの高揚と反米軍基地運動

　政体転換は、反米軍基地運動のエネルギーを解放しただけでなく、従来から野党が主張していた安全保障論調の影響力拡大ももたらす。それを要約すると：(1) 米軍基地はアメリカの利益のためだけに存在しているもので、フィリピンの安全保障には何ら貢献していないどころか、核兵器の持ち込みを含め、フィリピン国民を危険に晒している、(2) 米軍基地存続は植民地支配の象徴的な残滓であるとともに、フィリピンの独自外交追求の深刻な障害物となっている、というものであった。こうした論調は、徐々に一般大衆に浸透していったし、支配層の対米認識にも大きな影響を与え始めるのである。さらに、ナショナリズムに火を付けたのが、暴露されていく前政権の腐敗と対米癒着構造であった。米政権が、基地存続と引き換えにマルコス独裁体制を公然、非公然に援助し続けてきたことが誰の目にも明白となってきたし、アメリカからの援助が軍部を含むマルコス体制支持基盤に横流しされてきたことも次々と暴露され始めたのである。[245] こうして米軍基地問題は、マルコス体制とアメリカとの腐敗的共生関係にリンクされ、前政権への幻滅の度合いをさらに強め、反米軍基地運動を大きく活気づけることになる。

最終交渉とその結末

　1988 年に始まった軍事基地協定（MBA）の定期的見直し交渉は従来とは全く様相が違うものとなった。フィリピン外務大臣マングラパス（Raul Manglapus）は、ワシントンは（基地存続の代償として）毎年 12 億ドル支払えと要求、アメリカの交渉相手に「完全に支払うか、さもなくば撤退せよ」と迫ったと伝えられる。(Stromseth 186　に引用) 1990 年から始まった最終交渉

245）駐フィリピンアメリカ大使であったニューサム（David D. Newsom）は、フィリピン軍のことを、フィリピンで最も腐敗した政府機関であり、米軍事援助の 4 分の 1 を吸い取って（横領）いると評している。(Sandars 121　に引用) さらに、政府高官たちも同様の所業に携わり、実業界と後に "仲間内経済" と評される特殊関係を形成していたのである。アメリカ政府や議会の中にはフィリピン政府の腐敗ぶりを非難する声もあったが、歴代政権、とりわけレーガン政権は、米軍基地存続のためにマルコス体制を支援し続けたのである。

228

でのフィリピン側スタンスは、最早部分改正ではなく米軍撤退が基本となっていたのである。従って、交渉の核心部分は、米軍撤退期日を何時に設定し、それまでの猶予期間のアメリカの援助額をどうするのかという点に絞られた。アメリカは10～20年の延長期間と穏当な援助額を提案したが、フィリピン側は5～10年の延長期間と従来を上回る援助額を要求した。交渉最終ステージでアキノ政権は、自らの出身母体である伝統的支配層と反米軍基地国民感情のバランスを取る形で現実的な妥協を試み、スービック海軍基地の10年間延長と増加したアメリカ援助額を内容とした新条約を提案したが、新憲法に則った上院での批准決議過程で新条約案は否決されたのである。こうして、一世紀以上存続した米軍基地が閉鎖されることになった。ヨー（Andrew Yeo）は軍事基地協定（MBA）廃止と米軍基地閉鎖に至る歴史的経過を総括して、新憲法制定を含む新政権の一連の政府改革運動は非常に重要であったとする。それらは、反米軍基地運動にかってない活力を与え、運動は幅広い国民的支持を獲得しただけでなく、政府や政治的中枢に分け入ることにも成功し、政治的リーダーとの間に連帯を形成できたことが大きな要因となったと主張する。(Yeo 43)

フィリピンのケースのまとめ

　フィリピンのケースは、国内政治が国際関係に影響を与えた典型例と言えるであろう。未だ冷戦の帰趨が明らかでなかった1986年に発生したマルコス体制の崩壊とその後のアキノ新政権の誕生は主に国内的な要因によるものであり、安全保障環境の変化が大きななインパクトを与えたとは考えにくい。フィリピン人の間で歴史的に醸成され続けてきたアメリカに対する複雑な感情や認識が政体転換の過程の中で一気に爆発して、対米関係を一変させたのである。

　そして、フィリピンのケースは政体転換が地位協定に与える影響を典型的に表している。第一は、新憲法制定を始めとする、政府や諸制度の民主的改革である。これにより、対米関係を根底から見直す法的根拠が形成されただけでなく、権力が民主的に分散化されたことの意味は大きい。アメリカはマルコス一人を究極の交渉相手と見なしてよい状況から、議会や政府諸部

229

門、あるいは反米軍基地運動等、多数の決定権や政治的影響力を行使できる
セクターの出現によって、その交渉力は著しく減少するのである。第二は、
諸制度の民主化による反対派抑圧政策の廃止効果である。野党やメディアの
活動が活性化され、低迷していた反米軍基地運動は息を吹き返し、長年野党
が主張してきたフィリピンの安全保障にとっての米軍不要論が主流的な政
治論調として台頭する。さらに、高揚したナショナリズムが、メディアや野
党の論調と合流することで、新たな政治的力の源となったのである。第三
は、前政権の政治サポーターや利益享受者からの決別である。確かに、アキ
ノ大統領はフィリピンの支配層の出身ではあるが、マルコスを取り巻いて
いた旧体制支持グループの排除には一定の成功を収める。そして、何よりも
権力の基盤が選挙に移ったことにより、旧支配グループへの妥協的配慮よ
り、世論や野党の主張を重視しなければならない政治的状況が現出されたの
である。第四は、マルコス独裁政権とアメリカとの腐敗的共生関係が次々と
暴露され、[246] 国民的批判の対象となっただけでなく、前体制が締結した国
際合意の正当性までもが問われる事態となったことである。

4. スペイン

スペイン地位協定の歴史的推移はすでに第4章 –B で見た通りであり、簡
略に要約したものが次頁の表 VII-4 である。本節では、スペインの政体転換
をフランコ時代とフランコ後に分類し、その差異に焦点を当てることで国内
政治が地位協定に与える影響を検証する。

フランコ政権下の対米関係と地位協定改正の特徴

1953 年に締結されたマドリード協定は 10 年という効力期限が設定されて
いたため、フランコ政権下においても幾度も改正交渉が行われるが、その改

---

246) 新政権は政権奪取後、直ちにマルコスが不正に得たとされる資産の追尾を決定、
「より良い政府のための大統領委員会(The Presidential Commission on Good
Government)」を設立、約 50 億ドルと推定されたマルコスとその取り巻きが不正に
得た資産を回収するために動き始めた。委員会は、国内及び海外に隠匿された資産を
接収し、そうした海外隠匿を受け入れた諸外国、とりわけ横領した金や証券が隠匿さ
れていたアメリカやスイスに抗議をしたのである。(Velasco 92)

230

第7章　要因仮説 IV：米軍受入国の政体転換

表Ⅶ-4　スペインの政体変化と地位協定関連事項の推移

政体	年次	国内政治	地位協定関連事項の変化
独裁的政体	1953	フランコ（Francisco Franco）体制	所謂　マドリード協定（タイプⅡ）締結
	1955		国連加盟
	1962	2月　EEC 加盟を申し出るも否決	
	1963		共同声明により、マドリード協定を5年延長
			付帯の部分的改正条項を付加して、マドリード協定を延長
	1966	1月　米軍が、Palomares において核爆弾4発を誤落下、散逸	フランコ政権は決定的対立を回避
	1969		暫定的地位協定
	1970		友好・協力協定（5年期限）締結
	1975	11月　フランコ死去	
民主的政体	1976	カルロス国王（Juan Carlos）が王位継承し、スアレス（Adolfo Suarez）を首相に任命	9月　友好・協力条約締結（核搭載原潜に制約を加えると共に、NATO 加盟への第一歩を踏み出す）
		12月　「民主化への改革計画」が国民投票で承認	
	1977	1月　立法府選挙　→　スアレスが率いる中道民主主義連合が政権獲得	
	1978	12月　新憲法制定	
	1981	1月　クーデター計画があるも失敗	
	1982	ソテロ（Leopold Calvo Sotelo）率いる中道右派政権	2月　友好・防衛・協力協定締結
		10月　ゴンザレス（Felipe Gonzalez）率いる社会主義労働者党が政権獲得	
	1983	5月　NATO 加盟が承認されるが、最終承認は国民投票の対象となる	
	1986	NATO 加盟が国民投票で承認	NATO 残留と EEC 加盟が決定
			リビア空爆のための基地使用拒否
	1988		防衛協力協定締結により、スペインの主権行使力がさらに強まる。Torrejón 空軍基地の閉鎖決定

正内容は何れも控えめなものであった。フランコ最晩年に合意された友好・協力協定（1970年）も、部分的には米軍の軍事活動を制限するスペインの権限が強化されたが、スペインの主権の及ぶ範囲は曖昧であり、かつ制限されたものであった。何故なら、フランコの目的は、スペインの国際的孤立解消を達成することをもって政権の正当性主張の主柱とし、一方で国内の反対勢力やメディアに対しては徹底的弾圧で臨むことで、政権の永続化を図ることであった。そのためには、アメリカの後ろ盾は欠くべからざる切り札であった。フランコにとってアメリカの後ろ盾がいかに重要であったかを示す、紛れもない証明は、米軍基地がいずれも大都市周辺の極めて目立つ場所に建設

231

されたことであり、それはフランコ自身が命令したことだと言われている。基地の顕示こそが、フランコ体制とアメリカが如何に緊密な関係にあるかを内外に示す格好のデモンストレーションであったのである。アメリカの交渉官達は、こうしたフランコの国内的、外交的弱みを完全に握っていた。[247] そして何よりも、フランコ政権の本質を象徴的に示す事件は、1966 年に発生した B-52 爆撃機の空中給油中の事故（Palomares 事件）による 4 発の核兵器散逸事故[248] へのフランコの対応であろう。フランコは直ちに核兵器を搭載した航空機のスペイン領土上空の飛行禁止を声明したが、核兵器の取り扱いをめぐる交渉や米軍事活動を制限するような地位協定改正交渉要求は一切なされなかったのである。米軍基地の存在とアメリカからの援助はフランコ体制を国際的にも経済的にも支える生命線であったのである。

フランコ後：民主化の衝撃と存在価値を減じていく米軍基地

　アメリカの後押しにより、スペインは国際社会からの村八分状態から徐々に脱却を始めるとともに、国内経済も順調な発展を遂げる。[249] しかし、西ヨーロッパ諸国との交流進展はフランコ体制に予期せぬ反作用をもたらし始める。指導的グループは、西ヨーロッパ型の民主主義体制こそがスペインの経済発展には必須の条件であり、何一つ新しい国家のモデルを示せないフランコ体制はそうした発展への障害物であると認識し始め、“ヨーロッパ化” ＝

---

247) アメリカの地位協定交渉の交渉団の一人は次のように回想している。「スペイン交渉団は、アメリカとの関係は、ヨーロッパ社会との関係において、体面を保ちうる社会的地位をスペインに与えてくれるものであると考えており、この傾向は特にフランコ時代に顕著であった。（従って）彼らは、決して交渉を決裂させなかった。何故なら、アメリカへの基地提供交渉は将来の NATO 加盟への鍵であるだけでなく、それ以上に特に重要であったのは、西ヨーロッパ社会での地位(回復に)欠かせないものと認識していたからである。」(Barringer 24-25)

248) 爆弾の一つは深海から回収され、他の三つは Palomares 周辺の地上で発見された。しかし、その内の二つが通常火薬による起爆装置の暴発を起こし、放射性物質を地域にまき散らしたのである。この事故は空前絶後、かつ極めて深刻なものであり、通常なら激しい反核、反米軍基地運動が起こってもおかしくはない状況であったと言える。

249) スペインは 1958 年から 59 年の間に OEEC（後の OECD）、IMF、ワールドバンクに加盟を果たし、その GDP は 1960 年には 120 億 7,200 万ドルであったが、1970 年：397 億 6,500 万ドル、1980 年：2,257 億 9,600 万ドル、1990 年：5,204 億 9,100 万ドルと順調な拡大を続けた。出典：World Development Indicators（World Bank）2014 年のドル価値換算値

232

第7章　要因仮説Ⅳ：米軍受入国の政体転換

民主化という考え方が広く国民の間に流布されていくのである。(Malefakis 217-21) こうした社会・経済的要因や主導的イデオロギーの変化を背景として、フランコの死から始まるスペインの民主化は暴力を伴わない比較的スムーズなものであった。カルロス国王（Juan Carlos）による新内閣は、フランコ政権出身者も含む折衷的なものではあったが、政党結成とメディアの自由を保障し、民主化への第一歩を踏み出したのである。1976年7月から発足したスアレス（Adolfo Suarez）内閣によって、民主化は大きく進展する。民主改革の一層の進展を目指した「民主化への改革計画」は、1976年12月の国民投票で圧倒的な支持を受けて承認され、1936年以来初めてとなる立法府選挙が1977年6月に実施される。さらに、1978年12月には新憲法が制定されるのである。

　スペインの民主化進展は、国際社会、とりわけ西ヨーロッパ社会に大きなインパクトを与え、結果的にスペイン−米関係も大きな構造変化を迎えることになる。西ヨーロッパ諸国やアメリカは民主化の進展を歓迎し、スペインの村八分状態は完全な終息場面を迎えるが、それは同時に"国際社会復帰のための必須条件"としてのアメリカカードは最早不要のものになったことを意味した。米軍基地の存在は、スペインの生存に欠くべからざるものではなく、本来のスペイン独自の安全保障への貢献という視点から問い直され、NATOに象徴される冷戦構造も国民的議論の対象となる。さらに、スペインの経済発展と西ヨーロッパとの経済交流進展により、アメリカからの援助もかっての輝きを徐々に失っていったのである。この構造変化を交渉力バランスの変化という観点から見るなら、アメリカはオールマイティのジョーカーを失い、バランスは大きくスペインに傾くことになったのである。

社会主義政党政権による抜本的な地位協定改正

　1976年の友好・協力条約は、フランコ死後に締結されたものであるが、交渉はフランコ時代から継続したものであるため、厳密な意味で民主政体に転換後の初めての地位協定は、1982に調印された友好・防衛・協力協定（The Agreement on Friendship, Defense, and Cooperation）である。交渉は穏健な中道右派（UCD: Union of the Democratic Center）のソテロ（Leopold Calvo

233

Sotelo）政権下で行われたが、様相はフランコ時代から一変する。スペイン交渉団は交渉の冒頭から、1976年の友好・協力条約には「（スペインの）一般大衆の世論と民主化された諸制度（という要因）が考慮されていない。……（1976年）以来のこうした変化は新協定に反映されるべきである。」と要求したのである。(Planty 40) アメリカ側交渉団の一人も「スペイン交渉団は、一般大衆の世論と議会（の意向）を考慮せざるを得なかった。……それと同時に、彼らはフランコ政権下の交渉団が得たもの以上のものを獲得したことを確実なものにしたかったのである。」と回想する。(Cummings 61) 改正内容は比較的穏健なものではあったが、[250] ここに明白な民主化効果を見ることができる。

　1982年10月の総選挙におけるスペイン社会主義労働者党（PSOE）の圧倒的勝利は、真の政体転換と呼びうる劇的変化を国内外に及ぼす。その背景には、解放されたメディアに鼓舞された熱狂的な反米愛国主義の高揚があったことは疑いを入れない。党首ゴンザレス（Felipe González）は、マドリード協定の基本構造を疑問視し政治問題化し、同協定は著しく不平等であり、正当な国内手続きも経ておらず、何よりもスペイン独自の安全保障や国土保全に何ら貢献するものではないと非難したのである。国際関係については反NATOを鮮明にする。そもそも北大西洋条約には、スペインの領土の一部やスペインの安全保障にとって最重要な地域の防衛が含まれておらず、NATO体制はスペインの安全を保障するものではないと、アメリカ主導のNATO安全保障体制を否定したのである。彼はさらに、NATOに加盟して米ソ対決にさらに加担するならスペインもソ連の核攻撃の対象にされると"巻き込まれ"の危険性にも警告を発したのである。

　民主化進展は中央政界以外の場所にも波及効果を及ぼす。反米愛国主義に燃える地域社会運動の高まりである。米軍基地によって引き起こされた社会問題は山積し、その解決は地方政府の手に負えるものではなかった。地方の

250）スペインは、核兵器の貯蔵や配備に制限を設けるなど、米軍事活動の自由裁量度に一定の歯止めをかける。さらに、アメリカにおけるスペイン軍の地位についての条項を挿入するなどに成功した。改正が穏健なものであった理由は、この時期、ソテロ内閣はスペインのNATO加盟を目標としており、アメリカとの協力的な関係を維持する必要があったと思われる。

第7章　要因仮説Ⅳ：米軍受入国の政体転換

政治家も各地の反米軍基地活動家と合流し、基地の前で「NATO は要らない、基地はなくなれ！」とシュプレヒコールをあげた。これらの活動家達は、社会主義労働者党政権すら日和見的だと非難し、その無策ぶりを突き上げたのである。(Cooley 76) こうした世論と高まる反米気運を背景にゴンザレス政権は、すでに決定していた NATO 軍指揮下への統合を凍結し、NATO 加盟の是非を問う国民投票を 1986 年に実施すると発表した。

　国民投票は NATO 加盟と EEC 加盟（こちらは全国民が熱望するものであった）を同時に問う形で実施され、最終的に NATO 加盟は承認される。こうした過程で、政権与党としての社会主義労働者党は現実的な折衷政策を取ることになるが、それは政権の対米政策が軟化し、米軍基地により寛容になったことを意味しなかった。第一に、新政権は、アメリカからの援助と基地提供の交換というフランコ時代の悪しき構造を完全に断ち切ったことを国民に顕示する必要があったし、その決意も堅かった。そしてそれは、経済成長、EEC 加盟や西ヨーロッパとの交流増大等により、自立的な社会・経済的基盤が築かれつつある中で、もはやドン・キホーテ的空威張りではなく実現可能な方針となっていた。アメリカは、スペインを懐柔する "人参" を失ったことになる。第二に、民主化の進展は、如何なる政権も国民の世論動向に極めて敏感に反応しなければならない時代をもたらしたことである。何故なら、政権維持は次の選挙にかかっており、大衆から支持を失った政党は政権を維持できない。高揚するナショナリズムの中で、新政権は対米関係で強硬な態度を堅持すればするほど、国民の支持を得やすいことを熟知していた。第三に、安全保障環境の変化も新政権に有利に働いた。NATO という集団安全保障体制に加盟したことで、もともと低かったアメリカからの見捨てられ恐怖は最低レベルに落ち、米軍基地の存在価値そのものが相対的に減少したことである。これに輪をかけたのが、米軍基地はスペインの安全保障に寄与しないという伝統的安全保障観の復活である。これにより、米軍引き上げによるスペインの防衛力弱化という脅しはもはや通じなくなり、アメリカは交渉相手を威嚇する "鞭" も失ったのである。

　このように、交渉力バランスが大きく転換した中で行われた、1982 年友好・防衛・協力協定の改正交渉は、圧倒的にスペインに有利な形勢で進めら

235

れた。今度はスペインがアメリカを脅す番で、前協定が終了する1988年に全米軍基地を閉鎖することやNATO体制からの撤退をちらつかせながら有利な条件を次々と引き出していったのである。合意された1988年の防衛協力協定（Agreement on Defense Cooperation）は、受入国に最も有利なタイプⅢ-Aに分類されるだけでなく、スペインは核兵器への厳しい制限を含む米軍の諸活動に強い制限を課すとともに、Torrejón空軍基地を閉鎖に追い込んだのである。

スペインのケースのまとめ

スペインのケースはフィリッピンと並んで、独裁体制と民主体制の本質的な差異を典型的に示す好例である。悪評高かったフランコ政権も、スペインの伝統的な安全保障政策を無視して米軍基地を受け入れたわけではない。例えば、北アフリカを含むスペインの国家的利益を象徴する地域に、アメリカの関与を強く求めるなど相応の努力を続けているし、地位協定改正交渉にも計3回臨んでいる。一回目は単なる延長宣言に止まったが、二回目は暫定的協定を経て友好・協力協定締結に至り、三回目の交渉の最中にフランコは死去する。しかし、何れの交渉もスペインの主権行使力を少しずつ拡大することには成功するが、改正の内容は穏健なものに終始した。理由は明らかである。フランコにとって緊密な対米関係と米軍基地の存在は政権維持に欠くことができないものであり、アメリカの援助もまた軍事、経済上の生命線とも言えるものであった。アメリカは彼我の交渉力バランスを決定するそのような基本構造を熟知していたし、究極の交渉相手はフランコ一人であったのである。

民主化はこうした状況を一変させる。民主化後の政権は何れも地位協定改正に真っ向から挑戦し、左派政権下で大幅改正と米軍基地縮小に成功する。それを可能にした背景は、第一に、諸制度の民主化と新憲法の制定により、権力基盤が選挙と議会に移行したことである。アメリカとのパイプを占有することイコール権力掌握という時代が終息し、一般世論により近い政策を打ち出す政党が選挙で多数を占め次の政権を担当する時代が到来した。第二に、解放されたメディアの躍動と社会運動の高揚である。メディアは、最大

第7章　要因仮説 IV：米軍受入国の政体転換

の政治圧力団体として登場する。彼らは、反米ナショナリズムを煽りたてる
だけでなく、地位協定改正交渉のウオッチドッグとして機能し、交渉はカー
テンの奥で秘密裏に行われるという類のものではなくなった。米軍基地、地
位協定、NATO、EEC というキーワードを含んだ見出しは連日各新聞の一面
を飾り続け、如何なる政党も各紙の論調に敏感に反応せざるを得なくなった
だけでなく、地位協定改正にあたる交渉官達は従来以上に強硬な態度でテー
ブルに着かなければならなくなったのである。反米軍基地運動の高揚もま
た、現実的妥協を強いられることが多い中央の政権与党へ圧力をかけ続ける
と同時に、米軍基地由来の社会問題に対する現場ウオッチドッグとしての役
割を果たすことになったのである。

　第三に、熱狂的とも言えるナショナリズムエネルギーの解放とスペイン独
自の安全保障観の復権である。そして、左派政権下においては、これらが反
米と結合して巨大な政治的潮流を形成する。フランコ体制とアメリカの関係
は腐敗的であり、かつ従属的なものであると根底から否定されるに至り、米
軍基地の存在や NATO に象徴される冷戦対決構造は、何らスペイン独自の
安全保障に資するものでないばかりか、戦争に巻き込まれる危険の方が高
く、マドリード協定の国内手続きも国民の審判を何一つ得ていない正当性を
欠くものだと非難されたのである。そして、国民はそうした言説を圧倒的に
支持した。第四は民主化による、副次的かつ国際的効果である。スペインの
民主化は、とりわけ西ヨーロッパ社会から歓迎され、スペインはフランコ時
代の村八分状態から解放されたばかりか、EEC や NATO に加盟後はその国
際的地位を徐々に向上させたのである。結果として、スペインの国際社会復
帰の切り札としてのアメリカの外交的後押しや米軍基地の存在はその重要性
を喪失するに至る。以上、民主化による諸効果はスペインに大きな対米交渉
力を与え、抜本的な地位協定改正に帰結するのである。

5．トルコ

　本章の冒頭で引用したクーリーは、トルコを、前政権が締結した地位協定
に変化をもたらした政体転換の例に加えているが、トルコの場合は政体転換
が、独裁（以前）→民主（以後）という区分が明瞭な直線型ではなく、転換

237

が交互に起こるサイクル型であるため、果たして政体転換の例に加えてよい
かは大きな疑問符が付く。駐ギリシャアメリカ大使を務めたスターンズ
（Monteagle Stearns）は、「今日のトルコは、トルコ軍部の許容範囲内で（機
能している）議会制度である。トルコがNATOに加盟して以来、10年に一
回ずつ議会に介入してその機能を停止させている。」と、その特殊性を指摘
している。(Stearns 21) トルコ近代化の父ケマル・パシャ（Mustafa Kemal
Atatürk）を信奉し、ケマル主義の実践主体を自認するトルコ軍部（TAF）、
あるいはその一部は、1960年、1971年、1980年と三回もクーデターを起こ
して、軍事独裁体制を樹立しているだけでなく、一貫して国内政治に影響力
を保ち続けている。しかし、ケマル主義の根幹はトルコを西欧並みに近代化
することにあるため、議会制を全否定して軍事独裁政権の永続化を図ること
なく何れも短命に終わっている。やや後知恵的な見方をするなら、ケマル主
義が危機に瀕し、政党間闘争が混乱に陥った時には決起して軍政を布き、軌
道修正ができたと思われる頃に議会制にバトンタッチしているのである。例
えば、1960年クーデターのスローガンは、民主主義の再建と公正な選挙に
基づく文民政府の樹立であったし、1982年に制定された憲法は軍政によっ
て成し遂げられたものだが、議院内閣制を国政の根幹とするものであった。
以上の理由により、トルコの軍事独裁政権から選挙による文民政権への移行
は、厳密な意味で政体転換と定義することはできない。従って、トルコの
ケースでは詳細な歴史過程の考察は省略し、民主的政体期と軍事独裁政体期
の差異の究明のみを行うことで、本章の仮説の妥当性検証を試みる。

　表VII-5に要約された歴史的経過が示すように、軍事独裁政権期と民主政
権期には明らかな差異が存在し、新地位協定締結や改正は全て民主政権下で
行われているのである。特に、1973年から1980年にかけての民主的政体時
の対米関係と地位協定関連の交渉は、対米関係の安定を重視し、一枚岩的な
動きを常としてきた軍事独裁政権とは際立った差異を示している。発端は対
ギリシャ政策をめぐるアメリカとの対立である。トルコの1974年の第二次
キプロス紛争介入に対して、アメリカは懲罰的な武器禁輸制裁をもって応じ
るが、時の民主政権、デミレル（Süleyman Demirel）率いる公正党連立政権
は大胆な反撃を試みる。Incirlic米軍基地におけるNATOの任務遂行以外の

第7章　要因仮説IV：米軍受入国の政体転換

表VII-5　トルコの政体変化と地位協定関連事項の推移

政体	年次	国内政治	地位協定関連事項の変化
準民主政体	1950	国民共和党（CHP: Republican People's Party）による、一党政治の終焉、選挙によりトルコ民主党（DP: Turkish Democratic Party）が与党に	
	1952		NATO加盟
	1954		NATO地位協定適用合意
			米軍事施設に関する協定合意（非公開）
独裁的政体	1960	5月27日　最初の軍事クーデターが、トルコ民主党政権を廃止、国家統一委員会が全権を掌握。国家安全保障評議会（National Security Council）を設立。61年に新憲法制定	
民主的政体	1961	民主的政体へ回帰、国民共和党を中心に連立政権	
	1965	デミレル（Süleyman Demirel）率いる公正党（Justice Party）が選挙に勝利	より公正な地位協定を要求し始める
	1966		NATO地位協定を補足する二国間地位協定の改正交渉開始を公式にアメリカに要求
	1967		イスラエル支援のために米軍基地を使用することを拒否
	1968		NATO地位協定適用の際の公務執行証明についての合意
	1969		防衛・協力協定（DCA: Defense and Cooperation Agreement）締結、7月3日：過去の全ての地位協定関連の合意を整理、統一
	1970	政治的混乱と暴力的衝突の増大	
独裁的政体	1971	3月12日　二度目の、軍事クーデター（この軍事政権は最も抑圧的であった）	
民主的政体	1973	イスラム教徒国家救済党（Islamist National Salvation Party）と新国民和合党による連立政権。（連立は不安定であった）	第四次中東戦争においてイスラエル支援のために米軍基地を使用することを拒否
	1974	トルコのキプロス侵攻とそれに対するアメリカの武器禁輸制裁	アメリカの制裁に対抗して、NATO作戦行動以外の米軍事活動の禁止。1969年防衛・協力協定の効力停止（78年まで継続）
	1976		新防衛・経済協力協定（DECA: Defense and Economic Cooperation Agreement)調印、しかし米議会の承認が得られず
	1978		再度の地位協定交渉開始
	1980		3月29日　防衛・経済協力協定調印
独裁的政体	1980	9月12日　三度目の軍事クーデター。国家安全保障評議会（National Security Council）が全権掌握、国会廃止（アメリカが暗黙のクーデター支援をしたと主張する者も存在）	
	1982	11月　1982年の新憲法制定	
民主的政体	1983	民主的政体へ復帰。オザル（Turgut Özal）率いる祖国党（ANAP: Motherland Party）が政権担当	
	1986		リビア空爆に米軍基地を使用することを拒否
	2002	公正発展党（AKP: Justice and Development Party）が与党に	
	2003	イラク侵攻のための米軍基地使用が議会で否決（264対251、棄権19）	イラク侵攻のための米軍基地使用拒否

全ての米軍基地における活動を停止させたのである。デミレルはさらに、1969年に締結された防衛・協力協定（DCA）を含む全ての安全保障に関連する対米二国間合意の無効化と、全ての米軍に使用されている基地は「完全にトルコ軍の監督と統制下に委譲される」（Cooley 117 に引用）ことを宣言したのである。下野していた国民共和党は、さらに過激な全ての米軍基地の閉鎖を主張した。[251]

　こうしたトルコ国民の反米感情の蓄積は、アメリカの安全保障政策に大きな影響を与え始める。アメリカ国家安全保障委員会は「長期的には、トルコのアメリカに対する幻滅感は、両国の安全保障関係を改めて問い直す気運を高めることになるだろう。そして、それは（トルコが）NATO という枠組みを飛び超えて、イランや他のイスラム諸国との新たな安全保障関係を追求するという事態を含む」と予測し、「同盟というものは、双方がそれを価値あるものと認識し、政府や一般大衆からの支持があって初めて存続可能なのである」と、トルコにおける米軍の大幅な縮小を視野にいれざるを得ない状況に追い込まれるのである。(National Security Council: Allen) 当然の帰結として、基地群を維持したいと考えるアメリカの交渉力は大きく弱められ、トルコの民主的政体は強い交渉力を得ることになる。交渉は難航したが、最終的には双方の現実的な妥協もあって、1980年3月に防衛・経済協力協定[252]（タイプ III-A β）が締結され、1987年の一部改正を経て今日もトルコ地位協定システムの柱となっている。

トルコのケースのまとめ

　以上、サイクル型の政体転換をしたトルコのケースにおいても、他の直線型、かつ典型的な政体転換した国々と同様の基本的傾向を認定することができるのである。何よりも顕著なのは、民主化によって解放された国民の意思

251）出典：New York Times　1975年8月5日　Juan de Orris「トルコ野党米軍撤退を要求」

252）英文正式名：Agreement for cooperation on defense and economy between the United States of America and the Republic of Turkey in accordance with articles II and III of the North Atlantic Treaty, signed march 29, 1980, entered into force December 18, 1980. 32 UST 3323 TIAS 9901

表示のあり方の変化（投票や社会運動）とそれにより活性化された政党活動とメディアである。軍政は何よりも秩序回復を第一義の目的としていたため、国内の反対勢力はじめ、秩序を乱す可能性のある政治的な動きには、時に過酷な弾圧で臨んだ。しかし、民主化によりこのタガが外れる。国民の怒りを買うような行動をアメリカが取った時、国民は軍政期とは比較にならない過激さでそれに反応して、政党や政権を突き動かすのである。メディアがそれを煽り立てることは言うまでもない。そして、ナショナリズムの高揚とトルコ独自の安全保障観の先鋭化も指摘しなければならない。ギリシャ、クルド問題、あるいは近接する中東地域を主要関心事とするトルコ独自の安全保障観は、体制の如何を問わずほぼ一貫しているが、民主化により多様な国民の声が解放され、この伝統的安全保障観がより増幅された形で噴出し、国内政治を大きく動かすエネルギーとなったと考えられる。かくして、過去に締結された地位協定関連の二国間協定や米軍基地の存在が、批判的な目で見直され、トルコ独自の安全保障上の利益という視点から再吟味されるという他のケースと同様のパターンが展開されたのである。

第7章のまとめ

　以上に検証したように、考察対象国として選択した12か国中、政体転換を経験した5か国全てにおいて、独裁的政体後に樹立された民主的政体は、より有利な新地位協定の締結もしくは、改正に成功しているだけでなく、スペイン、ギリシャ、フィリッピンでは米軍基地の縮小や完全撤退に至っており、トルコにおいても米軍基地の活動が大幅に制限されるという事態が発生している。各国の脅威認識を含め、外的な安全保障環境は各国それぞれに一定であったことを考慮するなら、政体転換という国内政治の激変こそがその震源的な要因と考えられるのである。そして、何れのケースも本章冒頭で列挙した共通の特徴を持つ。即ち、(1) 前政権の腐敗的かつ共生的対米関係と平等性、互恵性、正当な手続きを欠く既存地位協定の否定、(2) 新憲法制定や諸制度の民主化による権力基盤の選挙への移行と前政権支持グループの影響力低下、(3) ナショナリズム（多くの場合反米に結びつく）の高揚と独自の

安全保障観の復活、(4) メディアや社会運動の活性化、である。

　アメリカの視点から見るなら、こうした諸変化に直面することは一種のアイロニーである。確かに受入国の民主化は、冷戦期においては"自由陣営"の拡大を意味しただけでなく、諸制度の民主化は米軍人の保護環境に一定の向上をもたらすものとして期待できる。しかし、安全保障上、軍事上の必要性から見るなら、受入国が独自の安全保障政策を追求し始めるという事態は、アメリカのグローバルな安全保障戦略との共通項の減少を意味するだけでなく、比較的単純な力学計算と交渉作戦で臨めた対独裁政権との交渉を極めて複雑で困難なものにすることを意味する。アメリカの地位協定交渉官の一人は「地位協定交渉は、例えばマルコスのような独裁的人物が、権力の座にいる時はより取り組みやすい。もし、後継の政府がより民主的になり、権力が多数に分散されるようになると、我々にとって受け入れ可能な合意に至るのはより困難になる」と回想している。(Norton 81) 独裁的政体を懐柔してきたアメリカからの援助という最強の力学変更ツールもまた、民主化後はその効力を著しく減じるのである。受入国側の新政府交渉官達は、国民からの支持を失わないために自国の権限と利益を大胆かつ頑なに追求し、基地を維持したいアメリカは、独裁的政体下での交渉以上の妥協を強いられることになるのである。

第8章 結論及び日本地位協定の特質と改正の可能性

A. 要約と結論

1. 多様な地位協定を形成した要因と改正のイニシャティブ

本書はアメリカが締結してきた多様な地位協定の類型化を図り、そうした多様性を生ぜしめた要因を探求・特定することを目的とした。そのために、第2章で各国地位協定を総合比較することで10タイプの類型を設定し、続く第3～8章で要因の仮説を設定してその普遍妥当性を論証した。それにより、協定締結当事国を取り巻く国際関係諸要素が大きな影響を持ち、二国間交渉より集団安全保障体制下での多国間交渉の方が米軍受入国により有利に働くことも検証した。さらには、受入国の国内政治や社会・法体系等の諸制度のアメリカとの近似度も地位協定の形態に大きな影響を与えることも論証した。それらは以下のように要約できよう。

要因仮説 I-A 力関係の非対称性と交渉方式の差異

派遣国（アメリカ）の総合国力が受入国のそれに比して強大であるほど地位協定は派遣国にとってより有利なものとなる。また多国間集団安全保障体制は力関係の不均衡度合を変化させ、（二国間交渉方式より）互恵的な交渉プロセスを創出すると共に受入国により強い交渉力を与える。

一般的傾向調査として行った1960年の各受入国のGDP規模と地位協定タイプとの相関度テストはこの仮説の前半部分の主張を裏付けるものでり、さらに受入国のGDP規模はアメリカの援助とも極めて強い相関性を示した。即ち、GDP規模の小さい国々は地位協定交渉の際にアメリカの援助を求め

243

ることが常態で、援助と引き換えに主権行使に関わる分野で大きな妥協をする傾向が強い。3ケースの比較考察においても経済力を含む物質的国力のより強大な受入国は、それより弱小な受入国より、例外なく有利な地位協定を締結していることが分かった。同時に総合国力のもう一つの柱でもあるソフトパワー（あるいは政府の総合能力）も交渉過程に重要な影響を与えることも解明された。例えば1952年日米行政協定は治外法権に近いタイプⅠの地位協定であったが、日本の交渉官はNATO地位協定交渉の進展を熟知しており、その発効と同時に裁判管轄等をNATO並みに改訂するとの条文を入れることに成功している。敗戦国であっても外務省等の関連政府機関が一定の能力を保持していたことを示している。

　仮説の後半部分である「多国間交渉は二国間交渉より弱者側に有利に働く」という理論は、アカデミズムのみならず外交現場でも広く支持されているものであるが、地位協定交渉においてもそれが当てはまることがNATO同盟国間と他の二国間の地位協定交渉過程の比較研究から再確認することができた。NATO地位協定とほぼ同時期と言える1950年代に締結された二国間地位協定は全てがタイプⅠかⅡで受入国に極めて不利である。さらに、その後の二国間地位協定は全て"NATO並み"を目指し、条文の多くはNATO地位協定を踏襲するものが多いが、細部を吟味すると"NATO並み"を達成できた受入国はないのである。またNATO地位協定加盟国であってもそれを補足する二国間協定には大きな差異が認められ、派遣国アメリカは二国間交渉においては、多国間交渉より強い交渉力を発揮できたということが明らかとなった。また、イラク地位協定のように国連のような国際機関が交渉に介入した場合は、多くの国が合意プロセスに参加するため多国間交渉と同様に強大国の交渉力を弱める効果があることも確認できた。

要因仮説 I-B　脅威認識の差異

　派遣国アメリカが評価・認識する「受入国の軍事的、地政学的重要度のレベル」と受入国が評価・認識する「米軍駐留の必要度のレベル」のバランスが地位協定の形体に影響を与える。

第8章　結論及び日本地位協定の特質と改正の可能性

　如何なる国も地政学的かつ歴史的に形成された独自の脅威認識を持ち、そ
れは安全保障同盟のフレームワークと地位協定の形体を規定する。アメリカ
の同盟国に世界規模で脅威認識の大変動をもたらした冷戦終了後に各国地位
協定がどのように変化したかを検証観察したところ、地域や国によってその
結果に差はあるものの全ての国において地位協定が受入国に有利に改変され
ていることが確認できた。明らかにソ連による軍事的脅威の低下が要因の一
つとして考えられる。続く２ケースの比較研究においては、脅威レベルが低
いと認識している受入国の方が脅威が深刻で差し迫っていると認識されてい
る受入国より自国に有利な地位協定を引き出していることが突き止められ
た。アメリカは独自の世界戦略実現のため、世界中のどこにでも軍事的、地
政学的に重要と判断されれば基地の設立を意図することになるが、受入国側
の反応は一様ではない。ある受入国が米軍駐留がもたらす安全保障上、経済
上の価値が低いと認識すれば、強い基地設立意欲を持つアメリカに対して、
したたかな交渉力を発揮することができ、アメリカは大きな譲歩を迫られる
ことになる。そうした受入国はアメリカに軍事的に見捨てられることに恐怖
する度合いが少ないからであり、これは受入国の総合国力に関係なく作用す
る。例えばスペインやフィリッピンでは地位協定の改変に止まらず米軍基地
の縮小や撤退まで伴っているのである。

要因仮説Ⅱ：国際関係の拘束的規範としての相互主義原則の働き

　*地位協定交渉は、他の外交交渉と同様に、相互主義原則が規範となる。も
し一方の当事者が他の当事者に対して自ら進んで何等かの恩恵を与えるな
ら、その恩恵を受けた側は相応の対価返礼という規範に拘束されるため、こ
れを前者は自らを利する梃子として利用することが可能である。即ち、受入
国の総合的な貢献が派遣国から見て非常に重要であると認識されるならば、
地位協定は受入国に取ってより有利なものに帰結すると想定される。*

　派遣国アメリカの観点からすると、自らが提供する受入国に対する安全保
障上の貢献は受入国側からのアメリカへの貢献に比べてはるかに大であると
いう揺るぎのない認識があるため、受入国に対してより一層の貢献を要求す

245

るという方針は一貫している。1948年のヴァンデンバーグ決議以来、マンスフィールド構想、ジャクソン-ナン改正案など、議会における数多くの政治攻勢や決議案はアメリカの政治的リーダーがこの不均衡をどのように認識していたかを如実に示している。また受入国との防衛経費負担の論争はアイゼンハワー時代に遡るし、国防省の考案した「同盟国の共通防衛に対する貢献の統計一覧」(Statistical Compendium on Allied Contributions to the Common Defense) は"不均衡"是正に対する行政府の関心の高さを物語っていよう。このように、アメリカによる受入国の貢献度評価は外交交渉の視点から見るとアメリカの妥協ポイントの基準を構成するものとなる。アメリカが受入国の貢献が大であると評価すれば妥協の余地はより大になるし、貢献が小であると評価すれば妥協の余地はより少なくなり交渉ではより強硬な立場を取ることになる。この相互主義原則の好例を韓国の地位協定改正に見ることができる。朴政権がベトナム派兵に踏み切ったことにより、完全に暗礁に乗り上げて全く妥結の目途が立たなくなっていた交渉が、アメリカの譲歩によって一気に決着に向かうのである。

　しかし、受入国も従順にアメリカ側の評価をそのまま受け入れるわけではない。HNS (Host Nation Support 受入国による駐留軍経費負担) をめぐる対米交渉史の日独比較考察はこの相互主義原則が派遣国だけでなく受入国にも大きな作用を及ぼしてきたことを見て取ることができる。受入国の指導者が自国の安全保障に対する貢献が軍事的にも財政的にも十分アメリカの貢献に匹敵すると認識している場合は、対米交渉に極めて強い態度で臨んでいるのに対し、受入国の指導者が軍事力も含めた自国の総合的貢献にやや自信が持てず、一種の"債務コンプレックス"に陥っている場合はその対米交渉力は非常に弱いのである。

要因仮説Ⅲ：受入国諸制度 (Institutions) のアメリカとの近似度

　(「諸制度」を法と法慣習、法を施行する司法組織、政府と行政組織及び社会・経済の発展水準を包摂する派遣国軍を取り巻く受入国の国家としての総合環境であると定義する)

第8章　結論及び日本地位協定の特質と改正の可能性

　　司法に関する取り決めは派遣国駐留軍関係者の受入国の法からの免責範囲
　を決定する地位協定の根幹部分である。受入国の諸制度が派遣国のそれによ
　り近似する場合、近似度が低い受入国に比して地位協定はより平等で互恵的
　なものになる。

　派遣国側から見た地位協定の核心部分のひとつは、自国の軍関係者を異質
な受入国の諸制度から保護することであることを想起するなら、受入国の諸
制度が如何に重要かは自明であろう。そこで、地位協定の形体と受入国の国
家的属性（これは経験則からしてアメリカの諸制度との近似性を示すものと想定
される）との相関関係を調べると以下のように強い相関性を示した。（不等号
は受入国にとっての有利さを示す）

　英国コモンウェルス諸国（共通言語と英国起源の慣習法の伝統）＞
　ヨーロッパ大陸諸国（ヨーロッパ言語とヨーロッパ成文法の伝統）＞
　アジア諸国（アジア言語と欧米モデルを基にローカライズされた法体系）＞
　イスラム諸国（アラビア語または他のアジア系言語とイスラム法の伝統）

　さらに、裁判管轄を日常行政レベルで決定する受入国の第一次裁判権放棄
率を比較すると、諸制度がアメリカに近い国ほどその率が低く（つまり受入
国の裁判比率が高い）、アメリカから遠い国ほどその率が高い（つまり受入国
の裁判比率が低い）ことが判明した。次に1960年代の東アジア三国（日韓比）
の比較研究もこの仮説を裏付けるものであった。各国の諸制度をアメリカと
の近似度で数値化し、これを数値化した各国地位協定の司法分野での有利度
と比較したところ、日本は社会・経済水準から帰結する地位協定項目では高
数値を得るものの、司法全般に関わる分野ではフィリピンと同等であっ
た。また韓国は全てにおいて低い数値であった。こうした事実はアメリカが
フィリピンの諸制度を三国中で最も自らに近いものと認識し、韓国のそれ
を最も遠いものと認識していたことを示している。

　そして、各国の諸制度の差異は、現実の交渉現場において、地位協定条文
に直接的な影響を与えることを指摘しておきたい。アメリカの交渉官は例外
なく受入国の諸制度を細部にわたるまで十分に研究して、譲れる部分や妥協

247

の余地のない部分を予め設定して交渉に臨んでおり、これが最後に条文内容を合意する "つめ" の過程で決定的影響を与えるのである。

要因仮説 IV:　米軍受入国の政体転換

独裁政権の後を継いだ民主政権は前政権が締結した地位協定を、締結過程が正当な手続きを経ない非合法なものであり、内容が不平等かつ自国の安全保障に何ら貢献しないとして政治問題化し、それを根底から崩そうとする普遍的傾向がある。

　研究対象とした国の中でギリシャ、韓国、フィリピン、スペイン、トルコが政体転換を経験した国々であるが、これら諸国の地位協定の推移を歴史的に追跡すると、重要な地位協定改正は全て政体転換後の民主政権の下でなされており、しかも地位協定改正に至る普遍的なパターンが観察できるのである。第一に、前政権とアメリカとの "腐敗した" 共生的癒着関係が大きく政治問題化され、前政権が合意した既存の地位協定は、そもそも合意手続きが正当性を欠き、内容も互恵性、平等性が欠如していると非難の主対象となる。第二に、新憲法制定や諸制度の民主化進展による権力の分散化と権力基盤の変化である。新政権にとっては、次回選挙でより多くの票を集めることこそが最重要課題であり、過去の利害関係者や伝統的サポーターへの依存度は著しく減少する。また、民主化による権力の分散は、最終的に独裁者一人を相手にすることができた前政権時代とは次元の異なる交渉をアメリカに強いることになる。第三に、ナショナリズム（多くの場合反米に結び付く）の高揚と独自の安全保障観の結合である。米軍基地やアメリカとの安全保障関係が受入国独自の安全保障政策との関連で根本から問い直され、特に左翼政権の場合は冷戦構造そのものまでが国内政治のアジェンダとされる。第四に前政権下で弾圧され続けてきた野党、メディア、そして反米軍基地運動を含む社会運動等が解放され、活性化されて国内政治の主要アクターとして登場することである。結果としてこれも新政権に強い対米交渉力を与えることになる。最後に、新政権の政治的モーメンタムは地位協定改正に止まらず、米軍基地の縮小（スペインやギリシャ）や閉鎖（フィリピン）、さらには一時的

第8章　結論及び日本地位協定の特質と改正の可能性

使用禁止（トルコ）にまで及ぶこともあるのである。

　以上、米軍地位協定の多様性は六つの要因、即ち力関係の非対称性、多国間交渉の二国間交渉に対する優位性、脅威認識の差異、相互主義原則、受入国諸制度のアメリカとの近似度、受入国の政体転換、の複合的作用によって形成されてきたことを立証した。

地位協定類型化についての補足的コメント

　第2章で地位協定の類型化を図る際、観察視点を全く変えた類型化が可能かを検討した。例えば、地位協定を構成する主要項目間に所謂 "互換的関係" があるかという問題である。互換的とはある受入国がある項目 X で大きな妥協をした場合、別の項目 Y でその妥協を埋め合わせできるだけの譲歩を派遣国から引き出しているかという意味である。受入国が何を重視するかは差異があり、このような互換的なやり取りは外交交渉では常識である。もしこのような互換的傾向を観察することができれば、「派遣国の軍事活動制限重視型」とか「司法権重視型」といった一種の "片寄り傾向" を主軸とした類型化が可能となる。しかし、比較評価からはある種の片寄りは認識できたものの、（例えば、日本、フィリピンでは司法分野では一定の平等性を達成しているが、米軍基地およびその使用についての主権行使力は極めて脆弱）主要条項に反比例関係にあるような互換性は確認できず、むしろある受入国が司法権分野で大きな妥協をした場合は、別項目である駐留軍の軍事活動分野でも大きな妥協を強いられているという正比例の関係が一般的であり、"明らかな片寄り傾向" による類型化は不可能であった。あるいは歴史過程の相違による類型化（例えば「旧植民地型」とか「旧被占領国型」といった類型）が可能かも検討したが、例えば日独の共通点は駐留軍規模の大きさ以外に共通点を特定できず地位協定の特色を表象する類型とはなり得なかった。結論としては、特色を暗示する形容詞がつかず、極めて無味乾燥ではあるが、裁判管轄と派遣国軍を制御し得る受入国の主権行使力を評価の主軸とした直線的順位付けによる類型化が最も普遍性を持つ妥当なものとして採用した。

249

6 要因の複合的作用メカニズムについての補足的コメント

　各要因を独立的に考察することでその普遍妥当性を立証し、それらの 6 要因が複合的に作用して多様な地位協定に帰結するという結論に到達したが、"複合的作用"の統合的なメカニズムや結果（地位協定類型）との間の普遍的なパターンマトリックスについては提起することができなかった。当初抱いていた問題意識は、6 要因は単なる等量並列の関係ではなく受入国の歴史的背景、時代、国際環境によってそれぞれに強弱と連携的作用パターンがあって地位協定交渉に作用を及ぼして、単純直線型類型では識別できない各国地位協定の特色（片寄り傾向）を決定しているのではないかという問いであった。例えば脅威認識が深刻な受入国はその要素がより強く作用して、派遣国の軍事活動自由度をより許容するタイプに帰結するのではないかといった想定である。しかし残念ながら、そうした統合的メカニズムの解明は他の研究に譲らざるを得ない。何故なら、そうした統合的メカニズムを追究するには、6 つの要因を 2〜3 のより大きな概念に統合していく必要があるがまずそれが不可能であったこと、次に個々の要素の作用を特定・限定（例えば要因 A の作用は X、要因 B の作用は Y）できないこと等が理由である。

地位協定改正の契機とイニシャティブについての法則的傾向

　最後に全てのケースで観察された法則と表現してもよい歴史的事実は、地位協定改正の契機とその後のイニシャティブは常に受入国側から発せられるが、アメリカは既存の特権を守るために一貫して現状維持スタンスを取り、可能な限り改正要求を拒否し続けるということである。その意味において地位協定は受入国の要求を跳ね返す弾力性が非常に強いということができる。しかし反面それは、名目上は平等な主権国家間の国際契約であるが故に、受入国の情勢変化や安全保障環境の変化といった外交的に"言い逃れのできない"状況変化が起これEばアメリカは渋々改正交渉に応じざるを得なくなるのである。アメリカの第二次世界大戦後の世界戦略の一つの柱は多くの国際機関を設立し、その理念、中立性及び正当性を根拠に世界の安定化を図ることであり、もう一つのより現実的な柱は地位協定という契約を通して世界中に

250

自らの基地網を張り巡らして軍事的安定化を図ることであった。この二本の柱こそがパックスアメリカーナを支え続けてきたものであるが、グローバル基地網を支える地位協定は一見強固に見えるが、実は受入国内外の情勢変化に影響を受けやすくパックスアメリカーナのアキレス腱と言えるのである。

B. グローバルな視点から見た日本地位協定の位置と特徴

第2章で分類したように日本地位協定はタイプⅢ B-a、数量化した有利度評価点は52.5でタイプⅢ地位協定の10か国の中で第9位である。確かに日本は司法分野では比較的高評価を得ることができたが、米軍基地や米軍の諸活動を規制する主権行使力では極めて弱いことが明らかとなった。世界最悪とは言えないまでも、反米軍基地運動が主張する数々の不平等性を誇張されたものとか、政治的バイアスがかかりすぎていると一蹴することはできない内容と言えよう。こうした日本的特徴を一言で表現するなら、アメリカの占領時特権の名残りが21世紀まで存続している状態と言えよう。1945年に米軍が進駐してきた時の基本方針は、日本の軍事力をゼロにすると同時に、日本中に自らの基地を設けて何の制限もない軍事活動を行うことであった。1952年のサンフランシスコ平和条約で二国間関係は名目上は対等な主権国家間のものに復元されたとはいえ、アメリカの基地政策は変化することはなかったのである。日本の軍事力については冷戦開始により「ヴァンデンバーグ決議に基づく適切な規模の軍事力の再構築」に変化したが、米軍基地についての方針に変化はなく米軍に基地を提供し続け、自由な軍事活動を認めることこそが日本の貢献であり、地域の安定に寄与できることであるとされたのである。吉田茂はこれらを認め、ここに日本の地位協定の構造的原型ができたと言えよう。そして1960年、岸内閣は安全保障条約と地位協定の改正に成功したが、米軍基地の諸特権と米軍軍事活動の自由裁量度はほぼそのまま温存されたのである。

具体的には1952年の旧行政協定の第3条1項「合衆国は施設及び区域内において、それらの設定、使用、運営、防衛又は管理のために必要な又は適当な権利、権力及び権能を有する。...」は1960年締結の現地位協定では

251

「……それらの設定、運営、警護及び管理のため必要なすべての措置を執ることができる。……」と改正されたが、公開された米政府資料では文言が変わってもアメリカは旧行政協定の条文で保障されている諸特権をそのまま維持できることが藤山 – マッカーサー合意で確認されているのである。[253]（新原昭治 43-45 に引用）権利、権力及び権能は日本語ではやや穏当な表現に見えるが、英語では rights, power and authority でありその意味するところは重大である。即ち在日米軍基地は（1）実質的にタイプⅡに近い米軍主権下と同様の状態にあり、従って（2）日本の総合的な査察力、警察力や捜査権は著しく弱いのである。また、受入国の領域内での軍事訓練や作戦演習に関してNATO加盟国の場合は原則として受入国の同意が必要であるが、日本の場合は正文中に条文が存在しない。一般的にアメリカの同盟国は米軍の訓練要求をほぼ自動承認することが常態ではあるにしても、同意条項があるとないではその差異は決定的に違うと言えるだろう。

　さらに安全保障条約の重要部分である米軍の軍事行動（第六条に関わるもので第五条の直接日本の防衛に関わるものではない）に対する日本の主権に基づく権限は弱い。岸 – ハーター交換公文で確認された事前「協議」対象は（1）配置における重要な変更、（2）装備における重要な変更、（3）戦闘作戦行動のための基地使用の3点である。交渉において日本側は事前「合意」（Agreement）と条文化を求めたが、結果としは事前「協議」（Consultation）となり正文に挿入されることなく交換文書レベルに格下げされてしまった。[254]（1）については一個師団以上の兵力、海軍の場合は一機動部隊程度の配置変更、（2）については核兵器、中長距離ミサイルの持ち込みやそれらの基地建設も含まれるとされるが、沖縄への緊急時核兵器持ち込み（返還前）や海軍艦艇や航空機等の進入・通過時の装備（核装備を含む）について、密約や暗黙の慣行等の存在が公開された文書等を根拠に指摘されている。さらに（3）に関連して、日本側は最終的に吉田 – アチソン交換メモの効力継続を認めさせられたのである。これにより朝鮮半島有事の際は日本駐留国連軍

253）原資料：Declassified agreement between Japanese Foreign Minister Fujiyama Aiichiro and the US Ambassador Douglas MacArthur II, January 6, 1960

254）松山健二：日米安保条約の事前協議に関する「密約」国立国会図書館 ISSUE BRIEF NUMBER 672（2010, 3, 9）

（正確には Unified command of the United Nations under the United States であるが主体は米軍）は日本との事前協議なしに直接朝鮮半島に出撃することができるのである。また、兵站（例えば日本から韓国やヴェトナム等へ軍需物資を輸送することなどを含む）や中規模部隊の移動に関する事前「協議」についてそれを規制するような外交文書は発見されていない。以上を総括するなら、所謂事前「協議」は兵站等も含めて抜け穴が多く、アメリカの核に関する「否定も確認もしない」という基本政策や暴露された秘密文書等も併せて考慮するなら、在日米軍はその諸活動や軍事行動についてほぼフリーハンドに近い自由裁量度を獲得しているといって過言ではなく、日本の主権行使力は著しく弱いのである。

　第二の特徴は日本の HNS 支出（経費負担）の異常な高さである。これは 1970 年代にアメリカから共通の安全保障目標に対する日本の貢献（とりわけ軍事面）が極めて弱く、所謂「チープライダー」であるという非難に対応して HNS 支出を上昇させ始めたのを嚆矢とする。そもそも地位協定第 24 条 1〜2 項には：日本は施設及び区域並びに路線権を米軍に提供するための経費（地権者への補償も含む）は負担するが、その他の「合衆国軍隊を維持することに伴うすべての経費は、……日本国に負担をかけないで合衆国が負担する……」ことと明記されているにも関わらず、1978 年に日本側は米軍基地労働者の福祉費の一部負担を始めたのである。その後、負担項目と総額は多様な名目のもとにどんどん増加し続け[255] 1996 年には訓練場の引っ越し経費まで負担するに至るのである。米国防省統計から得られた表Ⅷ-1 は日本の HNS 支出の突出ぶりを如実に表しており、もはやそれは "安乗り" と評価されるレベルではない。[256] 以上、日本地位協定は、総合的には世界最下位の地位協定の一つといっても過言ではないが、司法権の分野ではそれなりに有利な条件を引き出している反面、米軍基地及びそれを利用しての軍事諸活動

255）例えば施設改善プログラム（Facilities Improvement Program）、特別措置合意（Special Measures Agreement）、沖縄に関する特別行動委員会（Special Action Committee on Okinawa）等である。

256）HNS 支出総額は 1999 年をピークとして下降傾向にあるが、2015 年時点においても依然高い水準を維持している。2015 会計年度の総額は 5,197 億円である。（主なものは駐留米軍への支出 3,725 億円、沖縄に関する特別行動委員会への支出 46 億円、米軍の再編成経費負担 1,426 億円である）出典：日本防衛省「Defense of Japan 2015」

253

表Ⅷ-1　主要同盟国の共通安全保障への貢献 2002（米ドル換算　HNS 支出比較）

	直接援助	間接援助	合計	国民一人当り直接援助($)	国民一人当り援助合計($)	人口
日本	3,228.43	1,182.92	4,411.34	25.40	34.71	127,078,679
韓国	486.61	356.50	843.11	10.03	17.38	48,508,972
ドイツ	28.70	1,535.22	1,563.92	0.35	19.00	82,329,758
NATO 合計	76.55	2,407.77	2,484.32			

直接援助　　地代、労働力コスト、光熱費、施設経費、等

間接援助　　もし米軍基地が他の経済活動に使用されていた場合受入国が得ていたであろう経済的利益（税収や地代も含む）

原出典　　　援助額：米国防省 2004 Statistical Compendium on Allied Contribution to the Common Defense 2004, p.E-4. Table E-3: Bi-lateral Cost Sharing Contributions
人口：CIA The World Fact Book, last visited March 30, 2010

に対する制限的な主権行使力が極めて弱く、経費負担の面でも大きな譲歩を強いられているのが特徴である。アメリカは日本から多くの経費を引き出しながら、自らの軍事諸活動については最大限の自由裁量度を確保しているのである。

C．変貌する安全保障環境と日本地位協定の近未来

1．アメリカの世界基地戦略と各国地位協定

　日本地位協定の近未来を論ずるには、まずアメリカの世界基地戦略を概観する必要があるだろう。ケネディー（Paul M. Kennedy）は、如何に強大な国であっても世界の様々な問題に総合的にコミットし続けることは不可能である、何故なら膨張する軍事支出が国家経済の基盤的能力に対して過度の負担になっていくからであると主張する。(Kennedy) ジョンソン（Chalmers Johnson）も現在のアメリカについて同様の考えを述べている。「世界中の経済学者や政治学者の間で日々勢いを増しているコンセンサスによれば、アメリカの経済力が健全ではない状態に陥りつつあることが誰の目にも明らかになっていく中でアメリカが現在の役割（*世界の警察官またはパックスアメリカーナの盟主といった役割：佐々山追加*）を継続することは不可能であるということである。」(C. Johnson 185) まさにその通りで人類史の中で永遠であった帝国はない。

254

第8章　結論及び日本地位協定の特質と改正の可能性

　しかしながらアメリカの中・短期的未来を予測する時、こうした帝国的膨張必滅論やアメリカ帝国衰退論的シナリオはやや懐疑的に評価する必要がある。まず何よりもアメリカの "国力衰退" について相対的比較と絶対的比較を混同してはならないということである。確かに日独の経済成長、近年では中国の大躍進等によって相対的な差は大きく縮まっていることは紛れもない事実である。しかし、絶対的成長という視野から見るならアメリカ経済は下降ではなく着実な成長を維持し続けており、日独中が単独でアメリカ経済を規模的にもその質や内容においても凌駕して世界経済の中心的役割を果たすとは考えられない。軍事面で見るならアメリカの圧倒的な能力は当面揺るぐことはないだろう。即ち、現状の客観的諸指標から判断する限り、アメリカの総合国力の相対的地位下落からアメリカ帝国衰退必然論を導き出すのはやや時期尚早というべきであろう。

　この前提に立ってアメリカの世界基地戦略の近未来を予測するなら、現状維持を続ける可能性が高いことが以下の三つの現実的かつ実践的理由から想定される。第一にアメリカが海外基地網の設立と維持に費やしてきた膨大な費用支出である。そうした施設や設備に投下された経費は経理的には固定資産として残っているという定義になろうが、現実には転売や換金化がほとんど不可能ないわば埋没的（Sunk）な資産なのである。従って、設備・装備の一部は他に転用が可能であるにしても、米軍撤退による既存の施設や設備の放棄は（仮に受入国への有償譲渡が可能であったとしても）アメリカの国家財政への貢献はほとんどなく、むしろ部隊の移動等に伴う新たに発生する経費の方が重くのしかかるのである。俗な表現をするなら軍事的価値という使用価値は施設が古くなっても余り目減りしないため、使い続けた方が得という損得勘定が成り立つのである。第二は第二次世界大戦終了以降、アメリカが史上類例を見ないレベルの地位と力によって獲得してきた海外駐在軍の既得権益の存在である。アメリカの相対的地位と力の減少が明白な今日、一度撤退した国に再び軍隊を駐留させる必要が生じた場合、以前と全く同様の諸権益を回復することは極めて困難な作業になるであろう。好例がフィリピンである。米軍は新地位協定の下で再び基地等を利用することはできても、もはや恒常的な米軍基地として設立・存続させることはできないのである。軍

255

を撤退させない現状維持こそ既得権益保持に直結するのである。第三は最も硬直性が高いと思われる軍官僚組織の習性である。[257] それは戦闘可能な軍隊を創出するためには膨大な準備と経験そして官僚機構が必要であるという軍事組織特有の組織論からも推察できよう。そしてこれが国際的な集団安全保障体制においてはさらに一層顕著となる。例えば集団における軍事命令系統や分業体制の確立、共同軍事行動や国際的協力作戦の立案、あるいは共通の軍事装備品の開発や整備等を全くのゼロから立ち上げるには膨大な費用と人的資源そして時間が必要となるのは明らかである。従ってアメリカ国防省にとって世界基地網維持とアメリカ主導の国際的軍事官僚組織は、最早一時的な臨戦体制などではなく完全に常態と化しているのである。アメリカ国防省がこうした常態を無に帰すということは極めて想定し難い近未来である。

　以上の諸条件を勘案するならば、アメリカが再び孤立主義に立ち返る可能性は低く、海外基地網の規模縮小に向けたモーメンタムは弱いと判断され、[258] 変化する国際・国内情勢に対応して調整や再整備はされるもののアメリカの世界基地網は保持され続けるものと結論付けて間違いないだろう。同時にアメリカの基本方針とその政策決定に当たっての一種の国家的"習性"も変化がないと想定される。それは第一に単独決定主義（Unilateralism）であり、自国の安全保障認識を最優先して世界安全保障戦略と海外基地政策

257）ジョンソンは、ほとんど妨害を受けることなく維持されているアメリカの膨大な軍事予算と世界基地網について次のように言っている。「このイデオロギーは軍事ケインズ主義と呼ぶことができる。それは生産や消費に何の貢献もしないのに（あたかも）軍事支出を通常の経済的生産と見なして戦時（的規模の）経済を維持し続けようとする決意である。そしてこの軍事ケインズ主義への依存は、たとえソ連邦がもはや存在しなくなっても、膨大な既得権益が軍部等のあらゆる部分に深く根を下ろしているためどちらかというと一段と強められているのである。」(C. Johnson 141-43)

258）例えば、最近のアメリカ国防省による海外駐留軍規模縮小のイニシャティブは次のように解釈されるのが妥当であろう。「（それは）海外駐留軍及び海外動員軍の綿密に計算された世界規模での任務割り当てと配置（の変更）であって、グローバル規模での攻撃をサポートするグローバル規模での補給体制や移動手段、強制侵入、命令、統制、通信及び情報収集部隊等の発展により（可能となり、さらには）何時、如何なる場所にでも大洋をまたいで軍隊を迅速に集結させることを促進するために我々が（同盟国との間に）築いてきた安全保障体制と法的な合意が支えとなるのである。」出典："Deputy Defense Secretary Bob Work speaks to the Council on Foreign Relations in Washington, D.C., Sept. 30, 2014." by Cheryl Pellerin DoD News, Defense Media Activity. DoD homepage: http://www.defense.gov/News-Article-View/Article/603350/work-dod-transforms-global-posture-for-future-needs

第8章　結論及び日本地位協定の特質と改正の可能性

を決定することである。同盟国との「協議」は必要に応じてなされるであろうが、それがすでに立案された世界戦略に変更をもたらすことはまれである。第二に米軍受入国における既得権益についてはこれ堅守しようとすることである。先述のように、アメリカ側から地位協定改正のイニシャティブが取られたことはないし、これからもそうであろう。

しかしながら、アメリカが現在の海外基地政策をそのまま続けられるかについては幾つかの疑問符が付く。まず何よりも益々タイトになる連邦予算という制約要因である。米軍受入国に対するさらなる HNS 負担の増大あるいは他のタイプの貢献増要求は政府、議会ともに一致した方向性であり、受入国との新たな論争の火種となるであろう。第二は受入国との脅威認識のズレの拡大から生じる利害衝突の可能性の増大である。冷戦下の西側諸国においては軍事的脅威に対する認識のズレは小さく、安全保障条約が適用される地域は事前に特定され、起こりうる戦争のタイプも想定の範囲内であった。しかし今日では新たな脅威が世界のどこで発生し、それがどのような種類のものかは予測することは困難であり、それらが引き起こすであろう影響についても各国の認識は大きく異なり始めている。アメリカは自らの安全保障政策に基づいて、新たな脅威に立ち向かうために必要となる海外基地を、従来から合意されていた地域を越えて使用できる自由裁量を求めるであろうが、そうした要求や行動が受入国に受容される度合いは冷戦下で共通の脅威に対峙した時と比べればはるかに低い。極端な場合は安全保障上の利害や国益が相反する可能性すら生じるのである。ここにも新たな矛盾の萌芽があり、地位協定を基盤としたアメリカの世界基地政策が従来より安泰であるとは言い難いのである。

２．日本地位協定の近未来

最後に、これまでの考察と地位協定の多様性を形成した要因を踏まえて、日本地位協定の近未来、あるいはその改正の可能性を簡潔に予測してみたい。まず最初に触れておきたいことは、一体地位協定のどの部分を現実的な改正の目標とすべきかという点である。米軍や軍人による大きな事故や事件が起こる度に与野党を問わず地位協定は改正されるべきだという論調は盛り

257

上がる。しかし、歴史認識に根差した不平等論は多いが、具体的に何が重要で、何が改正されるべきかという点については甚だ曖昧なのである。国際的合意を改正するための外交交渉は、「何を変えるべきか」というゴールが政府・与党の明確かつ強固な政治的意思として相手側に伝えられることからしか始まらないのである。そこで改正目標分野をまとめてみると、第2章で見たように、受入国から見た地位協定の根幹部分は（戦時における取り決めを除くなら）：(1) 裁判管轄と司法手順、(2) 米軍基地に対する警察権行使も含めた受入国の管理・監督権行使のレベル、(3) 米軍による軍事活動や訓練も含めた基地使用の自由裁量度に対する受入国の主権行使力のレベル、に要約することができよう。

　(1) について言うなら日本はすでに比較的有利な条件を引き出すことに成功している。[259] これ以上の抜本改正となると、(かってフィリピンが改正交渉で何度か挑戦したように) 日本の完全裁判管轄権（犯罪の場所、関係した人間の属性に関係なく受入国が裁判権を行使）を求めることになろうが、これは国際慣行的に見て現実的ではない。何故なら駐留外国軍と受入国間の裁判権の競合的両立の原則は国連軍等の他の国際的な地位協定にも引き継がれており、国際法として確立しているとは言えないまでもすでに国際的慣習として広く認められ定着しているからである。従って日米両政府ともこの原則を否定した改正への意思は全くないであろう。残されている問題は地位協定で保護される米軍関係者の範囲を NATO 並みに狭く限定する[260]ことや日本の第一次裁判権放棄方式を見直して放棄率を下げることなどが考えられるが、何れも実務レベルの合意や外交公文の交換でも可能であり必ずしも地位協定の条文改正を必要としない。

---

259) 1995 年沖縄米兵少女暴行事件の後、日米間で刑事司法手続きについての日米合同委員会合意 (1995 年 10 月 25 日) が取り交わされた。この中でアメリカは起訴前の被疑者引き渡しに好意的考慮をすることに合意した。「The United States will give sympathetic consideration to any request for the transfer of custody prior to the indictment of the accused……」これは、起訴後の引き渡しを定めた NATO 地位協定より受入国側に有利であると考えられている。第2章 B にも既出。

260) 例えば、米軍属によって引き起こされた暴行事件の後、日米両政府は共同コミュニケを発表して地位協定で守られるべき軍属の範囲をより狭めるとしたが (毎日新聞 2016 年 7 月 5 日)、その後軍属についての新定義が両政府の間で正式合意されたという発表はない。

第 8 章　結論及び日本地位協定の特質と改正の可能性

　最も重要な改正対象であり日本の主権行使力が極めて弱い部分は（2）と
（3）である。すでに見たように米軍基地の管理運営や米軍の軍事行動や訓練
を規制すべき日本の主権行使力は非常に弱く、相互主義の原則に根差した抜
本的な改正が求められるところである。しかし、アメリカ側から見るならば
（2）と（3）こそがこれまでの歴史過程から達成された堅守すべき既得権で
あり、自軍を日本に駐留させるための譲れない条件なのである。言葉を変え
るなら、駐留米軍活動に対しての自由裁量度付与こそが日米安全保障体制の
根幹であると同時に最も微妙な聖域なのである。従って日本の歴代内閣は正
面からこの部分の改正に取り組むことには及び腰であったし、今後とも日本
外交の最も達成困難な外交課題として残るであろう。そして、そもそも政府
官僚や与党内にこの聖域を打破しようという強固な政治的意思が形成される
可能性は極めて低いであろうことは本書で解明した幾つかの要因から容易に
説明ができるのである。

　第一に、I-A「力関係の非対称性」理論は、地位協定合意の時だけでなく
その後の改正過程においても大きな影響を及ぼす。一般的に言うなら総合的
力関係の不均衡は受入国の経済・社会的発展や個別軍事力の強化等により
徐々に変化していくが、日米安全保障関係については不均衡度合いはほとん
ど変化していないといって過言ではない。確かに経済力で見るなら最早不均
衡という言葉は時代遅れだが、軍事力で見る限り現地位協定が締結された
1960 年代の不均衡は修正されつつあるとはいえ基本構造を変えるレベルに
は程遠い。2015 年のアメリカの軍事予算は 5,975 億ドルで中国のそれ（1,458
億ドル）のおよそ 4 倍であり、他の上位 15 か国の合計に少しだけ欠けると
いう規模である。日本の防衛支出は世界第 8 位で 410 億ドルである。[261] 注
目すべき日本的特徴はこの数字的不均衡ではなく、日本の平和憲法、非核三
原則、専守防衛政策が不均衡と役割分担を固定化していったことにある。言
葉を変えれば、日本はこの不均衡なアメリカの軍事力に依存することで防衛
三原則から外れることなく自らを利してきたし、アメリカは核を含む軍事攻

261）出典：(2016) Chapter Two: Comparative defence statistics, The Military Balance,
116:1, 19-26, DOI: 10.1080/04597222.2016.1127562 http://dx.doi.org/10.1080/04597222.
2016.1127562

撃力の傘を提供することで占領時に築き上げた特権の数々を守り抜いて来たのである。こうしたプロセスは、不均衡な力関係という生態系に定着した強固な二国間共生関係であり、しかもそれはさらに進化し続けており、両政府は軍事面における分業的一体化と相互運用性強化を共通の目標として推し進めているのである。[262] MIT の国際政治教授のサミュエルズ（Richard Samuels）は、アメリカの戦略的意図を「自らの世界安全保障戦略を実現する道具として日本の基地群と日米同盟を利用しようというのはワシントンの"明白な意図"である。実際アメリカは以前以上の日本の経費負担増を期待しているのである。」（Samuels 190 に引用）と喝破し、日本がそうした従属的な共生関係を全く不本意に担ってきたわけではないことを次のように一刀両断する。「在日米軍に依存して攻撃的な任務に携わることを拒否し続け、アメリカとの不均衡な同盟を維持し、少額の防衛予算で"チープライド"を続けるという戦後日本の大戦略は修正破棄されるどころか拡大の方向に向かっているのである。吉田ドクトリンは廃れるどころか最新のものに更新され続けているのである。」（Samuels 107）二国間安全保障体制の基本力学は、物質的不均衡は修正されつつあるにも関わらず構造変化の方向には向かっていないことは明白であり、日本政府内に不均衡と役割分担の固定化の上に構築された日米安全保障体制を改変したいという動機が醸成されつつあるとは考え

262）防衛省発行の 2015 年版防衛白書日本の防衛（第 II 部第 3 章日米同盟の強化）によるとこの傾向は明らかである。日米両国は次の四層の協力機構を確立して協力関係を進めている。最上層は日米安全保障協議委員会（SCC: Security Consultative Committee 所謂 2+2 会合）で日本の外務大臣と防衛大臣、アメリカの国務省長官と国防省長官によって構成され 1997 年の初会合以来、日本の防衛のみならず世界的スケールでの日米同盟の強化を推進してきた。第二層が日米安全保障高級事務レベル協議（SSC: Security Subcommittee）で参加者は予め定められていないが安全保障に関する高級協議諮問機関として機能する。第三層が防衛協力小委員会（SDC: Subcommittee for Defense Cooperation）で外務・防衛の実務レベル次官クラスで構成され実質的な政策立案等を担う。第四層が日米合同委員会（U.S.-Japan Joint Committee）で地位協定に関連する事項を全て扱う。これらの二国間機構を通じて両国は軍事面での一体化と相互運用性をさらに推し進めているのである。両国の軍事面での協力の基本指針となるのは「日米防衛協力のための指針」（所謂ガイドライン）であるが、2015 年 4 月には 1997 年に策定された旧指針をさらに進化させる方向で改訂されたのである。（日米安全保障協議委員会で承認）新ガイドラインは「切れ目のない、力強い、柔軟かつ実効的な日米共同の対応」を強化するために「平時から利用可能な同盟調整メカニズムを設置し、運用面の調整を強化し、共同計画の策定を強化」して軍事面全般にわたる共同行動能力をさらに高めようとするものである。

第8章　結論及び日本地位協定の特質と改正の可能性

難い。以上、(2) と (3) の分野の改正は現実の外交交渉上の障壁もさること
ながら、日本政府の政治的意思薄弱という意味でも実現困難であろう。

　第二に I-B「脅威認識の差異」理論からも日本の地位協定改正への政治的
意思薄弱を説明することができる。何故なら、冷戦後の北東アジア安全保障
情勢の変化が日米間に微妙な脅威認識の差異を生じさせ、日本の「米軍駐留
の必要度のレベル」を上昇させていくと考えられるからである。欧州と違
い、冷戦構造の残滓ともいうべき構造が残された北東アジアでは、伝統的な
脅威に対する日米両国の認識と安全保障政策はほぼ共通であるといって過言
ではない。しかし、日米の地政学的位置の違いと安全保障政策の立ち位置の
差が台頭する中国に対する認識の差を徐々に拡大させていくと予想される。

　アメリカの対中基本スタンスは「関与拡大による中国の国際社会への取り
込み」と「もしもの事態に備える対抗的ヘッジ」という二正面作戦と要約で
き、日本も同様の政策を取る。しかし、アメリカの日中関係への関与につい
ては、基本的にオフショアバランサー（直接関与せず、所謂 "沖合" からそれ
ぞれに影響力を行使して自らの目的を達成する）であり、対中政策も、より総
合的かつグローバルな視点から考慮される。例えばそれはアメリカの日中韓
の間の領有権論争への不介入政策にも明らかである。一方、日本は地政学的
に当事者としての直接的関与が求められている。日中の競合は経済競争に止
まらず、資源確保をめぐる競合、あるいは東アジアの主導権をめぐる競合な
ど枚挙にいとまがないし、尖閣諸島や東シナ海では中国と直接的な対峙を迫
られ、戦時でも平時でもない所謂グレーゾーンでの危機は拡大している。今
日の日本の対中脅威認識は冷戦期の対ソ連に対するものより "より深刻化"
していることは日本の防衛白書の記述変化からも容易に伺うことができ、[263]
日本の安全保障環境は「より顕在化・先鋭化してきて……一層厳しさを増し
て」おり「一国のみの対応ではますます困難なものになっている」のである。
（2015 年版防衛白書概観より）こうした第二次世界大戦後初めて経験するよう
な類の脅威認識は、アメリカのより強いコミットメントを確保したいという
日本のインセンティブを従来以上に強めることになるであろう。

　「脅威認識の差異」理論の言葉に翻語するなら、日本にとっての駐留米軍
の価値は上昇しているが、アメリカにとって自軍を日本に駐留させる価値は

261

ほぼ一定しているか、もしくは冷戦期の緊張が最も高かった時期よりは減少していると言えよう。何故なら今日のアメリカの軍事戦略は地域紛争に対応して既存の基地機能をより強化することより、スピーディーでフレキシブルな米軍の展開を何時でもグローバル規模で可能にする能力を強化する方向に向かっているからである。先述のサミュエルズは、多くのアメリカ安全保障戦略専門家の意見を引用しながら、今日のアメリカは以前より日本の安全保障に対する関心が薄くなっていると指摘する。理由は：(1) 在日米軍基地のような前線配置型基地はテロに対する戦争には有効ではないこと、(2) オフショアバランサーの役割を果たすことがますます魅力的なものになってきていることである。何故なら軍事技術や輸送技術の向上がそれを可能にするし、前進基地特有の敵からの攻撃に対する脆弱性を回避できるからである。そして「在日米軍基地の重要性が減少するため、アメリカは従来と違ったやり方 —— それも日本がとても我慢できないようなやり方 —— でその価値を向上させるような日本（の貢献）を要求する可能性が」あり、長期的に見るなら米軍撤退も含めて日本の安全保障への関与を大きく後退させる可能性すらあるとまで結論付ける。(Samuels 191-92, 205-07) 筆者が先に展望したように、アメリカが近未来においてそうしたドラスティックな政策転換をするとは考えにくいが、HNS を含めた日本の貢献増をさらに要求してくること

---

263) 冷戦期の日本の脅威認識の中心を占めたのはソ連であり、1987 年版防衛白書は次のように述べる「ソ連は、わが国周辺において強大な軍事力を配備しているが、これまで一貫してその質量両面にわたる強化を続けてきたのが特徴的である。このような事実は、この地域の国際軍事情勢を厳しくしているのみならず、わが国に対する潜在的脅威を増大させることにもなっている。」(第 I 部第 2 章第 1 節　わが国周辺地域の特性) しかし 2015 年版では主関心事は中国に移っており「領土や主権、経済権益などをめぐる、純然たる平時でも有事でもない、いわゆるグレーゾーンの事態が増加・長期化する傾向にある。さらに、周辺国による軍事力の近代化・強化や軍事活動などの活発化の傾向がより顕著にみられるなど、わが国周辺を含むアジア太平洋地域における安全保障上の課題や不安定要因は、より深刻化している。」(第 I 部概観第 1 節わが国を取り巻く安全保障環境) と概観し、具体的には中国に対する大きな懸念を次のように主張する。「一方、中国は、継続的に高い水準で国防費を増加させ、軍事力を広範かつ急速に強化している。……中国は、軍事力の強化の目的や目標を明確にしておらず、軍事や安全保障に関する意思決定プロセスの透明性も十分確保されていない。また、中国は、東シナ海や南シナ海をはじめとする海空域などにおいて活動を急速に拡大・活発化させている。特に、海洋における利害が対立する問題をめぐっては、力を背景とした現状変更の試みなど、高圧的とも言える対応を継続させ、自らの一方的な主張を妥協なく実現しようとする姿勢を示している。……」(第 I 部第 2 節アジア太平洋地域の安全保障環境)

第8章　結論及び日本地位協定の特質と改正の可能性

は十分に考えられることである。以上、脅威認識の差異とアメリカ側の方が
より多くの選択肢を持っているという現実は日本の政治リーダーの間に所謂
"見捨てられ"の恐怖を引き起こしていくことは間違いないであろう。こう
した状況下においては在日米軍への依存度は強まりこそすれ弱まることはあ
り得ず、日本政府が米軍の活動を大きく制限するような（2）及び（3）の改
正への強い政治的意思を持つ可能性はほとんどないと言ってよいであろう。

　しかしながら政府・与党も、ほとんど無規制とも言える軍事訓練や演習か
ら生じる騒音、公害、あるいは犯罪等の米軍基地から発生する多くの社会的
問題を抱えているだけでなく、主権国家としての自立した安全保障政策とは
如何にあるべきかといったコアな政治課題も存在するため、地位協定改正へ
の動機が完全に消滅しようとしているわけではない。アメリカによる見捨て
られ恐怖を和らげ、そのコミットメントを引き続き確保しながら、正面攻撃
をアメリカに挑んで虎の尾を踏むことを避けるいわば迂回漸進作戦とも言う
べき外交政策が、Ⅱ「国際関係の拘束的規範としての相互主義原則」理論に
則った日本の貢献増によるアメリカの譲歩引き出し作戦であろう。この理論
の考え方からすると、日米安全保障条約のアメリカの片務性（日本はアメリ
カ防衛の義務を負わない）が地位協定の日本の片務性（アメリカへの基地提供
と占領時からの諸特権の継続）によって相互主義的バランスが取られていると
いうことになるわけで、日本側がアメリカへの安全保障上の貢献をさらに増
大させれば、アメリカを地位協定改訂交渉に引き出すことが可能になると想
定できる。そしてこれは日本の歴代内閣が伝統的に採用し続けた方針であ
る。

　すでに立証したように相互主義原則理論は外交交渉全般に適用できる普遍
的モデルではあるが、その落とし穴は「これで相互のバランスがとれた」と
認識する地点が交渉当事者間で著しく差異があることが稀ではないことであ
る。アメリカの議会、行政府ともに一貫した認識は自らが受入国に与える軍
事・安全保障上の貢献は受入国からの貢献よりはるかに大きいというもの
で、とりわけ日本に対してはこの傾向が強い。日本側もこうしたアメリカの
認識地点を念頭に種々の貢献増を図ることでその是正を試みてきたが未だア
メリカが交渉に応じざるを得ないレベルには達していないと総括することが

263

できる。むしろ近年は連邦予算のひっ迫によりアメリカの諸特権現状維持、HNS のさらなる増大要求という傾向はさらに強まっているとすら言えるのである。例えば、2015 年 9 月に安倍内閣によって成立した所謂「平和安全法制」の一つの柱である「国際平和共同対処事態に際して我が国が実施する諸外国の軍隊等に対する協力支援活動等に関する法律」は米軍の活動に対する日本の軍事上の貢献を大きく前進させたものである。日本側はこれをもって米軍への貢献度が大きく増大したと捉えアメリカ側に HNS の減額交渉を迫ったがアメリカを説得することはできず現行枠組みの実質維持で決着したのである。[264]

　この路線上に残されている日本側の今後のオプションはどんなものが考えられるであろうか? 一つはアメリカへの軍事的貢献をグローバルな規模で質的転換し、かつ劇的に増加させるという道であろう。この中には戦闘地域での共同軍事作戦参加という従来のタブーを犯す試みも含まれよう。例えば 2015 年 11 月、防衛協力小委員会は同盟調整グループ(ACG : Alliance Coordination Group)と共同計画作成メカニズム(BPM : Bilateral Planning Mechanism)の設立を発表し、日本の自衛隊と米軍が(個々に行っていた)平時または緊急事態時の安全保障及び外交作戦を統一的に行っていくための新たな機関であるとした。両国はさらに特別な事態に対処するための軍事的対応を規定する共同計画を立案することにも同意した。[265] こうした動きは先述の軍事面における分業的一体化と相互運用性強化の一貫であると同時に、日本の軍事的貢献をさらに増大させようという試みを一歩一歩進めていると言えよう。しかし、憲法や平和主義への根強い国民感情等を考慮すると、この路線をさらに進めて軍事貢献の劇的転換に至るには高い障壁が待ち構えているし、平時においてアメリカがそうした動きをどの程度評価するのかという点も未知数である。第二の選択肢は HNS、所謂思いやり予算をアメリカが交渉に応じざるを得ないレベルにまで引き上げるということであろう。し

---

264)出典:毎日新聞 2015 年 10 月 11 日フロントページ
　外交防衛委員会調査室 杏脱 和人「平和安全法制成立後の防衛論議 ― 日米同盟の強化のための取組と在日米軍の駐留に係る諸課題 ― 」立法と調査　2016. 8　No. 379(参議院事務局企画調整室編集・発行)
265)出典:Japan Times　2015 年 11 月 4 日フロントページ

かし、これまでの歴史が示すように HNS の漸次増大は地位協定改正に何の効果ももたらさなかったし、例えば "思いやり" の範疇を越えて、米軍駐留費のほぼ全てを負担するようなレベルまで引き上げて、貢献の質的転換を図ることには到底国民的理解が得られないであろう。軍事、財政いずれの選択肢も障壁が高すぎ、かつアメリカへの貢献度をどのレベルまで引き上げればアメリカが交渉に応じるかという点が不明であり、外交的成果をどこまで上げうるかについては大きな疑問符がつくのである。

最後に IV「受入国の政体転換」による効果を論じなければならないが本書ではこれを論じない。日本に日米安全保障体制を否定し、新たな安全保障体制を追求するような新政体もしくは新政権が誕生した場合は、当然の帰結として在日米軍基地は撤収され、地位協定も存在理由がなくなるであろう。あるいは、第7章で見たように、そのような政治志向を持つ政党が飛躍的に議席を伸ばしただけでもアメリカに対する交渉力は大きく増大するに違いない。しかし、そのような政治的激変やその過程を予測考察することや、そうした方向に向けての政治的あるいは政策的提言をすることは本書の目的を遥かに超えるものであるからである。

以上の日本を取り巻く主体的、客体的諸条件を考慮し、かつアメリカとの同盟を安全保障政策の中心に据えてそのさらなる強化を図るという現在の基本国策を前提とする限り、日本が地位協定の条文改正を含めた抜本的改正に挑戦する可能性は極めて低いと結論することができる。アメリカもまた多くの特権と潤沢な HNS に守られた在日米軍基地群はその安全保障・軍事戦略上の要であり、日本に基地を保持し続けるかぎり現状維持を不変の政策とするであろう。勿論、在日米軍基地の存在は数々の問題や両国間の軋轢も引き起こすため、両国はその都度、地位協定改正の圧力にさらされることになるが、今までと同様のアドホックな解決が行政レベルあるいは日米合同委員会レベルで図られ、本質的な条文改正に至ることはないだろう。

例えば 2015 年 9 月 28 日に合意された環境問題についての日米合同委員会補足合意が好例である。政府は米軍基地に対する査察実現は日本の環境保全行政の大きな前進と喧伝したが、その条文をよく読むと（正文は英文、日本文は正文ではなく仮訳である）環境保全上「都道府県又は市町村の関係当局」

が査察をしたい時は米側にその旨を「申請し」、米側が「妥当な考慮を払い」それを「認める」という手続きになっているのである。英文正文で「認める」は Grant となっており、これは権利を保有する側が権利も持たない側の要求に対してその権利を与えるもしくは認めるという言葉である。即ち（現協定では表現は変えられたもの）先行する 1952 年の旧行政協定第 3 条 1 項に定められたアメリカの基地内における「権利、権力及び権能」は実体として失効しておらず、米軍側が権利のない日本側に諸権利を Grant するという構造は何ら変化していないのである。

　最後に、日本地位協定改正について確信を持って言えることは、日本が本丸である条文の抜本改正、とりわけ米軍基地とそれを使用しての諸軍事活動への規制的権限強化に挑戦することは予測し難く、アドホックな問題解決や合意が日米合同委員会レベルでなされてその場その場をしのいでいくという従来から繰り返されてきたパターンが今後とも継続されていくであろうということである。

引用文献及び参考文献

英文引用文献　著者アルファベット順、表記は米 MLA 書式による

Addy, Stuart. "Logistic Support." *The Handbook of the Law of Visiting Forces*. Ed. Fleck, Dieter. New York: Oxford University Press, 2001. Print.

Adler, Emanuel. "Constructivism and International Relations." *Handbook of International Relations*. Eds. Carlsnaes, Walter, Beth A. Simmons and Thomas Risse-Kappen. London ; Thousand Oaks, CA: SAGE, 2002. xx, 571 p. Print.

Barringer, Philip E. "A Defense Perspective on the 1975-1976 Negotiations." *U.S. Bases Overseas : Negotiations with Spain, Greece, and the Philippines*. Eds. McDonald, John W. and Diane B. Bendahmane. Boulder, Colo.: Westview Press, 1990. xv, 224 p. Print.

Bengzon, Alfredo R. A. *A Matter of Honor : The Story of the 1990-1991 Rp-Us Bases Talks*. Manila: ANVIL, 1997. Print.

Berry, William E. *U.S. Bases in the Philippines : The Evolution of the Special Relationship*. Westview Special Studies on East Asia. Boulder, Colo.: Westview Press, 1989. Print.

Bo, Ram Yi. "Gis and Koreans: The Making of the First Rok-Us Status of Forces Agreement, 1945-1966." (2006). Web. May 1, 2015.

Brazinsky, Gregg. *Nation Building in South Korea : Koreans, Americans, and the Making of a Democracy*. The New Cold War History. Chapel Hill: University of North Carolina Press, 2007. Print.

Buzo, Adrian. *The Making of Modern Korea*. Asia's Transformations. 2nd ed. London ; New York: Routledge, 2007. Print.

Calder, Kent E. *Embattled Garrisons : Comparative Base Politics and American Globalism*. Princeton: Princeton University Press, 2007. Print.

Cha, Victor D. *Alignment Despite Antagonism : The United States-Korea-Japan Security Triangle*. Studies of the East Asian Institute, Columbia University. Stanford, Calif.: Stanford University Press, 1999. Print.

---. "Powerplay Origins of the U.S. Alliance System in Asia." *International Security* 34.Number 3, Winter 2009/2010 (2009/2010) : 38. Print.

Conderman, Paul J. "Jurisdiction." *The Handbook of the Law of Visiting Forces*. Ed. Fleck, Dieter. New York: Oxford University Press, 2001. Print.

Cooley, Alexander. *Base Politics : Democratic Change and the U.S. Military Overseas*. Ithaca: Cornell University Press, 2008. Print.

Cummings, Edward. "Legal Issues in the 1981-1982 Negotiations." *U.S. Bases Overseas Negotiations with Spain, Greece, and the Philippines*. Ed. McDonald, John W. and Diane B. Bendahmane. Boulder, Colo.: Westview Press, 1990. 224. Print.

Dahl, Robert A. "The Concept of Power." *System Research and Behavioral Science (John Wiley & Sons, Ltd.)* Vol.2.Issue 3 (1957) : 14. Print.

Danopoulos, Constantine P. and Andrew C. Danopoulos. "Sec. V 24: Greek Bureaucracy and Public Administration: The Persistent Failure of Reform." *Bureaucracy and Administration*. Ed. Farazmand, Ali. Public Administration and Public Policy. Boca Raton, London, New York: CRC Press, Taylor & Francis Group, 2009. Print.

Davis, John. *Africa and the War on Terrorism*. Aldershot, England ; Burlington, VT: Ashgate, 2007. Print.

De Bobes, Rick "The Military Perspective." *U.S. Bases Overseas : Negotiations with Spain, Greece, and the Philippines*. Eds. McDonald, John W. and Diane B. Bendahmane. Boulder, Colo.: Westview Press, 1990. xv, 224 p. Print.

Duke, Simon. *United States Military Forces and Installations in Europe*. Solna, Sweden; Oxford; New York: SIPRI (Stockholm International Peace Research Institute) ; Oxford University Press, 1989. Print.

---. *Us Defence Bases in the United Kingdom : A Matter for Joint Decision?* St Antony's/Macmillan Series. Basingstoke, Hampshire: Macmillan in association with St. Antony's College, 1987. Print.

Fleck, Dieter. "Applicability During Crisis or War." *The Handbook of the Law of Visiting Forces*. Ed. Fleck, Dieter. Oxforf New York: Oxford University Press, 2001. Print.

Frain, Maritheresa F. "Iberia and Europe: A Post-Cold War Understanding in Spanish and Portuguese Defense Policies?" *European Community Studies Association International Meeting*. 1997. Print.

Franks, O., Sir. "Fo 371/97592, Doc. Au 1051/12 from Washington to Foreign Office, Text to Communique." Public Record Office, Kew, London, 1952. Print.

Gillespie, Richard, Fernando Rodrigo, and Jonathan Story. *Democratic Spain : Reshaping External Relations in a Changing World*. European Public Policy Series. London ; New York: Routledge, 1995. Print.

Grimmett, Richard. "U.S. Military Installations in NATO's Southern Region, Report

引用文献及び参考文献

Prepared for the U.S. Congress." 1986. Print.

Grimmett, Richard F. "The Historical Setting: 1953-1975." *U.S. Bases Overseas : Negotiations with Spain, Greece, and the Philippines*. Eds. McDonald, John W. and Diane B. Bendahmane. Boulder, Colo.: Westview Press, 1990. xv, 224 p. Print.

Hallams, Ellen and Benjamin Schreer. "Toward a 'Post-American' Alliance? Nato Burden-Sharing after Libya." *International Affairs* 88.2, 2012 (2012). Print.

Harris, William D., Combat Studies Institute (U.S.). Press, and Command and General Staff College U.S. *Instilling Aggressiveness Us Advisors and Greek Combat Leadership in the Greek Civil War, 1947-1949. Art of War Papers*. Web < http://www.columbia.edu/cgi-bin/cul/resolve?clio10454937 > .

Honma, Hiroshi, Dale Sonnenberg and Donald A. Timm. "United States Forces in Japan: A Bilateral Experience." *The Handbook of the Law of Visiting Forces*. Ed. Fleck, Dieter. New York: Oxford University Press, 2001. Print.

Horigan, Damien P. "Observation on the South Korean Penal Code." *Journal of Korean Law* Vol. 3.No. 2 (2003). Print.

Johnson, Chalmers. *Dismantling the Empire : America's Last Best Hope*. 1st ed. New York: Metropolitan Books, 2010. Print.

Johnson, David T. *The Japanese Way of Justice: Prosecuting Crime in Japan*. Studies on Law and Social Control. Oxford England ; New York: Oxford University Press,, 2002. Print.

Katzenstein, Peter J., and Social Science Research Council (U.S.). Committee on International Peace & Security. *The Culture of National Security : Norms and Identity in World Politics*. New Directions in World Politics. New York, NY: Columbia University Press, 1996. Print.

Keck, Margaret E., and Kathryn Sikkink. *Activists Beyond Borders : Advocacy Networks in International Politics*. Ithaca, N.Y.: Cornell University Press, 1998. Print.

Kennedy, Paul M. *The Rise and Fall of the Great Powers : Economic Change and Military Conflict from 1500 to 2000*. 1st Vintage Books ed. New York: Vintage Books, 1989. Print.

Keohane, Robert O. "Reciprocity in International Relations." *International Organization* Vol. 40, No.1.Winter, 1986 (1986) : 27. Print.

Kim, Hyun-Dong. *Korea and the United States : The Evolving Transpacific Alliance in the 1960s*. Korean Unification Studies Series. Seoul, Korea: Research Center for Peace and Unification of Korea, 1990. Print.

269

Knutsen, TorbjØrn L. *A History of International Relations Theory*. 2nd ed. New York ; Manchester, UK: Manchester University Press, 1997. Print.

Kovner, Milton. "The 1981 Negotiations." U.S. Bases Overseas : Negotiations with Spain, Greece, and the Philippines

Eds. McDonald, John W. and Diane B. Bendahmane. Boulder, Colo.: Westview Press, 1990. xv, 224 p. Print.

Lee, Chung Min. "Chapter 10: Revamping the Korean-American Alliance New Political Forces, Paradigms, and Roles and Missions." *Korean Attitudes toward the United States : Changing Dynamics*. Ed. Steinberg, David I. Armonk, N.Y.: M.E. Sharpe, 2005. xxxiv, 366 p. Print.

Lee, Lavina. *Us Hegemony and International Legitimacy : Norms, Power and Followership in the Wars on Iraq*. Contemporary Security Studies. London ; New York: Routledge, 2010. Print.

Loveman, Brian. "Introduction *U.S. Regional Security Policies in the Post-Cold War Era*." *Strategy for Empire : U.S. Regional Security Policy in the Post-Cold War Era - the World Beat Series*. Ed. Loveman, Brian. Lanham, Md. ; Oxford: Scholarly Resources, 2004. xxviii, 339 p. Print.

Lutz, Catherine. *The Bases of Empire: The Struggle against U.S. Military Posts*. New York: New York University Press, 2009. Print.

Malefakis, Edward. "Spain and Its Francoist Heritage." *From Dictatorship to Democracy : Coping with the Legacies of Authoritarianism and Totalitarianism*. Ed. Herz, John H. Westport, Conn.: Greenwood Press, 1982. xii, 311 p. Print.

Mason, R. Chuck. "Status of Forces Agreement (Sofa) : What Is It, and How Has It Been Utilized?" *CRS Report for Congress*. 7-5700 (2012). Web.

McDonald, John W. "Introduction." *U.S. Bases Overseas : Negotiations with Spain, Greece, and the Philippines*. Eds. McDonald, John W. and Diane B. Bendahmane. Boulder, Colo.: Westview Press, 1990. Print.

McDonald, John W., and Diane B. Bendahmane. *U.S. Bases Overseas : Negotiations with Spain, Greece, and the Philippines*. Boulder, Colo.: Westview Press, 1990. Print.

Miller, James Edward, and ebrary Inc. *The United States and the Making of Modern Greece History and Power, 1950-1974*. 2009.Web <http://www.columbia.edu/cgi-bin/cul/resolve?clio10229166>.

National Security Council: Allen, Lew, Jr. et.al. "Nssm 227 - U.S. Security Policy toward Turkey (1)." Ed. Council, National Security1975. 67. Print.

Nelson, Daniel J. *Defenders or Intruders : The Dilemmas of U.S. Forces in*

Germany. Boulder: Westview Press, 1987. Print.

---. *A History of U.S. Military Forces in Germany*. Westview Special Studies in Military Affairs. Boulder: Westview Press, 1987. Print.

Neumann, Iver B. "Self and Other in International Relations." *European Journal of International Relations*.June 1996; 2 (2) (1996) : 35. Print.

Norman, Adam B. "The Rape Controversy: Is a Revision of the Status of Forces Agreement with Japan Necessary?" Rev. of https://journals.iupui.edu/index. php/iiclr/article/viewFile/17677/17717. *IND. INT' L & COMP. L. REV.* (*Indiana International & Comparative Law Review*) Vol. 6.3 (1996) : 23. Print.

Norton, Patrick M. "Preliminary Negotiations for the 1979 Agreement." *U.S. Bases Overseas : Negotiations with Spain, Greece, and the Philippines*. Eds. McDonald, John W. and Diane B. Bendahmane. Boulder, Colo.: Westview Press, 1990. xv, 224 p. Print.

Payne, Stanley G. *The Franco Regime, 1936-1975*. London: Phoenix Press, 2000. Print.

Planty, Donald J. "The 1983 Agreement on Friendship, Defense, and Cooperation: Overview of the Negotiations." *U.S. Bases Overseas : Negotiations with Spain, Greece, and the Philippines*. Eds. McDonald, John W. and Diane B. Bendahmane. Boulder, Colo.: Westview Press, 1990. xv, 224 p. Print.

Rowe, Peter. "Historical Developments Influencing the Present Law of Visiting Forces " *The Handbook of the Law of Visiting Forces*. Ed. Fleck, Dieter. New York: Oxford University Press, 2001. Print.

Samuels, Richard J. *Securing Japan : Tokyo's Grand Strategy and the Future of East Asia*. Cornell Studies in Security Affairs. Ithaca: Cornell University Press, 2007. Print.

Sandars, C. T. *America's Overseas Garrisons : The Leasehold Empire*. Oxford ; New York: Oxford University Press, 2000. Print.

Scobell, Andrew. "The U.S. Army and the Asia-Pacific." *Strategy for Empire : U.S. Regional Security Policy in the Post-Cold War Era, the World Beat Series*. Ed. Loveman, Brian. Lanham, Md. ; Oxford: Scholarly Resources, 2004. xxviii, 339 p. Print.

Service, Robert. *Comrades! : A History of World Communism*. Cambridge, Mass.: Harvard University Press, 2007. Print.

Snee, Joseph M. S. J. *International Law Studies 1961 Nato Agreements on Status: Travaux Preparatories*. International Law Studies. Vol. LIV. Washington, D.C.: Naval War College, 1961. Print.

Stambuk, George. *American Military Forces Abroad : Their Impact on the Western State System.* Columbus: Ohio State University Press, 1963. Print.

Stearns, Monteagle. *Entangled Allies : U.S. Policy toward Greece, Turkey, and Cyprus.* New York: Council on Foreign Relations Press, 1992. Print.

Stromseth, Jonathan. "Unequal Allies: Negotiation over U.S. Bases in the Philippines." *Journal of International Affairs* Vol. 43.no.1 (Summer-Fall) (1989) : 27. Print.

The Avalon Project Documents in Law, History and Diplomacy. (2014). Web.

Timm, Donald A. "Visiting Forces in Korea." *The Handbook of the Law of Visiting Forces.* Ed. Fleck, Dieter. New York: Oxford University Press, 2001. Print.

Velasco, Renato S. "Philippine Democracy: Promise and Performance." *Democratization in Southeast and East Asia.* Ed. Anek, Laothamatas. New York, Singapore: St. Martin's Press ; Institute of Southeast Asian Studies, 1997. Print.

Weber, Max, and Sam Whimster. *The Essential Weber : A Reader.* London ; New York: Routledge, 2004. Print.

Weber, Steve. *Multilateralism in Nato : Shaping the Postwar Balance of Power, 1945-1961.* Research Series. Berkeley: University of California, 1991. Print.

Woodward, Peter. *Us Foreign Policy and the Horn of Africa.* Us Foreign Policy and Conflict in the Islamic World. Aldershot, England ; Burlington, VT,: Ashgate, 2006. Print.

Yeo, Andrew. *Activists, Alliances, and Anti-U.S. Base Protests.* New York: Cambridge University Press, 2011. Print.

Zartman, I. William. "Introduction: Negotiating Cultures." *International Negotiation : Actors, Structure/Process, Values.* Eds. Berton, Peter, Hiroshi Kimura and I. William Zartman. 1st ed. New York: St. Martin's Press, 1999. xi, 371 p. Print.

---. "The Role of Justice in Global Security Negotiations " *American Behavioral Scientist* 38.No.6 May 1995 (1995) : 14. Print.

日本語引用文献 50 音順

浦野起央. *南シナ海の領土問題 [分析・資料・文献]*. 東京：三和書籍, 2015. Print.

我部政明. *戦後日米関係と安全保障*. 東京：吉川弘文館, 2007. Print.

康宗憲（カン・ジョンホン）. *死刑台から教壇へ 私が体験した韓国現代史*. 東京：角川学芸出版, 2010. Print.

引用文献及び参考文献

呉英根．"韓国刑法理論の発展動向."*比較刑事法研究* Vol. 8.1（2006）．Print.

櫻川明巧（あきよし）．"日米地位協定の運用と変容."*各国間地位協定の適用に関する比較論考察*．Ed. 本間浩．東京：内外出版, 2003. Print.

シュミット，カール（Schmitt, Carl）．*政治的なものの概念*．Trans. 田中浩、原田武雄．東京：未来社, 1986. Print.

徐勝ほか．"現代韓国の法・政治構造の変動."*現代韓国の民主化と法・政治構造の変動*．Ed. 大久保史郎、徐勝．東京：日本評論社, 2003. Print.

中村登志哉．*ドイツの安全保障政策*．東京：一芸社, 2006. Print.

永野秀雄．"オーストラリア地位協定の研究."*各国間地位協定の適用に関する比較論考察*．Ed. 本間浩．東京：内外出版, 2003. Print.

新原昭治．*日米「密約」外交と人民のたたかい ——米解禁文書から見る安保体制の裏側*．東京：新日本出版社, 2011. Print.

原彬久．*戦後日本と国際政治——安保改定の政治力学*．東京：中央公論社, 1988. Print.

福田保．"第10章 東南アジアにおける米国同盟——米比同盟を中心に——."*平成22年度外務省国際問題調査研究・提言事業報告書「日米関係の今後に展開と日本の外交」*．東京：財団法人日本国際問題研究所, 2011. Print.

福田毅．"在欧米軍の現状と再編の動向."*レファレンス*．2005年8月（2005）．Print.

ブル，ヘドリー（Bull, Hedley）．*国際社会論 アナーキカル・ソサイエティ*．Trans. 臼杵英一．東京：岩波書店, 2000. Print.

前泊博盛．*本当は憲法より大切な「日米地位協定入門」*．東京：創元社, 2013. Print.

松浦一夫．"ドイツ駐留外国軍に関する立法."*各国間地位協定の適用に関する比較論考察*．Ed. 本間浩．東京：内外出版, 2003. Print.

松田利彦．"植民地期朝鮮における官僚／官僚制についての研究史——現状と課題."*国際研究集会報告書*．Ed. 松田利彦．Vol. 30. 東京：国際日本文化研究センター, 2008. Print.

モーゲンソー，ハンス（Morgenthau, Hans J.）．*国際政治——権力と平和*．Trans. 原彬久．岩波文庫．Vol.（上）. 3巻 東京：岩波書店, 2013. Print.

守屋武昌．*「普天間」交渉秘録*．東京：新潮社, 2010. Print.

山本吉宣．*「帝国」の国際政治学——冷戦後の国際システムとアメリカ*．東京：東信堂, 2006. Print.

吉田敏浩．*密約 日米地位協定と米兵犯罪*．東京：毎日新聞社, 2010. Print.

273

各国地位協定と主要国際合意の入手先

アメリカ政府が締結した国際条約条文、国際合意条文の編集、公開状況（2015年現在）

アメリカ議会付属法律図書館（The US Law Library of Congress）は、アメリカが過去に締結した国際条約、国際合意条文の編集作業を継続しており、完了したものから一般に公開している。その進行状況は同図書館の HP から確認できる。

1795年〜1949年に締結されたものについては、Charles I. Bevans によって編集作業が完了し、アメリカ国務省のサイトで閲覧が可能。U.S. Department of State. 1795-1949

1950年〜1984年に締結されたものについては現在編集中。

1996年〜2014年に締結されたものについてはアメリカ国務省のサイトで閲覧が可能、U.S. Department of State.1996-2014

北大西洋条約 The North Atlantic Treaty

NATO HP: http://www.nato.int/cps/en/natohq/official_texts_17120.htm

NATO 地位協定 NATO SOFA

NATO HP: http://www.nato.int/cps/en/natohq/official_texts_17265.htm

オーストラリア　Australia

ANZUS

Australian Government Department of Foreign Affairs and Trade Australian Treaty Series 1952 No 2:

http://www.austlii.edu.au/au/other/dfat/treaties/1952/2.html

Agreement between the Government of the Commonwealth of Australia and the Government of the USA concerning the Status of United States Forces in Australia, and Protocol

Australian Government Department of Foreign Affairs and Trade Australian Treaty Series 1962 No 10:

http://www.austlii.edu.au/au/other/dfat/treaties/1963/10.html

Agreement between the Government of Australia and the Government of the United States of America concerning Defense Logistic Support

Australian Government Department of Foreign Affairs and Trade Australian Treaty Series 1989 No 28: http://www.austlii.edu.au/cgi-

275

bin/sinodisp/au/other/dfat/treaties/ATS/1989/28.html?stem=0&sy
nonyms=0&query=Agreement%20between%20the%20
Government%20of%20Australia%20and%20the%20Government%20
of%20the%20United%20States%20of%20America%20concerning%20
Defense%20Logistic%20Support

Chapeau Defence Agreement (Official title: Exchange of Notes constituting
an Agreement between the Government of Australia and the Government
of the United States of America concerning certain Mutual Defence
Commitments)

    Australian Government Department of Foreign Affairs and Trade
    Australian Treaty Series 1995 No 35: http://www.austlii.edu.au/cgi-
    bin/sinodisp/au/other/dfat/treaties/ATS/1995/35.html?stem=0&sy
    nonyms=0&query=Chapeau%20Defence%20Agreement

Agreement relating to operation of US military flights through RAAF Base
Darwin (Official Title: Exchange of Notes constituting an Agreement
between the Government of Australia and the Government of the United
States of America for the Staging of United States Air Force B-52 Aircraft
and Associated KC-135 Tanker Aircraft through Royal Australian Air
Force Base Darwin)

    Australian Government Department of Foreign Affairs and Trade
    Australian Treaty Series 1981 No 9: http://www.austlii.edu.au/cgi-
    bin/sinodisp/au/other/dfat/treaties/ATS/1981/9.html?stem=0&syn
    onyms=0&query=AUSTRALIAN%20TREATY%20SERIES%20
    1981%20No.%209
    Related document (Diplomatic letter) :
    https://pmtranscripts.dpmc.gov.au/sites/default/files/
    original/00005534.pdf

Agreement Between the Government of the United States of America and
the Government of Australia Relating to the Operation and Access to an
Australian Naval Communication Station at North West Cape in Western
Australia (2008)

    Australian Government Department of Foreign Affairs and Trade
    Australian Treaty Series 2011 (ATS 36) : http://www.austlii.edu.
    au/cgi-bin/sinodisp/au/other/dfat/treaties/ATS/2011/36.html?stem
    =0&synonyms=0&query=AUSTRALIAN%20TREATY%20
    SERIES%202011

The U.S. Department of State: http://www.state.gov/documents/
organization/180820.pdf

ジブチ　Djibouti

Agreement between the U.S. and Djibouti on Access to and Use of
Facilities in Djibouti (2003)

US D. of State: http://2001-2009.state.gov/documents/
organization/97620.pdf

ドイツ　Germany

NATO SOFA Supplementary Agreement (Official title: Agreement of 3
August 1959, as Amended by the Agreements of 21 October 1971,18 May
1981, and 18 March 1993, to Supplement the Agreement between the
Parties to the North Atlantic Treaty regarding the Status of their Forces
with respect to foreign Forces stationed in the Federal Republic of
Germany (Revised Supplementary Agreement) (effective 29 March 1998)

1959 Original SA: Federal Law Gazette 1961 II p.1218

1993 Amended SA: Federal Law Gazette 1994 II p.2594

UK Government source:

http://webarchive.nationalarchives.gov.uk/20121026065214/www.
mod.uk/NR/rdonlyres/A921BCF9-97C5-4716-8262-
44F96196061E/0/nato_sofa_supplementary_agreement.pdf

ギリシャ　Greece

US Use of Defense Facilities: Agreement Between the US and the Kingdom
of Greece (Replaced)

Yale Law School Lillian Goldman Law Library: http://avalon.law.
yale.edu/20th_century/gree001.asp

Mutual Defense Cooperation Agreement, with Annex, Between the United
States and Greece (1990)

"Consolidated Treaties & International Agreements" Current Document
Service: United States Containing Department of State Documents 90-284
Through 91-38, Issued between November 21, 1990 and February 14, 1991
(CITA Document Numbers: 1220-1278) Published by Oceana Publications,
Inc. pp. 239-255

Agreement regarding the status of the US forces in Greece (1956)

"Encyclopedia of the United Nations and International Agreements,
Third Edition, Vol. 2: G-M Routledge NY, NY 2003 © 2003 Taylor &
Francis Books, Inc

イラク　Iraq

Agreement between the US and Iraq on the Withdrawal of US Forces from Iraq and the Organization of Their Activities during their Temporary Presence in Iraq

US D. of State: http://www.state.gov/documents/organization/122074.pdf

イタリア　Italy

Memorandum of Understanding Concerning the Use of Installations/Infrastructure (1995)

US D. of State: http://photos.state.gov/libraries/italy/217417/pdf/shell.pdf

The government of Italy: Farnesia (Ministero degli Affari Esteri e della Cooperazione Internazionale) ATRIO (Archivio Trattati internazionali Online)

http://itra.esteri.it/Ricerca_Documenti/wfrmRicerca_Documenti.aspx

Technical Arrangement　（メモランダムの Annex A と重複）

http://www.state.gov/documents/organization/107275.pdf

日本　Japan

外務省 HP →外務省について→国会提出条約・法律→条約データ検索

Japanese version of Mutual Security Treaty 日米安保（60 年）の日本文

http://www.mofa.go.jp/mofaj/area/usa/hosho/jyoyaku.html

English version of Mutual Security Treaty 日米安保の英文

http://www.mofa.go.jp/region/n-america/us/q&a/ref/1.html

1960 SOFA 1960 日米地位協定正文（Bilingual, 二か国語併記）

http://www.mofa.go.jp/mofaj/area/usa/sfa/pdfs/fulltext.pdf

1952 Security Treaty and Administrative Agreement 1952 旧安保並びに 1952 行政協定

"The World and Japan" Database Project: Institute for Advanced Studies on Asia, University of Tokyo, Akihiko Tanaka 田中明彦研究室

http://www.ioc.u-tokyo.ac.jp/~worldjpn/index.html

韓国　South Korea or ROK

The most comprehensive security related agreements were compiled by USFK. 最も総合的な情報サイトは在韓米軍 HP ほとんどすべて収録

http://www.usfk.mil/About/SOFA/

各国地位協定と主要国際合意の入手先

Mutual Defense Treaty 米韓安保
    Yale Law School Lillian Goldman Law Library:　http://avalon.law.
    yale.edu/20th_century/phil001.asp
1950Taejon Agreement
    HeinOnline: http://heinonline.org.
1966 SOFA
    US Forces Korea HP:
    http://www.usfk.mil/Portals/105/Documents/SOFA/A01_SOFA.
    Art.I-XXXI.pdf
    Other Source:
    https://c.ymcdn.com/sites/www.outserve-sldn.org/resource/
    resmgr/US-ROKStatusofForcesAgreement.pdf
2001 Amendment
    US D. of State (English and Korean) : http://www.state.gov/
    documents/organization/129549.pdf
フィリッピン　The Philippines
Military Base Agreement (1947)
    The Library of Congress>Law Library>Research &
    Reports>Digitalized Materials>United States Treaties and
    International Agreements
    https://www.loc.gov/law/help/us-treaties/bevans/b-ph-
    ust000011-0055.pdf
Mutual Defense Treaty (1949)
    Yale Law School Lillian Goldman Law Library:　http://avalon.law.
    yale.edu/20th_century/phil001.asp
Visiting Forces Agreement (VFA 1998)
    The Government of the Philippines official site (GOVPH Official
    Gazette)
    http://www.gov.ph/1998/02/10/agreement-between-the-
    government-of-the-republic-of-the-philippines-and-the-
    government-of-the-united-states-of-america-regarding-the-
    treatment-of-united-states-armed-forces-visiting-the-
    philippines-f/
Enhanced Defense Cooperation Agreement (EDCA 2014)
    The Government of the Philippines official site (GOVPH Official
    Gazette)

279

http://www.gov.ph/2014/04/29/document-enhanced-defense-cooperation-agreement/

Mutual Logistics Support Agreement (MLSA 2007)

　　The U.S. Department of State: http://www.state.gov/documents/organization/132080.pdf

Agreement to Establish a Security Engagement Board (SEB 2006)

　　The U.S. Department of State: https://www.state.gov/documents/organization/244799.pdf

スペイン　Spain

Agreement on friendship, defense and cooperation, with complementary agreements and exchanges of notes (1982)

　　US D. of State: https://photos.state.gov/libraries/164311/tratados_bilaterales/Defense%20TIAS%2010589.pdf

Agreement on defense cooperation, with annexes and related letters (1988) as amended in 2002

　　US Embassy in Madrid: https://madrid.usembassy.gov/about-us/odc/agreement.html

トルコ　Turkey

Agreement regarding the status of the U.S. Forces (1954)

　　US D. of State: http://photos.state.gov/libraries/turkey/461177/pdf/5t1465.pdf

DECA (1980)

　　US D. of State: http://photos.state.gov/libraries/turkey/461177/pdf/32t3323.pdf

イギリス　U.K.

Visiting Forces Act, 1952

　　Legislation.gov.uk: http://www.legislation.gov.uk/ukpga/Geo6and1Eliz2/15-16/67/introduction

キーワード索引

【地位協定条文等に関するもの】

•————あ行

「思いやり」予算交渉（日本の HNS 交渉）　172-175，264-265

•————か行

公務執行中の免責　26，30，202-203

•————さ行

裁判権　　裁判権の競合的両立　26-27，29，188 図 VI-1，258
　　　　　裁判管轄　10，25-27，29-30，42-44，185-187，199，258
　　　　　専属的裁判権　30，41-42
　　　　　第一次裁判権　30
　　　　　第一次裁判権放棄率（ウエイバー率）　187-191，203-205，247
死刑　19，119
施設及び区域　　使用権　33-34
　　　　　　　　使用のされ方と返還　34-40，42-44
戦時下における適用　40-42，42-44

•————た行

地位協定　　改正の契機　250
　　　　　　総合比較表（24 項目評価）　50　表 II-4
　　　　　　定義　4，5
　　　　　　各国地位協定の表記の仕方　5
　　　　　　類型（Typology）現行　46　表 II-2
　　　　　　類型（Typology）歴史的推移　47 表 II-3

•————な行

日米合同委員会　5，31，33，111，265-266

•————は行

被疑者の引き渡し時期と法的保護　31，111，138，201-202，223

281

米軍法に服する者　30

ホストネイションサポート（HNS 受入国経費負担）　第 5 章 C：163-176, 246, 253-
254, 257, 260, 262, 264-265

【歴史的事件、決議及び条約】

•―――あ行

ヴァンデンバーグ決議（Vandenberg Resolution 1948）　14, 62, 161, 246, 251

オフセット交渉（ドイツの HNS 交渉）　165-169

•―――か行

岸 – ハーター交換公文　252

光州事件（1980 年　韓国）　219-221

国防省命令第 5525.1 の 3（1979 年発令）　184

•―――さ行

サンフランシスコ平和条約 1952　16, 79, 143, 251

ジャクソン – ナン改正法案　162, 167, 171, 246

スクーナー Exchange 号事件 1812　3, 8-9, 16

政体転換後の民主政権の特色　212, 241-242, 248-249

•―――た行

トルーマン – チャーチル合同コミュニケ　33, 69,

トルーマン・ドクトリン　71

•―――な行

NATO 地位協定　条文関連　28-32, 35, 37, 41, 各加盟国の 24 項目順に整理さ
れた条文に関しては上智大学国際関係研究所 HP か
らアクセス可能。（目次 x-xi 参照）

批准時の米上院決議　14, 183-184, 206

歴史　10, 57, 60, 61-65

日米安全保障条約 1952 年　79-80, 143

•―――は行

橋本 – クリントン共同声明　174-175

キーワード索引

藤山 - マッカーサー合意　252
平和安全法制　264
ベトナム戦争と韓国　136，155，177-178，246
ベトナム戦争とフィリピン　146-147
ボニエ修正法案　162

●————や行
吉田 - アチソン交換メモ　252-253
吉田ドクトリン　260

●————ら行
冷戦終了後の各国地位協定の変化　105-113，表 IV-1，148-149，156

【その他の重要用語】

●————あ行
オフショアバランサー　261-262

●————か行
基地運営政治（Base Politics）　12-14，210
共通防衛目標に対する同盟国の貢献を示す統計的一覧表　162，163-164，246
ケーススタディー　21-22
交渉分析学と交渉理論　159-160
国力　概念の定義　54，57-58
国力　ソフトパワー（国家としての諸能力）　58（定義），70，74，78，86-87，98，
　　　　　　　　　　　　　　　　　　　　100
国力　ハードパワー（国家の物質的諸能力）　58（定義），66（指標），74-75，77，85，
　　　　　　　　　　　　　　　　　　　　　88，97，99

●————さ行
社会構成主義（国際関係論）　181-182
諸制度（Institutions）定義　182-183

●————た行
多国間交渉　57，59-61，70，98-99，101，244

283

━━━━は行

パックスアメリカーナ　8

反米軍基地運動　14-17, 19-20, 222-223, 228-230, 234-235

腐敗度指数　198

━━━━ま行

民主化度指標（Democracy Index）　197-198

━━━━や行

要因（独立変数）と結果（従属変数）　21-22

━━━━ら行

リアリズム（国際関係論）　53-54, 103-104, 209

リベラリズム（国際関係論）　157-159

著者紹介

佐々山泰弘（ささやま　やすひろ）

　1945年生まれ。慶應義塾大学経済学部卒、株式会社毎日コミュニケーションズ（現社名株式会社マイナビ）代表取締役社長、会長、最高顧問等を経て、米コロンビア大学大学院 School of International and Public Affairs にて修士、上智大学グローバルスタディーズ研究科グローバル社会専攻（GPGS）にて博士。上智大学国際関係研究所客員研究員。専攻は国際関係論とグローバル社会研究。

パックスアメリカーナのアキレス腱
グローバルな視点から見た米軍地位協定の比較研究

2019年6月28日　　第1版第1刷発行

著　　者　佐々山　泰　弘

発行者　橋　本　盛　作

発　行　所　株式会社　御茶の水書房

〒113-0033 東京都文京区本郷5-30-20

電話　03-5684-0751

Printed in Japan／©SASAYAMA Yasuhiro 2019　印刷・製本／東港出版印刷㈱

ISBN978-4-275-02108-3　C3031

国　家‥過去、現在、未来	ボブ・ジェンソップ　著	菊判・三八四頁　価格・七〇〇〇円
国家権力――戦略‐関係アプローチ	中谷義和・加藤雅俊　他訳　ボブ・ジェンソップ　著	菊判・四三〇頁　価格・七〇〇〇円
アメリカ政治学と国際関係	中谷義和　訳　ボブ・ジェンソップ　著	菊判・三四〇頁　価格・七〇〇〇円
グローバル化と国家の変容	中谷義和　訳　イド・オレン　著	菊判・三四〇頁　価格・五六〇〇円
グローバル化とリージョナリズム	中谷義和　編　中島茂樹	A5判・四五〇頁　価格・五六〇〇円
アフリカと政治‥紛争と貧困とジェンダー	篠田武司　編　西口清勝　松下洌	A5判・四五〇頁　価格・五六〇〇円
ドイツにおける「赤と緑」の実験	戸田真紀子　著	A5判・二二二頁　価格・二四〇〇円
増補改訂版　クラーラ・ツェトキーン――ジェンダー平等と反戦の生涯――	小野一　著	菊判・四五六頁　価格・八六〇〇円
増補版　国際女性デーは大河のように	伊藤セツ　著	菊判・一〇八四頁　価格一五〇〇円
国家と軍隊――権力政治の超克に資する軍隊の検討	伊藤セツ　著	A5判・二〇四頁　価格・二六〇〇円
沖縄にみる性暴力と軍事主義	岩田英子　著	菊判・二八六頁　価格・四四〇〇円
基地村の女たち――もう一つの韓国現代史	高里鈴代・川田文子　大嶋果織・山下明子　他著	A5判・二一四頁　価格・二三〇〇円
	山下英愛　訳　金蓮子　著	四六判・三〇八頁　価格・二八〇〇円

御茶の水書房
（価格は消費税抜き）